依据**中国工会十八大文件精神**组织编写

全国工会工作指导用书

新时代
职工代表
履职
工作实务

全新修订版

赵振洲　王凌鸿◎编著

人民日报出版社

图书在版编目（CIP）数据

新时代职工代表履职工作实务 / 赵振洲，王凌鸿编著. --北京：人民日报出版社，2023.10

ISBN 978-7-5115-7981-2

Ⅰ.①新… Ⅱ.①赵…②王… Ⅲ.①职工代表-工作-中国 Ⅳ.①D412.6

中国国家版本馆 CIP 数据核字（2023）第 178668 号

书　　名：**新时代职工代表履职工作实务**
XINSHIDAI ZHIGONG DAIBIAO LÜZHI GONGZUO SHIWU
作　　者：赵振洲　王凌鸿

出 版 人：刘华新
责任编辑：刘天一　周昕阳　杨　瑾
封面设计：陈国风

出版发行：人民日报出版社
地　　址：北京金台西路 2 号
邮政编码：100733
发行热线：（010）65369527　65369846　65369509　65369510
邮购热线：（010）65369530　65363527
编辑热线：（010）65369844
网　　址：www.peopledailypress.com
经　　销：新华书店
印　　刷：北京彩虹伟业印刷有限公司

开　　本：170mm×240mm　　1/16
字　　数：260 千字
印　　张：16.75
版次印次：2024 年 1 月第 1 版　　2024 年 1 月第 1 次印刷

书　　号：ISBN 978-7-5115-7981-2
定　　价：79.00 元

前言
Preface

　　工会作为企业民主管理组织者，有责任有义务做好职工代表的培训工作，为职工代表参加职工代表大会和参与日常民主管理实践活动创造条件，帮助职工代表不断提升自身素质，为提高职工代表大会的质量和企业民主管理的发展，提供人员和队伍的支持，奠定坚实的基础。职工代表受职工群众的信任与委托代表职工参加职工代表大会，参与企业民主管理活动，应通过强化学习和积极参与民主管理活动，不断提升参与管理的能力水平，更好地履行自己的职责、完成自己的使命；应在职工代表这个舞台上，为企业民主管理、企业创新和高质量发展作出贡献，也在实践中使自身得到锻炼和成长。

　　本书作者长期从事基层工会工作，和职工代表、基层工会工作者经常探讨提高职工代表素质进而提高企业民主管理水平的问题，了解读者关注的重点和职工代表的希望与要求。本书自 1996 年出版以来，经多次改写与改版，根据作者在培训中的实践和基层工会工作的需要，不断强化其实用性、可操作性，以期给职工代表和工会工作者提供一些实际的帮助。

　　在编写本书过程中，编者参考了有关企业民主管理方面的教材和文章，在此谨向相关作者致以诚挚的感谢。

目　录
Contents

第三章 职工代表如何参加职工代表大会

第四章 职工代表如何做好提案工作与参与日常活动

第五章　职工代表的素质提升与培训

第六章　工资集体协商和集体合同

第七章　职工代表如何参与厂务公开

第八章　公司制企业的民主管理

第九章　分厂、班组及其他形式的民主管理

第十章　事业单位民主管理与区域（行业）职代会

附　录

第一章
企业民主管理基础知识

企业民主管理是贯彻党的全心全意依靠工人阶级指导方针的核心内容，是企业领导体制的一个组成部分。

第一节　企业民主管理的职能与任务

职工代表代表职工参与企业管理工作，参加职工代表大会审议企业重大决策，了解和掌握企业民主管理的概念、重要意义和必要性是非常重要的。

一、民主管理

民主管理就国家层面而言，是人民选举自己的代表，代表选举国家领导人管理国家和行政事务。企业的民主管理则主要从两个层面来认识：狭义地、具体地讲，企业民主管理主要通过职工代表大会、厂务公开、职工董事职工监事、集体合同制度等形式对企业实行民主管理；广义地讲，就企业整体而言，企业的民主管理除了内部的厂务公开、职工代表大会以外，建立现代企业制度的公司制企业还要通过股东大会、通过董事会监事会（包括其中的职工代表、独立董事）、通过定期向社会公告公司的经营情况，接受更广泛的民主监督与管理。

二、企业民主管理

企业民主管理，是指职工依照法律法规的规定，通过一定的组织形式，参与企事业单位管理，行使民主权力的活动。这一概念包括四层含义：企业民主管理的主体是全体职工群众；企业民主管理要依照法律法规和有关规定；企业民主管理要通过一定的组织形式；企业民主管理的特点是企业职工依法有组织地参与管理。

三、企业民主管理的职能与任务

（一）企业民主管理的职能

审议职能：一般说来，企业民主管理的审议职能，主要是审议生产经营管理方面的重大问题，如对企事业单位经营方针、长远规划、年度计划、重大技术改造和技术引进计划、财务预决算、职工培训计划等方案进行审查、比较、分析，提出意见和建议，使之更加科学、完善。

决策职能：企业民主管理的决策职能，是职工群众对企事业单位的重要规章制度、工资、奖金分配方案等涉及职工切身利益的重大问题，经过审查、讨论、修改、最后通过或作出决定。

监督检查职能：对职工代表大会决议的贯彻情况进行检查，或者采取其他措施督促落实；监督企事业单位领导人员。

协调统一职能：主要是协调企事业单位内部各部分人员的关系，特别是协调企事业单位行政领导和职工群众的关系。此外，由于企事业单位民主管理有广泛的群众性，还可以把企事业单位党、政、工、团各方面人员集中在一起，共商企事业单位大事。因此，企业民主管理也起到了协调企事业单位党、政、工三者关系和企事业单位各组织之间关系的作用。

（二）企业民主管理的任务

完善以职工代表大会为基本形式的企业民主管理制度，推进厂务公开，坚持平等协商和集体合同制度，坚持职工董事监事制度，支持职工参与企业管理，保障和维护职工的民主权利与合法权益，构建和谐劳动关系，促进职工和企业事业单位等组织的共同发展。

第二节　企业民主管理的形式

企业民主管理的形式是多样的，基本形式是职工代表大会，主要形式还有厂务公开制度、平等协商和集体合同制度、职工董事监事制度，车间班组的民主管理制度等。

一、职工代表大会制度

职工代表大会是企业实行民主管理的基本形式，是职工行使民主管理权力的机构。职工代表大会制度是职工通过民主选举产生职工代表，组成职工代表大会，在企事业单位内部行使民主管理权力的一种制度。它是中国基层民主制度的重要组成部分。

二、厂务公开制度

厂务公开制度是职工代表大会制度的发展延伸。厂务公开就是把企事业单位重大决策、生产经营管理的重要问题、涉及职工切身利益的问题以及与企事业单位领导班子建设和党风廉政建设密切相关的问题，根据有关法规和制度，通过职工代表大会、厂务公开栏、局域网等多种形式，向企事业单位广大职工公开，使职工及时了解厂情，更好地参与企事业单位决策、管理和监督。推行厂务公开，是加强企业民主管理的有效方法，同时也是坚持以人民为中心的发展思想的具体措施与实际行动。

三、平等协商和集体合同制度

《中华人民共和国劳动法》第八条明确规定："劳动者依照法律规定，通过职工大会、职工代表大会或者其他形式，参与民主管理或者就保护劳动者合法权益与用人单位进行平等协商。"这一规定为企事业单位建立集体协商制度提供了法律依据。第三十三条至三十五条对企业职工一方与企业就劳动报酬、工作时间、休息休假、劳动安全卫生、保险福利等事项签订集体合同作出了具体规定。

四、职工董事、职工监事制度

职工董事、职工监事制度，是指在公司制企业中，由职工民主选举出的职工代表进入董事会、监事会，担任职工董事、职工监事，代表职工参与企业管理、决策和监督的制度。建立职工董事、职工监事制度，将进一步推进党的全心全意依靠工人阶级指导方针在企业中的贯彻和落实；进一步完善企业的法人治理结构；加强企业经营决策者与劳动者之间的联系；保证从源头上维护职工的合法权益；促进企业民主管理。

五、合理化建议活动

职工合理化建议活动也称"点子工程"，它是企业民主管理的一项重要内容。通过开展这一活动，切实提高职工民主参政意识，最大限度地发掘职工中蕴藏的智慧和热情，为领导层改进工作方法、进行正确决策提供依据。开展合理化建议活动也是企事业单位革新挖潜、降低成本、提高劳动生产率、增加经济效益的重要途径，是企事业单位发展的内在动力。它能够充分调动起全体职工参与企事业单位管理的积极性，对改善企事业单位管理，提高经营效益和促进创新发展有着举足轻重的作用。

六、车间职代会（职工大会）和班组民主管理会议

《全民所有制工业企业职工代表大会条例》规定：车间（分厂）可以根据具体情况，采取职工大会或职工代表大会、职工代表组等形式，对本单位权限范围内的事务行使民主管理的权力。《企业民主管理规定》也对集团公司总部机关及车间分厂的民主管理作出了类似的规定。班组的民主管理主要是通过全体职工参加的民主管理会议对本班组的生产任务、考核、收入分配等事项进行的民主管理。

七、其他形式的民主管理

企业民主管理除了以上形式外，还有其他一些形式，如职工持股会、职工代表的巡视检查、民主质询会、民主议事会、民主恳谈会、民主接待日、民主信箱、经理助理等。

第三节　企业民主管理的地位与原则

在企业的领导体制和企业管理中，企业民主管理的法定地位及工会作为民主管理组织者的执行力对民主管理工作水平影响巨大，正确认识和准确把握民主管理的地位及与党政工的关系，能够有效地推动和促进企业民主管理工作水平的开展与提高。

一、企业民主管理及职工代表大会与党组织、行政和工会的关系

（一）与党组织的关系

企业民主管理工作应当坚持党的领导，坚定不移地贯彻落实党的全心全意依靠工人阶级的根本指导方针。党组织应该加强对以职工代表大会为基本形式的民主管理工作的领导和支持。《中国共产党章程》第三十三条规定，国有企业党委（党组）发挥领导作用，把方向、管大局、保落实，依照规定讨论和决定企业重大事项。全心全意依靠职工群众，支持职工代表大会开展工作。

（二）与行政的关系

职工代表大会是职工行使民主管理权力的机构，是企业民主管理的基本形式。企业应当按照合法、有序、公开、公正的原则，建立以职工代表大会为基本形式的民主管理制度，实行厂务公开，推行民主管理。公司制企业（以下简称公司）应当依法建立职工董事、职工监事制度。

企业应当尊重和保障职工依法享有的知情权、参与权、表达权和监督权等民主权利，支持职工参加企业管理活动。企业职工应当尊重和支持企业依法行使管理职权，积极参与企业管理。

一方面，董事会、经理层要积极推进职代会制度的落实。董事会、经理层要牢固树立依靠职工办企业的观念，尊重职工代表民主参与、民主管理、民主决策和民主监督的权利，重视职代会提出的建议和意见，支持职代会依法行使职权；要把建立和完善职代会制度与健全现代企业制度有机结合起来，切实加以推进，并把职代会制度作为企业管理的重要基础制度；要督促企业有关部门落实职代会提案和决议，在企业管理费中列支职代会工作费用；要进一步规范企业行为，提高企业科学决策、民主决策的水平，推动企业的创新发展。另一方面，职工代表大会要帮助企业完善重大决策，支持企业的日常管理，组织和动员职工为完成企业的生产经营管理任务作出努力。职工代表大会审议企业重大决策的过程，审议通过规章制度的过程，既是行使权力的过程，也是帮助企业完善决策的过程。职工代表大会还可以作出决议，组织广大职工为企业的改革、创新和发展作贡献。

（三）与工会的关系

企业工会应当组织职工依法开展企业民主管理，维护职工合法权益。上级工会应当指导和帮助企业工会和职工依法开展企业民主管理活动，对企业实行民主管理的情况进行监督。工会是职工代表大会的工作机构，承担职工代表大会的日常工作。工会承担平等协商和集体合同的日常工作，厂务公开的日常组织协调工作。基层工会委员会作为职工代表大会日常工作机构，应承担下列各项工作：一是向职工宣传党和国家工人阶级和工会工作的方针、政策和有关法律、法规，宣传民主管理知识，宣传职工代表大会的性质、任务、职权和作用，增强职工的民主素质；二是负责职工代表大会的筹备工作，组织选举职工代表，征集职工代表提案，提出大会议题，议程的建议，提出大会主席团、专门委员会的组成方案；三是做好大会期间的组织工作；四是大会闭幕后，组织传达大会精神，宣传大会决议，检查和督促有关部门执行大会决议和落实职工代表提案；五是提出参加平等协商和董事会、监事会的职工代表候选人；六是组织专门委员会开展巡视、检查、调解、质询活动，主持召开联席会议；七是组织开展职工代表述职和评议工作；八是定期培训职工代表，提高职工代表参与决策、管理和监督的能力；九是受理职工代表的申诉和建议，维护职工代表的合法权益；十是完成职工代表大会交办的其他工作。

为搞好企业民主管理和职工代表大会的工作，基层工会要重视以下三点。一是教育工作。在党委的领导下，做好职工群众的思想政治工作，教育职工提高主人翁的意识和当家作主的自觉性，正确处理民主与集中、自由与纪律、权利与义务的关系。二是组织工作。建立和健全各种民主管理的组织和制度，做好职工代表大会的筹备、贯彻落实大会决议等一系列组织工作。三是维护工作。依据相关法律法规，维护职工合法权益，竭诚服务职工群众。

（四）与其他组织和部门的关系

企业代表组织（企业联合会、企业家协会）应当推动企业实行民主管理，促进企业健康发展。各级党委纪检部门、组织部门，各级人民政府国有资产监督管理机构和监察机关等有关部门应当依照各自职责，对企业民主管理工作进行指导、检查和监督。

二、企业民主管理的原则

实践中，推动和促进企业民主管理工作的发展与整体水平的提高，应注意把握以下几条基本原则。

（一）坚持党的领导

坚持党的领导是我国企事业单位推行企业民主管理的重要特征和根本保证。企业民主管理作为社会主义民主政治建设的重要组成部分，坚持党的领导、人民当家作主和依法治国的有机统一，体现了社会主义的本质特征。因此，坚持党的领导、发挥企事业单位党组织的领导作用是一个重大原则问题，任何时候都不能动摇。各级党组织应把企业民主管理工作列入议事日程，定期研究并检查这项工作开展的情况，及时解决工作中遇到的问题，不断拓宽民主管理的渠道，充实企业民主管理的内容。

（二）坚持依法推进

社会主义市场经济是法治经济，依法治国、建设社会主义法治国家是党领导人民治理国家的基本方略，依法推进是企业民主管理发展的必由之路。企业民主管理应当以法律法规为依据，在法律规定范围内实施，又需要以法律作为基本保障。为此，必须加强企业民主管理法治建设，把企业民主管理纳入法治轨道。目前，许多省市人民代表大会的常委会已经进行了职工代表大会与集体合同的立法工作，通过了若干的条例，这是很好的现象，将有力提升企业民主管理的法治化水平。

（三）坚持群众路线

企业民主管理的主体是职工，没有职工群众参与，企业民主管理就会成为无源之水、无本之木。群众路线是党的根本工作路线，实行企业民主管理必须坚持走群众路线，坚持一切为了群众、一切依靠群众，充分尊重广大职工群众的首创精神。要充分调动职工群众积极性、创造性，发挥他们的聪明才智，不断推进企业民主管理深入发展。

（四）坚持与时俱进

实行企业民主管理要坚持与时俱进，研究新情况，解决新问题。多年的实践证明，要使企业民主管理落到实处，必须有健全的组织形式和工作制度，企业民主管理如果只是停留在一般的号召，而无具体的制度保证，就会成为一句空话。以职工代表大会为基本形式的企业民主管理制度表明，在党的领导下，我们已经找到了具有中国特色的企业民主管理的有效制度。随着国有企业改革，建立现代企业制度特别是非公有制企业的发展，企业民主管理工作遇到了许多新情况、新问题，应当与时俱进，大胆实践，使职工代表大会的工作制度、活动形式和职权行使与新形势相适应，同时努力探索企业民主管理、民主监督新的领域和实现形式，把民主管理不断推向新的更高的水平。

（五）坚持从实际出发

从客观实际出发，是民主管理的基本要求和根本原则。各企事业单位情况千差万别，体制、机制各不相同，因此，企业民主管理要从实际出发，坚持"因地制宜、因企制宜"的原则，工作中不搞"一刀切"，不搞一个模式，注重实际效果。

企业民主管理是基层民主政治建设和政治文明建设的重要内容，也是现代企业制度的一个重要方面。职工代表是代表职工参与管理，代表职工进行企业民主管理活动，应该掌握企业民主管理的基本知识。

思考题

1.为什么要实行企业民主管理？

2.企业民主管理的原则有哪些？

案例

民主管理是企业和谐发展的基石

某电子公司是一家跨国公司。公司工会结合企业文化特点，按照公司职代会条例的规定开展民主管理，取得了一些成效。

找到员工的关注点，引导员工在法律法规规定的原则框架和权利范围内参与企业民主管理

公司认为，维护员工的合法权益，调动员工对企业发展的积极性和创造性，是公司和工会的共同责任。为此，公司与工会围绕着员工的就业、加薪、环境和劳动保护、女工保护、合理化建议及员工投诉等方面企业应尽义务、员工拥有权利进行了认真的协商，并通过有效的公开形式告知员工，使员工明白实现这些权益需要履行的民主程序和相关途径。公司支持员工的知情权和参与权。公司内部的联系和沟通渠道是畅通的，包括提供的全天候多种语言的免费投诉电话，使问题得到及时妥善的解决，形成了一个和谐稳定的工作氛围和环境。公司某事业部一员工在上班途中被助动车撞成重伤，助动车溜之大吉。这名员工无力支付昂贵的治疗费打算放弃，其后果可能造成终身残疾。工会在知道这一情况后，立即启动行政和工会协商机制及员工参与机制，通过公司帮扶和员工募捐，最终使这名员工获得康复，员工家属非常感动地向公司赠送了锦旗。这名员工在除去必要的治疗费后，将多余捐款转捐给其他需要帮助的人，这一爱心救助事件在公司成为美谈。

强化职代会主渠道作用，促进企业与职工共建共享

按照公司职代会条例规定，坚持将公司的发展前景、经营管理和绩效情况，以及可能存在的经营风险和采取的改进措施、新政策出台的背景情况、需要员工努力和配合的措施等方面向职代会进行报告，吸纳员工的意见和建议，这一做法取得了较好的成效，并已成为公司制度固定了下来。同时，还把人事和劳动环境作为与员工结合点的突破口，就加班、休假、员工手册中的劳动纪律处罚条款、就餐标准、高温补贴等方面的制定、修改，作为职代会审议决定的重要事项。公司根据政府要求，还与工会签订了集体合同，并经职代会表决通过后实施。为保证职代会决定决议得到很好的贯彻落实，工会除组织员工代表进行监督检查外，还邀请人事和安全经理在职代会上就执行这些事项情况进行报告，接受员工代表的质询，解答员工的问题和疑惑。公司的这一做法，得到了员工的高度认可，公司的集体合同履约情况良好，员工对此的满意度始终保持在 96% 以上。前一段时间，公司某事业部因业务需要迁往异地，部分本地员工将被解聘劳动合同，公司将这一情况及时通报工会，与工会共同拟订员工补偿方案和工作岗位安置方案，并经职代会民主程序切实有效地保证了员工知情权、参与权和涉及自身利益事项的决定权，从而使被转岗和被解聘的员工都表示认可和满意。

以丰富多样的民主管理形式畅通与员工的沟通渠道

着力发挥党政工三方协商机制作用。在所属街道的指导帮助下，企业建立了行政、工会、党支部三方稳定的联系协商制度，定期每月一次会议，就公司经营管理、劳动关系重大问题、涉及员工切身利益等事项专题协商。到目前为止，三方协商很顺畅，对一些比较重大的问题都能够达成一致认识。最近，根据某电子公司中国区的要求，公司拟对老的员工手册相关条款进行修改。我们通过三方协商机制，先行讨论确定修改的方案初稿，通过工会广泛组织员工讨论，吸纳员工的合理意见和建议，再行协商，随后通过职代会表决后执行。这一做法，不仅体现了企业行政的意愿，同时，也符合员工的利益，新的员工手册执行力也同步得到了提高。

切实发挥企业工会组织作用。早些时候，某电子公司下属的某事业部被出售，这是某电子公司商业行为不容置疑，但员工对收购方的具体做法提出疑问，由于问题未得到解决员工开始变相罢工，情况变得十分棘手。公司通过工会了解职工利益诉求后，与工会共同协商确定解决方案，得到外方的理解和采纳，员工不仅获得了应有的补偿，还高高兴兴地与新的业主方签订了劳动合同，签约率达到了97%以上，一场劳资冲突在无形中得到了化解。由此产生的连锁效应是，新的事业部对中国工会有了全新的认识，在工会组建和资助工会工作经费、发挥工会组织作用等方面都大开绿灯，效果甚好。

实行行政和工会信息对称、资源共享。在彼此信任和支持的基础上，公司的重大发展事项、经营情况都对工会主席敞开，让工会组织享有对企业诸多事项的知情权和建议权，确保工会主席源头参与各种政策的制定和修改完善。同时，公司还授予工会主席邮件群发权利，工会主席根据授权可以向员工或工会组长发通知、互通情况，他的群发在公司是合法和受到保护的，从而在制度上确保了工会能在第一时间掌握员工的需求，进而为解决员工的利益问题奠定了基础；公司对工会主席的意见和建议充分尊重，在制定员工劳动关系的重大决策和各项措施草案时都会第一时间征求工会意见，体现工会意愿。

第二章

职工代表大会制度

职工代表大会制度是我国企业民主管理的基本形式，是职工行使民主管理权力的机构，也是职工代表依存的基础和活动的主要平台。

第一节　职工代表大会的性质、特征和任务

正确认识和准确把握职工代表大会的性质、特征和任务，是开展好企业民主管理工作的前提与必要条件。

一、职工代表大会的性质

《企业民主管理规定》等众多与企业民主管理相关的法律法规规定，职工代表大会是企业实行民主管理的基本形式，是职工行使民主管理权力的机构。职工代表大会的工作机构是企业的工会委员会。企业工会委员会负责职工代表大会的日常工作。理解职工代表大会的性质，可以从以下两个方面来把握。

首先，职工代表大会是企事业单位实行民主管理的基本形式。我国企业民主管理的形式多种多样，但由于职工代表大会具有广泛的代表性、充分的民主性、法定的权威性、组织制度的严密性，所以法律规定职工代表大会是企业民主管理的基本形式。

其次，职工代表大会是职工依法行使"民主管理权力的机构"。所以，职工代表大会不是企事业单位的最高权力机构，而是职工依照法律

规定行使民主管理权力的机构。虽然仍然是一个权力机构，但是是加了限制词的权力机构。由此派生出的职工代表大会的各项职权是不同的。

二、职工代表大会的特征

（一）职工代表大会具有广泛的代表性和充分的民主性

职工代表大会由职工代表组成，而职工代表又是按一定的民主程序和一定的比例由职工直接选举产生的。他们来自各个部门，几乎包括了企事业单位各个方面，既代表职工的意志，又受其监督。另外，职工代表大会议案的提出和决议的作出都要经过一定的民主程序，这样就保证了职工代表大会的代表性和民主性。

（二）职工代表大会具有法律依据和权威性

我国《宪法》明确规定："国有企业依照法律规定，通过职工代表大会和其他形式，实行民主管理。"《劳动法》《公司法》等法律法规都规定了企事业单位要通过职工代表大会等形式，实行民主管理且有具体的内容。这些规定为全面建立和健全职工代表大会制度提供了法律保障。

（三）职工代表大会具有严密的组织制度

职工代表大会有多级民主管理网络，有各种专门工作小组，有自己的工作机构和活动制度，这种组织上的系统化和工作的经常化、制度化、程序化，是其他民主管理形式不可比拟的。

（四）职工代表大会制度是我国企业民主管理长期实践的结果

长期实践证明，企事业单位实行职工代表大会制度，符合我国目前生产力发展水平、管理水平和群众习惯的实际。

三、职工代表大会的任务

（一）维护职工合法权益

维护职工合法权益，是职工代表大会也是工会的重要任务。在企事业单位，凡是涉及职工合法权益的重大问题，应当提交职工代表大会讨论，由职工代表大会通过、决定。职工代表大会要依法行使自己的职权，严格把关，保障职工合法权益不受侵犯。

（二）支持行政领导依法行使职权，维护企事业单位正常的生产、工作秩序

职工的利益与企事业单位的利益根本上是一致的。职工代表大会要积极支持企事业单位的改革与发展，教育职工以主人翁态度对待劳动，自觉遵守各项规章制度，维护行政领导的权威，维护正常的生产工作秩序，努力完成各项生产工作任务。

（三）监督企业领导人

监督企业领导人，就是要检查督促企事业单位各级领导人的工作。职工代表大会要对企业领导人是否正确行使职权、是否在法律法规规定的范围内活动、是否廉洁自律，要依法进行监督。

（四）教育职工，提高职工素质

职工代表大会要充分发挥职工群众自我教育的作用，通过各种途径和形式，对职工群众进行思想政治教育、法律法规纪律教育、科学文化技术教育，全面提高职工素质。

第二节　职工代表大会的组织原则与机构

《全民所有制工业企业职工代表大会条例》规定了职工代表大会的组织原则是民主集中制，并同时对职工代表大会的组织机构作出了原则的规定。

一、职工代表大会的组织原则

职工代表大会实行民主集中制的组织原则。民主集中制是民主基础上的集中和集中指导下的民主相结合的制度。民主是集中的前提和基

础，没有民主，就不会有正确的集中；在民主的基础上又必须实行必要的集中，离开必要的集中，民主就会失去正确方向和目标，人民当家作主就成了一句空话。只讲民主，不讲集中，就会出现极端民主化和无政府状态；反之，如果只讲集中，不讲民主，就必然出现个人独断专行，官僚主义滋长。必须把民主集中制原则贯穿于职工代表大会活动的全过程，职工代表大会的每个环节都要严格按照民主程序办事，这样才能真正体现职工代表大会的性质和特点，才能保证职工代表大会的质量，才能促进全过程人民民主。

二、职工代表大会会议制度

《企业民主管理规定》第十七条规定，职工代表大会每年至少召开一次。职工代表大会全体会议必须有 2/3 以上的职工代表出席。遇有重大事项，经行政主要领导、企事业单位工会或 1/3 以上职工代表的提议，可召开临时会议。职工代表大会进行选举和作出重要决议、决定，一般采用无记名投票方式进行，必须经全体职工代表过半数通过。

三、职工代表大会的组织机构

(一) 职工代表大会主席团

职工代表大会主席团，是由职工代表大会预备会议选举产生，负责职工代表大会会议期间的组织领导工作的机构。主席团成员由企业工会与职工代表大会各团（组）协商提出候选人名单，经职工代表大会预备会议表决通过。其中，工人、技术人员、管理人员不少于 50%（这里的管理人员指非中层以上管理人员和领导人员）。根据需要可从主席团成员中选举产生大会秘书长。秘书长一般由工会主席担任为宜。主席团成员一般由职工代表大会预备会议选举产生。第一步，在征求职工代表意见的基础上，由企事业单位工会征求职工代表团（组）的意见，协商提出候选人名单；第二步，向企业党组织汇报，确定主席团成员候选人建议名单；第三步将候选人建议名单提交职工代表大会讨论，采用无记名投票或举手表决通过的办法选举产生。职工代表大会全体会议由大会主席团成员轮流主持。职工代表大会主席团不实行常任制。

职工代表大会主席团的主要职责：主持开好职工代表大会，领导大会期间的各项工作与活动；听取和综合各代表团（组）对各项议题审议的意见；研究大会议题中要通过和决定的事项；草拟大会各项决议；主持大会对企业领导人的评议和大会选举工作；处理大会期间的其他事项。

（二）职工代表大会专门委员会（小组）

1.设立专门委员会（小组，下同）的意义和作用。职工代表大会专门委员会，是为职工代表大会行使各项职权服务的专门工作机构。设立专门委员会，可以使职工代表大会更好地开展活动，提高工作效率，发挥应有的作用。

2.专门委员会的设置和人员组成。专门委员会的设置，应根据职工代表大会行使职权的需要和企事业单位的实际情况来确定。一般应设置生产经营、生活福利、提案审查、评议工作和劳动法律监督等专门委员会。此外，还可以根据需要设置临时性专门委员会。专门委员会的人选，一般在职工代表中提名产生，也可以聘请少量非职工代表参加，但主任委员须是职工代表。专门委员会的成员，应具有一定的业务水平和组织活动能力，办事公道，在群众中有一定的威信。专门委员会一般由3至10人组成。专门委员会设主任1名，可设副主任若干名。各专门工作委员会的成员，由职工代表团（组）酝酿提出名单，工会委员会汇总，经职工代表大会通过产生。职工代表大会专门委员会日常工作接受职工代表大会和工会的领导，在工会主持下进行。职工代表大会专门委员会与工会有关业务工作委员会力求统一，但不要一刀切，要根据工作实际有分有合，建立相应的工作制度和活动制度。

3.专门委员会的基本职责和任务。职工代表大会各专门委员会在职代会筹备和召开期间，重点工作是参与行政有关方案的制定，对提交职代会讨论的有关议案进行审议，提出意见建议或专项报告。职工代表大会闭会期间，重点工作是有目的地开展民主管理活动，检查督促有关部门贯彻执行职工代表大会决议的情况，听取和反映职工群众的意见和建议。

职工代表大会专门委员会的主要工作任务如下。①生产经营委员会：组织劳动竞赛、合理化建议活动，审议生产经营计划并监督检查执行情况，参与安全、劳保方面规章制度的制定和监督检查。②生活福利委员会：处理职工的劳动争议，参与生活福利工作计划和经济适用房配售方案的制定以及执行情况的监督检查，审议企业工资改革和职工福利基金等使用方案和财务预决算，并监督检查其执行情况等。③民主评议委员会：组织实施评议领导人员等。④提案审理委员会，收集审理职工代表大会提案，同企业协商提出立案意见，并监督行政部门的处理落实工作。

（三）职工代表团（组）长和专门委员会负责人联席会议

职工代表团（组）长和专门委员会负责人联席会议，是在职工代表大会闭会期间，为解决临时需要职工代表大会审议或审查的某些重要问题，而由工会委员会召集的会议，是职工代表大会制度的重要组成部分。

联席会议成员由两方面人员组成：一是职工代表团（组）长，二是专门委员会负责人。也有的企业扩大了联席会议的范围，请部分工会干部和部分职工代表参加。联席会议可以根据会议内容邀请企业党政负责人或其他有关人员参加。联席会议的召开时间没有具体规定，遇有工作需要，可随时召开。联席会议由工会委员会召集，工会主席主持。

职工代表大会联席会议的主要任务是协商处理职工代表大会闭会期间需要临时解决的重要问题。联席会议协商处理的问题，应该是临时遇到的、同职工代表大会职权有关的重要问题。属于企事业单位重大决策的问题，应尽可能提交职工代表大会审议。联席会议协商处理的重要问题，要向下一次职工代表大会报告，以得到确认。

第三节　职工代表大会的职权

职工代表大会的职权主要有：审议建议权、审查同意或否决权、评议监督权、民主推荐或民主选举权等。准确认识和把握职工代表大会的职权并按规范的程序实施，有利于职工代表大会职权的落实。

一、法律法规关于职代会职权的规定

（一）《企业民主管理规定》相关内容

1.《企业民主管理规定》对所有企业职工代表大会职权的规定，其中第十三条规定职工代表大会行使下列职权。

（1）听取企业主要负责人关于企业发展规划、年度生产经营管理情况，企业改革和制定重要规章制度情况，企业用工、劳动合同和集体合同签订履行情况，企业安全生产情况，企业缴纳社会保险费和住房公积金情况等报告，提出意见和建议；审议企业制定、修改或者决定的有关劳动报酬、工作时间、休息休假、劳动安全卫生、保险福利、职工培训、劳动纪律以及劳动定额管理等直接涉及劳动者切身利益的规章制度或者重大事项方案，提出意见和建议。

（2）审议通过集体合同草案，按照国家有关规定提取的职工福利基金使用方案、住房公积金和社会保险费缴纳比例和时间的调整方案，劳动模范的推荐人选等重大事项。

（3）选举或者罢免职工董事、职工监事，选举依法进入破产程序企业的债权人会议和债权人委员会中的职工代表，根据授权推荐或者选举企业经营管理人员。

（4）审查监督企业执行劳动法律法规和劳动规章制度情况，民主评议企业领导人员，并提出奖惩建议。

（5）法律法规规定的其他职权。

2.《企业民主管理规定》第十四条规定，国有企业和国有控股企业职工代表大会除按第十三条规定行使职权外，行使下列职权。

（1）听取和审议企业经营管理主要负责人关于企业投资和重大技术改造、财务预决算、企业业务招待费使用等情况的报告，专业技术职称的评聘、企业公积金的使用、企业的改制等方案，并提出意见和建议。

（2）审议通过企业合并、分立、改制、解散、破产实施方案中职工的裁减、分流和安置方案。

（3）依照法律、行政法规、行政规章规定的其他职权。

（二）《全民所有制工业企业职工代表大会条例》相关内容

《全民所有制工业企业职工代表大会条例》规定职工代表大会行使下列职权：定期听取厂长的工作报告，审议企业的经营方针、长远和年度计划、重大技术改造和技术引进计划、职工培训计划、财务预决算、自有资金分配和使用方案，提出意见和建议，并就上述方案的实施作出决议；审议通过厂长提出的企业的经济责任制方案、工资调整计划、奖金分配方案、劳动保护措施方案、奖惩办法及其他重要的规章制度；审议决定职工福利基金使用方案、职工住宅分配方案和其他有关职工生活福利的重大事项；评议、监督企业各级领导干部，并提出奖惩和任免的建议；对工作卓有成绩的干部，可以建议给予奖励，包括晋级、提职。对不称职的干部，可以建议免职或降职；对工作不负责或者以权谋私，造成严重后果的干部，可以建议给予处分，直至撤职；主管机关任命或者免除企业行政领导人员时，必须充分考虑职工代表大会的意见。职工代表大会根据主管机关的部署，可以民主推荐厂长人选，也可以民主选举厂长，报主管机关审批。此外，职工代表大会对厂长在其职权范围内决定的问题有不同意见时，可以向厂长提出建议，也可以报告上级工会。在职工代表大会上，可以由厂长代表行政、工会主席代表职工签订集体合同或共同协议，为企业发展的共同目标，互相承担义务，保证贯彻执行。

(三)《中华人民共和国全民所有制工业企业法》相关内容

《中华人民共和国全民所有制工业企业法》规定:国家保障职工的主人翁地位,职工的合法权益受法律保护。职工代表大会行使下列职权:听取和审议厂长关于企业的经营方针、长远规划、年度计划、基本建设方案、重大技术改造方案、职工培训计划、留用资金分配和使用方案、承包和租赁经营责任制方案的报告,提出意见和建议;审查同意或者否决企业的工资调整方案、奖金分配方案、劳动保护措施、奖惩办法以及其他重要的规章制度;审议决定职工福利基金使用方案、职工住宅分配方案和其他有关职工生活福利的重大事项;评议、监督企业各级行政领导干部,提出奖惩和任免的建议;根据政府主管部门的决定选举厂长,报政府主管部门批准。

(四)《中华人民共和国劳动合同法》相关内容

《中华人民共和国劳动合同法》规定:用人单位应当依法建立和完善劳动规章制度,保障劳动者享有劳动权利、履行劳动义务。用人单位在制定、修改或者决定有关劳动报酬、工作时间、休息休假、劳动安全卫生、保险福利、职工培训、劳动纪律以及劳动定额管理等直接涉及劳动者切身利益的规章制度或者重大事项时,应当经职工代表大会或者全体职工讨论,提出方案和意见,与工会或者职工代表平等协商确定。

(五)《关于在国有企业、集体企业及其控股企业深入实行厂务公开制度的通知》相关内容

《关于在国有企业、集体企业及其控股企业深入实行厂务公开制度的通知》要求按照有关规定,认真落实职代会的各项职权,要通过实行厂务公开,进一步完善职代会民主评议企业领导人员制度,坚持集体合同草案提交职代会讨论通过,企业业务招待费使用情况、企业领导人员廉洁自律情况、集体合同履行情况等企业重要事项向职代会报告制度,国有及国有控股的公司制企业由职代会选举职工董事、职工监事制度等,不断充实和丰富职代会的内容,提高职代会的质量和实效,落实

好职工群众的知情权、审议权、通过权、决定权和评议监督权，建立符合现代企业制度要求的民主管理制度。

（六）《关于在企业改制重组关闭破产中进一步加强民主管理工作的通知》相关内容

《关于在企业改制重组关闭破产中进一步加强民主管理工作的通知》规定，改制重组关闭破产企业工会要监督企业坚持和完善职工代表大会制度，在改制重组关闭破产中严格履行民主程序，要督促企业按照"两办通知"和《国务院办公厅转发〈国资委关于规范国有企业改制工作意见〉的通知》（国办发〔2003〕96号）的规定要求，将改制方案提交企业职工代表大会或职工大会审议，职工的裁减和安置方案等涉及职工切身利益的重大问题提交职工代表大会审议通过，未经职工代表大会审议的不应实施；既未公开又未经职工代表大会通过的决定视为无效。要坚持规范职工代表大会制度。改制企业召开职工代表大会，必须要有2/3以上职工代表出席，经全体职工代表半数以上通过方为有效。职工代表大会的表决应以无记名投票方式进行，不能以职工代表团（组）长联席会议代替职工代表大会作出决定。

二、职工代表大会的职权在实际中的把握

综合上述法律法规和政策文件规定，职代会的职权可归纳为审议建议、审议通过、审查决定、评议监督、推荐选举等职权。《企业民主管理规定》发布以后，多数单位在职工代表大会职权方面遵循了这一规定。

（一）审议建议权方面

下列事项应当向职工代表大会报告，接受职工代表大会审议，听取职工代表大会代表（以下简称"职工代表"）的建议：

1.企业单位的发展规划、基本建设方针方案、重大技术改造方案、财务预决算方案、年度经营管理情况和重要决策；

2.企业单位制定、修改、决定直接涉及职工切身利益的规章制度或

者重大事项;

3.与企业就职工工资调整、经济性裁员、群体性劳动纠纷和生产过程中发现的重大事故隐患或者职业危害等事项进行集体协商的情况;

4.代表大会联席会议协商处理的事项及工作机构关于民主管理的工作情况;

5.集体及其控股企业财务预决算,重组改制方案和重大改革措施,申请破产或者解散等重要事项;

6.单位的财务预决算、重大改革改制方案等重要事项;

7.法律法规规定或者企事业单位与工会协商确定应当向职工代表大会报告的其他事项。

(二) 审议通过权方面

下列事项应当向职工代表大会报告,并由职工代表大会审议通过:

1.劳动报酬、工作时间、休息休假、保险福利等事项的集体合同和集体合同履行情况;

2.调整机制、女职工权益保护、劳动安全卫生等专项集体合同草案;

3.集体及其控股企业的薪酬制度,福利制度,劳动用工管理制度,职工教育培训制度和方案,改革改制中涉及的职工安置方案,以及其他涉及职工切身利益的重要事项;

4.单位的职工聘任、考核奖惩办法,收益分配的原则和办法,职工生活福利制度,改革改制中涉及的职工安置方案,以及其他涉及职工切身利益的重要事项;

5.法规规定或者企事业单位与工会协商确定应当提交职工代表大会审议通过的其他事项。

(三) 审议决定权方面

部分企业职工代表大会仍坚持了审议决定职工福利基金使用方案、经济适用房配售方案和其他有关职工生活福利的重大事项。

(四) 评议监督权方面

1.以下人员应当接受职工代表大会的民主评议:国有、集体及其控股企业的高级管理人员，事业单位负责人，董事会和监事会中的职工代表；法律法规规定或者企事业单位与工会协商确定应当接受职工代表大会民主评议的其他人员。

2.以下事项应当向职工代表大会报告，并接受审查监督：职工代表大会提案征集与处理落实情况；职工代表大会审议通过的重要事项落实情况；劳动安全卫生标准执行、社会保险费缴纳、职工教育培训经费提取使用等情况；法律法规规定或者企事业单位与工会协商确定应当向职工代表大会报告并接受审查监督的其他事项。

（五）推荐选举权方面

1.集体企业职工代表大会有权选举厂长经理。

2.集体所有制工业企业：主管机关任命或者免除企业行政领导人员时，必须充分考虑职工代表大会的意见。职工代表大会根据主管机关的部署，可以民主推荐厂长人选，也可以民主选举厂长，报主管机关审批。

3.公司制企业：董事会和监事会中的职工代表。

4.各种企业的下列人员应当由职工代表大会民主选举产生：职代会主席团成员；职代会各专门工作委员会（小组）成员；法律法规规定或者企事业单位与工会协商确定应当由职工代表大会民主选举产生的其他人员。

第四节　职工代表大会的议题、提案和决议

职工代表大会的议题、提案和决议是职工代表大会筹备和会议期间要形成的重要文件，对会议的成功与否关系重大。

一、职工代表大会的议题

职工代表大会议题是指列入职工代表大会议程和提交职工代表大会审议的问题。议题是职工代表大会的纲领性文件。议题的内容应包

括所要审议问题的要点、提出议题的依据、实施议题的方法和步骤等。职工代表大会要针对企事业单位生产经营管理以及职工切身利益方面的重大问题确定中心议题。确定职工代表大会中心议题的程序一般如下。

1.在召开职工代表大会之前，由企事业工会广泛征求职工代表、各有关部门和职工群众的意见，充分了解当前本单位生产经营管理中存在的主要问题以及职工群众迫切要求解决的重大问题。

2.企事业单位工会与企事业单位领导进行协商，报请党组织同意，形成对职工代表大会中心议题的初步意见。

3.召开职工代表团（组）长和职工代表大会专门委员会负责人联席会议进行讨论，征求意见。

4.由工会向职工代表大会预备会议提出大会议题的建议，并由预备会议审议通过。

遇有重大事项，经行政领导、企事业单位工会或者三分之一以上职工代表提议，召开职工代表大会临时会议，即以该重大事项为议题。

二、职工代表大会提案

职工代表大会提案是提请职工代表大会讨论、决定、处理的方案和建议。这些方案和建议一般由职工代表提出，经职工代表大会提案审查委员会审查立案后，确定为职工代表大会的提案。提案的内容：主要是涉及企事业单位生产经营管理、改革改制、内部分配、规章制度、劳动保护和生活福利等方面的问题。提案的形式：一般采取书面的形式提出，要积极探索建立网上申报与处理系统。提案表要填写以下几个方面的内容：提案的案由、依据、具体要求与建议采取的措施。并由提案人和附议人署名。提案征集和处理的程序：发出征集提案通知，发放提案征集表；职工代表填写提案表；收集提案并送交工会或提案委员会；对提案进行审查，符合条件的立案，不符合条件的退回并予以说明；对已立案的提案进行整理、分类登记；分送有关领导或有关部门负责处理实施。有关重大问题的提案应提交职工代表大会讨论；监督检查。工会或提案委员会对提案落实情况进行监督检查，并在下届职工代表大会上报告提案处理及落实情况。

三、职工代表大会的决议

职工代表大会在对企事业单位提交大会审议的工作报告和提交职工代表大会的各项议案认真审议后，应当由职工代表大会作出相应的决议或决定，形成职工代表大会在其职权范围内依法作出的决议。

职工代表大会的决议，可以分为单项和综合两种形式。单项决议，是指职工代表大会就某一项议题作出的单一性决议。综合决议，则是指职工代表大会就审议的多个议题或全部议题作出的综合性决议和决定。单个决议和决定比较简单，职工代表容易作出表决，而综合性决议和决定由于内容比较多，表决时可能会遇到困难。一般地讲，应该就单项问题作出决议。如，关于某项改革举措的决议，关于绩效管理办法的决议。职工代表大会依照法律法规和民主程序作出的各项决议和决定，具有法定的权威性，应当得到尊重，未经职工代表大会同意，任何组织和个人无权修改、变更。

思考题

1.职工代表大会的性质是什么？

2.职工代表大会审议通过的事项有哪些？

模板

某集团公司×届×次职工代表大会议题

一、审议

1.《某集团公司行政工作报告》

2.《某集团公司×年财务会计报告》

3.《某集团×届×次职工代表大会闭会以后联席会议协商处理重要问题的报告》

4.《某集团公司×年企业年金管理情况报告》

5.《某集团公司×年企业补充医疗保险管理情况报告》

6.《某集团公司×年（新）职工培训工作计划》

二、审议通过

1.《关于〈某集团公司×年集体合同〉履行情况的报告》

2.《某集团公司×年（新）集体合同》

3.《关于某集团公司×届×次职工代表大会提案处理落实情况的报告》

4.《关于某集团公司×年福利费使用情况及×年（新）预算安排方案的报告》

5.《某集团公司劳动用工管理办法》

6.《某集团公司劳务派遣工使用管理办法》

三、签订《某集团公司×年（新）集体合同》

四、民主评议集团公司领导班子及成员、职工董事、职工监事

第三章

职工代表如何参加职工代表大会

落实职工代表大会的职权，是企业管理的一个重要方面，是贯彻落实党的全心全意依靠工人阶级根本指导方针和保障职工主人翁地位的重要内容。规范职工代表大会程序则是保证职权落实的重要措施与手段。职工代表大会的职权及其行使的程序在职工代表大会制度中占有十分重要的地位与作用，职工代表应该认真研究与把握。

第一节　如何参与会前、会中与会后活动

职工代表活动首先是积极履行自己的职责，参加职工代表大会，发挥好参政议政方面的作用。职工代表参加职工代表大会活动的过程分为三个阶段，即会前活动、会中活动和会后活动。

一、职工代表会前、会中与会后活动的主要内容

（一）会前活动

职工代表在职工代表大会会前活动主要是为参加、开好职工代表大会做好充分的准备工作。具体内容和流程如下。一是熟悉材料。要认真阅读研究提前发给职工代表的各项审议的方案、文件，了解和掌握大会中心议题。二是调查研究。围绕大会中心议题进行调查研究，通过召开座谈会等形式，广泛听取所在单位职工的意见和建议，并进行综合整理。三是反映意见。将综合整理好的意见和建议，以口头或者书面形式

反映给所在职工代表团（组）。四是提出提案：在征求职工群众意见的基础上，提出职工代表提案。填写提案应采取一事一案的办法，以便整理和归纳。提案表填好后，由职工代表交所在职工代表团（组）、工会组织或职工代表大会提案组。

（二）会中活动

会中活动是在职工代表大会召开期间，职工代表要参加好会议的全过程，认真履行自己的职责，充分发挥好职工代表的作用。会中活动的具体内容和流程如下。一是参加预备会议，听取并审议职工代表大会主席团名单、大会秘书长名单、代表资格审查委员会关于代表资格的审查报告、大会议题、大会议程和其他需要确认的事项。二是参加正式会议，认真听取企业领导在职工代表大会上所作的工作报告，有关方案的说明。三是做好讨论发言的准备，有条件的最好写出发言提纲。四是积极参加各项议案的讨论。在讨论会上敢于、善于表达职工的意见与建议，畅所欲言，充分发表意见。五是根据职工代表大会议程，经过充分思考，认真负责地行使职工代表的权利。

（三）会后活动

会后活动是职工代表参加职工代表大会全过程的最后阶段。会后活动的重点工作，就是要贯彻落实职工代表大会的各项决议。具体内容和流程如下。一是主动向所在单位职工群众汇报、宣传职工代表大会所通过的决议或作出的决定，对职工群众不清楚的问题做好解释工作。二是广泛收集职工群众对职工代表大会通过的各项决议、决定的意见，向所在职工代表团（组）反映。三是要以身作则，用自己的实际行动影响和带动职工群众贯彻落实职工代表大会的决议和决定。

二、会前及日常的调查研究

（一）提高对调查研究重要性的认识

调查研究，是我们做好各项工作的基础，是对客观实际情况的调查了解和分析研究，目的是把问题的本质和规律把握准确，以便采取切实有效的措施加以解决。没有调查研究就没有发言权。调查研究的目的是解决问题，调查结束后一定要进行深入细致的思考，把分散的认识系统化，把感性的认识理性化，把碎片的认识完整化，直至找到事物的本质规律，找到解决问题的正确办法。调查研究的过程，是我们提高认识能力、判断能力和工作能力的过程。调查研究方法也要与时俱进。在运用传统有效方法的同时，要适应新形势新情况。特别是结合当今社会信息网络化的特点，进一步拓展调研渠道、丰富调研手段、创新调研方式，学习、掌握和运用现代科学技术的调研方法，如随机调查、网络调查等，并逐步把现代信息技术引入调研领域，提高调研的效率和科学性。

（二）调查研究的方法步骤

1.实地调查研究。开展实地调研就是通过身临其境地去现场了解，掌握第一手资料的调研方法。其优点是调研内容生动、直观。缺点是要花费较多调研时间，且调研真实性跟调研人的主观性关系较大。

2.问卷调查研究。以问卷的形式开展好调查研究，就是将所要了解的情况通过问卷的形式发放出去，然后统计收回问卷中各问题所占的百分比例来获取调研信息的一种调研方法。这种调研方式的优点是在短时间内就可获得相关调研信息。不足的是被调查单位与人员的配合程度会存在差异而可能影响调研效果。

3.抽样调查研究。可以在调研对象中按一定比例抽取相当数量的对象开展调查研究，再将调研结果按抽取的相关比例进行相应放大的一种调研方法。其优点是在一定程度上杜绝了人为因素，可以获得相对准确的调研信息。不足之处是也存在一定偶然性。

4.会议调查研究。这是可以请调研对象以座谈会的形式直接地获得信息的一种调研方法。这种方法是比较常用的一种调研方法，其优点是调研工作效率高。不足之处是真实性可能存疑。

5.访谈调查研究。就是通过走访不同的人群和不同的调研对象来获取调研信息的一种调研方法。其优点是调研所获得的信息准确性高，有助于问题的深入了解。不足之处是人力和物力成本相对较高。

6.文献资料调研。也就是通过查阅相关文献来获得调研信息的调研方法。这种调研方法主要是为了获取调研事物的一般性发展规律或其演变过程而采取的一种调研方法。其优点是不受时间空间的限制。不足之处是无法获取最新的情况与资料。

三、深入基层，倾听和了解职工的心声

（一）融入职工群众，倾听意见与建议

首先是真心，要有"不破楼兰终不还"的韧劲。其次是细心，处处留心皆学问，"蹲下去看蚂蚁"，就能跳过粗疏抓到细节，透过表象看到本质。再次，还需要虚心。调研的过程就是向职工群众学习的过程，也是从职工群众中寻找解决问题办法的过程。摆正自己的位置，真心诚意拜职工群众为师，老老实实向职工群众学习，用职工群众的智慧丰富头脑和心灵，工作起来才能无往而不胜。调查研究务必深入、扎实、有效，把普遍问题找出来、把真实情况摸上来。没有调查研究，就没有发言权。加强学习和调研，是我们进入新时代、适应新任务的内在要求。

（二）拜师求教，从职工中汲取知识和力量

认识与观察问题，思考与分析问题，不仅要对选举自己的职工负责，也要从更高的角度，从企业的角度，从党和国家的大局来认识与看待问题。所以，必须更多地听取身边职工群众的意见与建议。这样做，一是帮助自己开阔思路，集中大家的意见；二是对职工群众的尊重；三是责无旁贷。《企业民主管理规定》在规定职工代表权利的同时，也规定了职工代表的义务，不少单位的职代会实施细则或民主管理办法规定了职工代表接受职工群众监督的具体内容，职工代表有责任有义务广泛听取职工意见。

（三）取人之长，补己之短

"他山之石，可以攻玉。"这句话的含义是别人先进的、成功的经验，我们可以拿来解决自己的问题。学习借鉴别人的经验，将别人一些

成功的做法移植过来，可以少走一些弯路，在一定程度上会有事半功倍的效果。

第二节　行使审议建议权的程序与关键环节

职工代表大会的审议建议权，是指职工代表大会依法具有对企事业单位发展规划等重大决策进行审议并提出意见和建议的民主管理权力。职工代表大会正确行使审议建议权，具有十分重要的意义和作用。职工代表大会行使好审议建议权，能够充分体现职工的主人翁地位，能够促进企事业单位决策的民主化和科学化，也是职工代表学习管理提高自身素质的有效途径。

一、审议建议权的内容

《企业民主管理规定》明确了职工代表大会审议建议权的内容：听取企业主要负责人关于企业发展规划、年度生产经营管理情况，企业改革和制定重要规章制度情况，企业用工、劳动合同和集体合同签订履行情况，企业安全生产情况，企业缴纳社会保险费和住房公积金情况等报告，提出意见和建议；审议企业制定、修改或者决定的有关劳动报酬、工作时间、休息休假、劳动安全卫生、保险福利、职工培训、劳动纪律以及劳动定额管理等直接涉及劳动者切身利益的规章制度或者重大事项方案，提出意见和建议。

国有企业和国有控股企业职工代表大会行使上述审议建议权外，还要行使下列审议建议权：听取和审议企业经营管理主要负责人关于企业投资和重大技术改造、财务预决算、企业业务招待费使用等情况的报告，专业技术职称的评聘、企业公积金的使用、企业的改制等方案，并提出意见和建议。

二、工作流程

1. 参与方案的调研与起草：参与进去才能有发言权，有效地参与进去，是源头参与和维护职工合法权益的一个重要措施与手段。

2. 会前审议：若有可能，尽可能将会议的主要文件在会前一周左右的时间发给职工代表进行预审，这也是不少地方的成功经验。

3. 大会审议：大会正式会议审议，要审议出水平，对企业负责，对职工负责。

4. 大会决议：大会讨论审议后形成决议。

5. 促进方案的实施，在实施的过程中，注意出现的问题及时反馈有关情况。

三、审议的原则与重点

（一）听取和审议的事项方面

听取的主要事项包括企业发展规划、年度生产经营管理情况，企业改革和制定重要规章制度情况，劳动合同和集体合同签订履行情况，缴纳社会保险费和住房公积金情况等报告，这些事项一般是在职工代表大会上由企业主要负责人向大会口头报告的。实践中，有的单位是在行政工作报告中一并报告的。也有一些先进单位是将其中的某项或者多项单列由行政负责人分别向职工代表大会报告的。如关于集体合同履行情况的报告等。

发展规划关乎企业的整体利益和职工根本利益。发展规划一般有长远规划和年度计划。长远规划是指企事业单位在较长时期内的发展方向、发展规模和主要经济技术指标的远景规划。长远规划内容包括企事业单位产品发展方向、企事业单位生产发展规模、工艺技术发展的趋势和水平、主要经济技术指标的发展水平、创新发展的方向和目标、职工教育、职工劳动条件和生活条件的改善计划等方面。在审议企事业单位长远规划时，应坚持以下原则：必须以国家的长远规划为依据，与新时代国家的高质量发展战略相适应；各项经济技术指标每年递增的幅度，必须以企事业目前的实际指标为基础，并留有余地；必须体现企事业生产经营综合平衡的要求，具有应变能力；坚持生产与生活的协调发展，在发展生产的基础上，逐步改善职工生活。年度计划是指企事业依据国家计划、市场需求和企事业长远规划而制定的年度内进行生产经营活动的目标和行动纲领。年度计划的内容一般包括产品的销售计划、生产计划、劳动工资计划、成本计划、财务计划、技术和创新发展措施等。在审议企事业年度计划时，应坚持以下原则：坚持国家规划与企事业计划相衔接；坚持以市场为导向，充分估计国内外市场的需求和变化趋势，考虑同行业竞争对手的发展趋向和实力情况；坚持以产品销售和创新发展为核心，综合平衡发展。

企业改革和制定重要规章制度情况、劳动合同和集体合同签订履行情况、缴纳社会保险费和住房公积金情况关系到职工的具体利益，也要在职工代表大会期间认真听取并进行审议。改革的内容主要包括：企事业基本情况；改制的原因和形式；股权设置意见；国有资产处置意见；债权债务处置意见；职工安置方案；改革改制后企事业的管理体制和发展规划；改革改制工作的组织领导和时间安排；其他需要说明的事项等。重要规章制度主要是指涉及职工切身利益的重要规章制度。职工代表大会在审议企事业改革方案时，应坚持以下原则：要符合国家有关企事业改革改制的法律法规和方针政策；要确保国有资产不流失；要切实保障企事业职工合法权益。

（二）审议的事项方面

审议的事项一般是行政方面向大会提供文件资料而不进行口头报告的事项。审议的事项主要包括企业制定、修改或者决定的有关劳动报酬、工作时间、休息休假、劳动安全卫生、保险福利、劳动纪律以及劳动定额管理等直接涉及劳动者切身利益的规章制度或者重大事项方案等。这些事项涉及职工的具体利益与长远利益，是职工关心的重点与敏感问题，工会作为职工代表大会的工作机构和民主管理的组织者，要高度重视和认真对待。

有关劳动报酬、工作时间、休息休假、劳动安全卫生、保险福利、劳动纪律以及劳动定额管理等直接涉及劳动者切身利益的规章制度若真正能够交给职工代表大会审议（特别是非国有企业中），是难能可贵的。即使在国有企业，若劳动定额之类的事项能够真正交给职工代表大会审议并审议出水平来，也是了不起的。一定要认真地切实地加以审议。

国有企业职工代表大会行使审议建议权，还要关注重大技术改造方案、财务工作报告等事项。重大技术改造方案是企事业在现有的基础上，用先进的技术改造落后的技术，用先进的工艺和装备代替落后的工艺和装备的具体计划。企事业重大技术改造方案，可以是广义上的全厂性的改造、改建和设备更新，也可以是狭义上的企事业重要技术设备更新改造，工艺的操作方法的改革，产品更新换代，厂房和生产性建筑物以及公用工程的翻新、改造，燃料、原材料的综合利用等方面。职工代表大会在审议重大技术改造方案时，应注意坚持以下原则：坚持提高核心竞争力的目标，把技术先进性、生产实用性和经济合理性结合起来；坚持以客户为中心，致力于提升对客户的服务水平，服务性生产和生产性服务；坚持当前和长远相结合，改造与发挥现有设备潜力相结合；坚持以产品生产为主体，工艺技术为基础，把技术攻关、新产品试制和投产、新工艺采用、新技术引进和采用等互相配套，协调发展；坚持充分考虑企事业的人力、物力和财力，做到量力而行。

根据国务院的规定，国有独资企业和国有控股企业的财务工作报告要向职代会报告。财务工作报告一般包括：财务预决算情况、业务招待费提取和支出情况、企业对外担保等情况。职工代表大会在审议企业财务工作报告时，应坚持以下原则：遵守国家有关法律法规和财务制度；坚持统筹安排，合理使用，量入为出，留有余地。

职工培训计划是指企事业开展职工教育培训、提高职工素质等智力投资计划。职工培训计划的具体内容包括企业各类人员的培训目标、培训方式、培训时间、培训人数、培训经费、培训师资等方面。职工代表大会在审议培训计划时，要坚持以下原则：把国家有关政策规定与企事业定员、职工人数、提高劳动生产率相结合，做到培训和生产两不误；根据企事业的目前需要和长期发展要求，安排职工培训重点；按有关规定提取培训教育经费，师资和教学场地要有可靠的保证；建立严格的选送、考核和奖惩办法。

四、注意关键环节

（一）前期积极参与

职工代表大会审议的重要规章制度、重要决策与方案，往往涉及职工的具体利益与长远利益，工会和职工代表要认真对待。行政领导决策意向确定后，工会应该尽可能参与起草工作，反映职工的意见和建议，协助行政领导和有关部门完善文件或者决策方案。

（二）会前进行审议

在正式召开职工代表大会前一周左右，应该把重要文件发送全体职工代表（通过网络是好办法），使职工代表有充足的时间去征求职工群众的意见并进行充分的思考。也可以通过提前召开职工代表大会预备会议或职工代表团（组）长会议等形式，听取职工代表的意见和建议。如有可能，还可采取提供两个以上方案，请职工代表在审议过程中进行比较和选择。还应由职工代表大会的有关专门小组进行专题审议。

（三）审议形成决议

在正式召开职工代表大会对重要文件进行审议时，先由有关行政领导作报告，介绍主要内容和有关情况。然后各职工代表团（组）组织职工代表进行讨论，提出进一步修改的意见和建议。最后作出相应决议。

（四）积极促进落实

在落实或者实施过程中，可经常性地开展各种形式的民主管理活动，如民主咨询、职工代表视察等民主管理活动，保证文件的实施或者目标的实现。

第三节　行使审议通过权的程序与重点

职工代表大会的审议通过权（又称审查同意或否决权，下同），是指职工代表大会具有对企事业单位的集体合同等重要事项的审查同意或否决的权利。职工代表大会行使审议通过权，有利于处理好国家、企事业单位和职工三者之间的利益关系，有利于协调经营者与劳动者的劳动关系，有利于加强企事业管理。

一、审议通过权的内容

审议通过集体合同草案，按照国家有关规定提取的职工福利基金使用方案、住房公积金和社会保险费缴纳比例和时间的调整方案，劳动模范的推荐人选等重大事项。

国有企业和国有控股企业职工代表大会除行使以上职权外，还要行使下列职权：审议通过企业合并、分立、改制、解散、破产实施方案中职工的裁减、分流和安置方案。

鉴于《全民所有制工业企业职工代表大会条例》并没有废止，在实际工作中，仍有一些民主管理基础工作较好的单位的职工代表大会将企业的工资调整方案、奖金分配方案和涉及职工切身利益的重要规章制度作为审议通过权的范畴。

二、工作流程

1. 源头参与及早介入，平常注意收集和掌握信息，在事前了解情况，确保在有关职工利益的方案、办法的酝酿阶段介入进行。

2. 审查方案，涉及职工切身利益的重要方案、办法，是职工代表大会职权的核心内容，一定要认真组织审查。

3. 修改完善方案，了解与掌握与职工切身利益相关的各方面的信息、资料、数据，特别是在工资协商中，一定要提出有价值有分量的并综合考虑各方面的情况对方基本能够接受的意见，促进方案的完善与问题的解决。

4. 实施情况反馈。

三、把握的重点和原则

（一）集体合同（草案）方面

集体合同是指工会代表职工与企事业单位就劳动报酬、工作时间、休息休假、劳动安全卫生、保险福利等事项，通过平等协商达成的书面协议。工会代表职工与企事业单位签订集体合同，必须反映企事业单位职工的真实意愿。所以集体合同（草案）应当提交职工代表大会或者全体职工讨论通过。职工代表大会在审查集体合同（草案）时，应坚持以下原则：集体合同的内容、形式、签订程序都应当符合法律规定；集体合同应当兼顾双方合法权益。

（二）职工福利基金使用方案、住房公积金和社会保险费缴纳比例和时间方案方面

职工福利基金是企事业按照国家有关规定的比例提取，用于职工福利方面的专项基金。职工福利基金有两个来源，即按企事业职工工资总额的14%提取和从企事业盈利中按规定比例留用。职工福利基金有明确的使用范围。主要包括：一是职工及其供养直系亲属的医药费、医务人员工资、医务经费、职工医疗费、住院费、职工工伤就医路费等；二是职工生活困难补助费；三是职工浴室、理发室、托儿所、幼儿园的工作人员工资和各项支出同收入相抵后的差额，食堂炊事用具的购置、修理费用等；四是集体福利设施支出；五是农副业生产开办费和亏损补贴费；六是按国家规定由福利基金开支的其他支出。职工代表大会在审议福利基金、公益金使用方案时，应注意坚持以下原则：职工福利基金、公益金的来源、提取比例、使用范围，必须符合国家和主管部门的规定；建立严格的职工福利基金使用的财务核算制度和检查制度，并定期

向职工代表大会报告情况；根据困难职工和企事业的实际情况确定困难补助的办法，并向职工公开。

职工住宅出售方案是指企事业单位新建的经济适用房的出售方案、原建职工住宅的调整方案、购买商品房的出售方案。对职工住宅出售方案进行审议时，应坚持以下原则：认真贯彻国家和地方有关政策规定，并结合本单位的实际情况确定住宅出售的具体条件和方案；房源、出售方案和出售结果要公开，并注意男女职工之间、退休职工与在职职工之间一视同仁；领导小组成员要经过职工民主选举产生，人员结构上要注意代表性，并规定明确的职责。

住房公积金和社会保险费缴纳比例和时间的调整方案。住房公积金、社会养老保险、医疗保险、工伤保险、失业保险等的上缴有明确的规定，一般企业都能按规定上缴。有的企业还实施了企业年金制度。但也有企业上缴不到位，工会的力量、职工代表大会的影响力比较弱，应该切实加强这方面的工作。

（三）企业合并、改制、解散、破产实施方案中职工的裁减、分流和安置方案方面

在深化改革中，企业的合并、分立、改制、解散、破产实施方案中职工的裁减、分流和安置方案，属于职工代表大会审议通过权的范畴。鉴于有的地方企业改制中出现的教训，全国总工会为此曾专门发文强调了这一问题。这也是《企业民主管理规定》为此作出专门规定的原因之一。职工的裁减、分流和安置方案关系到职工的具体利益，关系到企业稳定与和谐，应该高度重视并经职工代表大会审议通过。

（四）工资调整方案、奖惩办法、劳动保护措施及其他重要规章制度

工资调整和奖金分配方案。工资调整方案是指企事业根据国家政策规定并结合本单位的实际情况，对劳动者的工资进行调整的具体计划。奖金分配方案则是指企事业根据有关规定对劳动者的超额劳动给予补偿和奖励的具体办法。工资调整和奖金分配方案的主要内容一般包括制定

方案的依据、涉及的对象、具体条件、工资调整和奖金的资金来源、分配比例及实施步骤和方法等方面。职工代表大会在审查工资调整和奖金分配方案时，要坚持以下原则：按照国家政策规定提取和发放；贯彻按劳分配的原则，同时还要逐步提高劳动报酬在初次分配中的比例；明确条件和标准；做到民主、公开、合理，提高工资、奖金分配的透明度。

奖惩办法及涉及职工切身利益的其他重要规章制度。奖惩办法是指企事业单位为了鼓励职工的劳动积极性和创造性，保障正常的生产工作秩序，按照国家有关法规和政策制定的对职工进行奖励或惩处的一种劳动管理制度。其内容包括奖惩原则、奖惩条件、奖惩的手续及审批权限等方面。奖励的形式主要有物质奖励（奖金、实物、晋升工资等）和精神奖励（授予各种荣誉称号，记功等）两种。惩处的形式主要有经济惩处（扣罚工资或奖金等）和行政惩处两种。奖惩办法属于企事业单位重要规章制度之一。企事业单位重要规章制度是指企事业单位为了加强管理而制定的内部劳动规章，要求本单位全体职工共同遵守的行为规范和准则。企事业职工代表大会在审查奖惩办法、涉及职工切身利益的其他重要规章制度时，应坚持以下原则：严格按照国家颁布的有关职工奖惩方面的法律、法规和政策，制定的条文要切合企事业单位实际，具有较强的操作性；执行奖惩和各类规章制度过程中，要重视与思想教育相结合。

劳动保护措施是指企事业根据国家有关劳动保护法律和政策规定，为保护职工群众生命安全与身体健康而制定的措施和办法。劳动保护措施涉及范围很广，主要内容有：安全技术方面，主要是指为了防止职工在生产劳动过程中发生伤亡事故，保证职工的生命安全，而在技术、设备、个人防护等方面采取的措施；职业卫生方面，主要是指为了保障职工的身体健康，防治职业病、职业中毒和职业性伤害，在技术、设备、医疗预防等方面采取的措施；工作时间和休假方面，主要指法定劳动时间、职工休息和有关节假日等方面的规定；女职工的特殊劳动保护；劳动保护基金的使用和劳动保护用品的发放等方面。劳动保护措施的制定，直接关系到企事业单位安全生产和职工的生命安全与健康，同时劳动保护措施的制定也是一项政策性较强的工作。在审查企事业单位的劳动保护措施时，应坚持以下原则：贯彻国家有关劳动保护法律法规；对劳动保护基金要做到专款专用；贯彻安全第一、预防为主的方针。

四、注意关键环节

（一）源头参与

职工代表通过事先参与草案的拟订，能够对需要审议表决的方案有一个全面的了解，有利于更好地行使这一职权。职工代表参与拟订草案，可以分两个步骤。一是行政拟订有关议案（草案）前，应向单位工会通报情况。工会和职工代表大会有关专门小组要积极主动地与企事业行政方面交换意见。二是在召开职工代表大会之前将草案发给职工代表，由工会或代表团（组）组织职工代表进行讨论，提出修改意见。并在此基础上由工会主持召开代表团（组）长和专门小组负责人联席会议，对代表们提出的意见进行归纳和整理，然后转交单位行政。

（二）认真审查

审查方案是行使审议通过权的中心环节。一般可分三个步骤。一是行政根据职工代表提出的意见，对草案进行修改后提交职工代表大会，并就草案内容及修改情况向大会进行说明。二是代表团（组）长组织职工代表讨论审查。主席团汇集职工代表的审查意见，进行整理，然后向行政领导或者有关部门提出，再做进一步修改。三是有关部门进行修改后，再提交职工代表大会审查，进行表决。表决一般应采用无记名投票方式。

（三）修改方案

这里所说的修改方案，主要有两个方面：一是指被职工代表大会否决的方案，企事业单位行政可重新进行修改，并提交本届或下届职工代表大会重新审查；二是指大会审查同意后的方案，如企事业单位行政要求修改，则须经职工代表大会讨论同意，或授权职工代表团（组）长和专门小组负责人联席会议协商处理，但须向下次职工代表大会报告，予以确认。

（四）实施中的反馈

平时注意了解实施中存在的问题，及时向有关方面反馈，便于对方案进行修改完善。

五、有关行使审议决定权的问题

职工代表大会的审议决定权，是指职工代表大会依法具有对职工生活福利方面的重大事项作出决定的权利。根据中共中央、国务院《全民所有制工业企业职工代表大会条例》规定，职工代表大会有权"审议决定职工福利基金使用方案、职工住宅分配方案和其他有关职工生活福利的重大事项"。审议好这方面的方案有利于调动和保护职工的积极性，有利于融洽干部和职工群众的关系。目前有的企业仍执行职工代表大会审议决定权的规定。

（一）把握的原则

职工代表大会在审议其他职工生活福利的重大事项时，要把握以下原则：在来源、提取和使用范围上要严格执行有关政策规定；根据企事业生产发展的水平逐步改善职工的生活福利条件，量力而行，勤俭节约。

（二）关键环节

1.主动提出意见，介入方案形成。工会组织职工代表参与制定有关涉及职工生活福利事项的方案。其主要步骤：一是工会组织职工代表大会有关专门小组在调查研究的基础上，向行政领导提出有关职工生活福利事项的初步意见和建议；二是行政领导在接到工会提出的有关职工生活福利的意见和建议时，应根据企事业的实际情况，针对工会提出的意见和建议，提出意向，并及时反馈给单位工会，进一步听取职工的意见；三是企事业单位行政有关部门，按照行政领导和企事业单位工会协商一致的意向，请企事业单位工会和专门小组负责人一起参加制订相应项目的具体实施草案；四是有关职工生活福利事项的草案制订后，单位工会组织职工进行讨论，专门小组搜集整理职工的意见后提出修改意见。修改后的方案由工会召集职工代表团（组）长和专门小组负责人联席会议，研究是否提交职工代表大会审议决定。

2.行使决定权。制订出初步方案后，交由职工代表大会审议。其步骤包括：一是在正式召开职工代表大会之前，企事业单位工会将准备提请职工代表大会审议决定的方案发给职工代表，让他们提前审议，请他们充分考虑并征求所在单位职工的意见；二是在召开职工代表大会正式审议决定时，由行政领导或行政有关部门介绍方案的具体情况，然后经职工代表充分讨论，在各方基本达成一致意见时，再进行正式表决。

3.监督实施。经过职工代表大会审议决定的职工生活福利的重大事项，应由企事业行政负责实施。企事业单位工会和有关专门小组要定期检查、督促，促使已经决定的项目顺利完成。企事业行政要在下一次职工代表大会上报告实施情况。

第四节　行使推荐与选举权的程序与重点

职工代表大会的推荐、选举权是指职工代表大会依法享有选举和罢免参加董事、监事会中的职工代表，选举进入破产程序企业的债权人会议和债权人委员会中的职工代表，根据授权推荐或者选举企业经营管理人员的权力。这是社会主义企事业单位职工群众依法享有的一项重要民主权利。对于完善现代企业制度的法人治理结构，对于在改革中保障职工的民主权利与合法权益，对于加强对企业领导人的监督与调动职工的积极性，对于贯彻落实党的全心全意依靠工人阶级的指导方针有着重要的意义。

一、职工代表大会推荐、选举权的内容

职工代表大会推荐、选举权的内容主要有：选举或者罢免职工董

事、职工监事，选举依法进入破产程序企业的债权人会议和债权人委员会中的职工代表，根据授权推荐或者选举企业经营管理人员。

二、工作流程

（一）公司制企业选举职工董事、职工监事流程

1. 在公司制改革中，工会主动参与公司章程的制定，依法提出职工董事、职工监事的比例。

2. 由公司工会组织职工提名候选人，报经公司党组织同意。

3. 职工代表大会无记名投票选举。

4. 报公司党组织和有关方面。

国有独资公司的职工监事经职工代表大会选举产生后，需报经监事会管理部门批准。职工董事、职工监事因故缺额，由工会及时提出替补人选，重新选举。

（二）破产企业选举职工代表流程

依照《中华人民共和国企业破产法》（以下简称《破产法》）的规定选举进入破产程序企业的债权人会议和债权人委员会中的职工代表：

1. 在企业进入破产程序后，工会向企业党组织和企业管理人提出选举职工代表参加债权人会议；

2. 若破产企业成立债权委员会的，同时选举职工代表参加债权人委员会；

3. 组织职工选举；

4. 公布选举结果。

（三）集体企业选举厂长流程

1. 工会提出建议方案报经集体企业党组织研究同意后确定选举方案。

2. 报上级备案。

3. 广泛宣传发动。

4. 组织选举。

5. 公布并上报选举结果。

三、把握的重点

（一）选举职工董事监事方面

《公司法》规定："两个以上的国有企业或者其他两个以上的国有投资主体投资设立的有限责任公司，其董事会成员中应当有公司职工代表。董事会中的职工代表由公司职工民主选举产生。""监事会由股东代表和适当比例的公司职工代表组成，具体比例由公司章程规定。监事会中的职工代表由公司职工民主选举产生。"所以，按照《公司法》规定，职工代表大会选举权是指职工代表大会选举职工董事、职工监事的权利。实践证明，由职工民主选举一定数量的职工代表参加董事会和监事会，对于完善公司法人治理结构、深化企业民主管理、维护职工合法权益起到了一定的推动作用。

职工董事、职工监事的选举产生应注意的问题。由公司工会组织职工提名候选人，经公司党组织同意后，提交职工代表大会或职工大会选举。全国总工会规定，工会主席一般提名为职工董事候选人，工会副主席一般提名为工会副主席候选人。提交选举的职工董事、职工监事候选人，必须经职工代表大会或职工大会以无记名投票方式选举，并获得应到会职工代表或全体职工过半数以上赞成票方能当选。国有独资公司的职工监事经职工代表大会选举产生后，需报经监事会管理部门批准。职工董事、职工监事因故缺额，根据法定程序，由工会及时提出替补人选，提请职工代表大会或职工大会选举。工会组织应该制定职工董事、职工监事管理办法，以加强和完善此方面的工作。

（二）债权人会议和债权人委员会中的职工代表方面

《破产法》规定，债务人提出破产申请的，还应当向人民法院提交财产状况说明、债务清册、债权清册、有关财务会计报告、职工安置预案以及职工工资的支付和社会保险费用的缴纳情况。债权人应当在人民法院确定的债权申报期限内向管理人申报债权。债务人所欠职工的工资和医疗、伤残补助、抚恤费用，所欠的应当划入职工个人账户的基本养老保险、基本医疗保险费用，以及法律、行政法规规定应当支付给职工的补偿金，不必申报，由管理人调查后列出清单并予以公示。职工对清单记载有异议的，可以要求管理人更正；管理人不予更正的，职工可以向人民法院提起诉讼。债权人会议应当有债务人的职工和工会的代表参加，对有关事项发表意见。债权人会议可以决定设立债权人委员会。债权人委员会由债权人会议选任的债权人代表和一名债务人的职工代表或者工会代表组成。债权人委员会成员不得超过九人。破产法规定企业职工代表或者工会代表参加债权人会议和债权人委员会，目的在于保护职工群众的合法权益，防止在企业破产中职工的合法权益受到侵害。应该在实践中认真做好。

（三）集体企业民主选举厂长（经理）方面

《中华人民共和国城镇集体所有制企业条例》规定，集体企业职工（代表）大会是集体企业的权力机构，有权选举集体企业的领导人。集体企业因为产权是企业全体职工的，所以全体职工大会或者职工代表大会有权来选举决定自己的领导人。要注意的是，一部分企业并非真正的集体企业，而是主办单位当年为安排本单位的职工子女或者家属就业，划出单位的一部分厂房或者资产，并选派了领导人组建管理的企业。按照国务院的文件规定，此类企业属于城镇就业服务企业。此类企业的职工代表大会并不能完全行使集体企业职工代表大会的职权。此类企业包括真正意义上的集体企业，都是特定时代的产物，正在逐步减少。

第五节　行使审查监督评议权的程序与方法步骤

职工代表大会的审查监督评议权，是社会主义企事业单位职工群众依法享有的一项重要民主权利。职工代表大会正确行使审查评议监督权有利于坚持党的全心全意依靠工人阶级的指导方针；有利于建立和强化企事业单位自我约束机制；有利于反腐倡廉和党风廉政建设；有利于密切干群关系，调动职工的主人翁积极性和创造性。

一、审查监督评议权的内容

审查监督企业执行劳动法律法规和劳动规章制度情况，民主评议企业领导人员，并提出奖惩建议。

民主评议领导人员的对象主要是企事业单位的领导班子人员，主要是企业的厂长（经理、院长）、副厂长（副经理、副院长）、党委书记、副书记、董事长、副董事长。企事业单位其他领导人员是否列入民主评议的范围，由各地各部门根据实际情况确定。有的地方和企事业单位把属于领导班子成员的纪委书记、工会主席也列入评议范围，把属于企业高管的董事会秘书也列入评议范围。职工代表大会对企事业单位领导人员的民主评议应每年进行一次，形成制度。

评议的内容主要有：能否认真学习贯彻习近平新时代中国特色社会主义思想，能否做到增强"四个意识"、坚定"四个自信"、做到"两个维护"，能否坚决贯彻执行党的路线、方针、政策和国家的法律法规；是否具有履行岗位职责所要求的知识和岗位职责所要求的管理能力；能否坚定地依靠党组织和广大职工办企事业，坚持走群众路线，自觉接受各方面的监督；是否勤奋敬业，勇于奉献，清正廉洁，艰苦奋斗，开拓进取，扎实工作；是否谦虚谨慎，努力学习，善于同领导班子成员合作共事；是否坚持在抓好企事业单位物质文明建设的同时，重视思想政治工作和企事业单位精神文明建设。

二、工作程序

（一）审查监督方面

1. 学习和掌握有关劳动法律法规和劳动规章制度。

2. 通过工会、职工代表大会专门委员会调研、职工代表巡视检查或者其他渠道了解和掌握用人单位执行有关劳动法律法规和劳动规章制度的情况。

3. 职工代表大会联席会议或者其他形式听取与审议用人单位行政领导或部门负责人执行有关劳动法律法规和劳动规章制度的情况汇报、专门委员会或者职工代表检查情况的报告，形成书面意见。

（二）评议方面

1. 大会筹备委员会（工会）进行宣传发动。

2. 被评议对象述职准备。

3. 被评议对象大会口头述职或者书面述职。

4. 职工代表对被评议对象进行评议、测评。

5. 大会进行统计汇总。

6. 向大会汇报。

7. 大会评议委员会（人力资源部门）向上级汇报、向本人反馈。

三、方法步骤

（一）审查监督方面

审查监督用人单位执行劳动法律法规和劳动规章的情况，一般情况下是由劳动行政部门的劳动监察大队进行的。《企业民主管理规定》赋予职工代表大会这一职权，是强化对这一情况的监督，是对工会组织和职工代表大会的信任，也从另一个方面说明这项工作在实践中需要进一步加强。

（二）评议方面

评议的方法步骤：向职工代表宣传民主评议领导人员的目的、意义和要求，做好思想动员工作，同时，被评议的领导人员要做好述职准备；召开职工代表大会（或职工大会），听取民主评议对象的述职，述职报告中个人廉洁自律情况应当包括本人收入，住房、购房、装修住房，使用公车，出差出国（境）费用支出，购买本单位内部职工股以及为配偶、子女经商办企业提供便利条件等情况；组织职工代表对述职的企事业单位领导人员进行评议；组织职工代表采用无记名投票方式对述职的领导人员进行民主测评（参加测评的职工代表人数要符合召开职工代表大会的法定人数）；整理职工代表的评议意见以及对领导人员的奖惩任免建议，统计测评结果，形成书面材料报送职工代表大会主席团；评议结果经职工代表大会主席团同意后，报送上级主管部门，作为对企事业单位领导人员任免和奖惩的重要依据，并向职工代表和被评议的领导干部反馈。

职工代表大会民主评议企事业单位领导人员要在企事业单位党组织统一领导下，由职工代表大会主席团组织实施。企事业单位工会作为职工代表大会的工作机构，负责民主评议领导人员的具体事宜。为了搞好民主评议工作，要建立健全职工代表大会民主评议专门小组（或专门委员会）。职工代表大会民主评议专门小组（或专门委员会）的组成人员名单，由企事业单位工会提名，经职工代表大会主席团审议后，提交职工代表大会表决通过。其成员一般应由职工代表和企事业单位组织人事部门、纪检监察部门、企事业单位工会等方面有关人员组成。

关于职代会的职权的内容，《企业民主管理规定》第十三条第五款和第十四条第三款还规定，除了前述职工代表大会职权外法律法规规定的其他职权。如《安全生产法》中职工代表大会与工会如何加强对安全生产情况的检查监督的规定，全国总工会关于职工董事监事的身份与比例的一些具体规定。

思考题

1.如何行使好审议建议权？

2.如何行使好审议通过权？

案例与模版

一、规范操作　努力提高职代会质量

近年来，我们先后结合实际制定了《职工（代表）大会实施细则》、《职工代表大会工作控制程序》、《职工代表大会联席会议实施办法》（以下简称《办法》）等制度，全面推行和不断完善职工代表竞

选、培训、述职、巡视检查、职代会会前申报审批和会后报告、职代会预案预审、职工代表评议职代会等各项制度，丰富了职代会内涵，提高了职代会质量，推进了职代会工作制度化、规范化、程序化建设。

强化责任意识，提高职工代表整体素质

一是健全职工代表素质提升机制。2019 年，我们印发了《集团职工代表培训工作计划》，要求三年内对职工代表全部培训一次。三年来，三级职工代表分别采取集中培训、分片培训、网络培训等多种形式进行学习培训。特别是对集团级职工代表，我们坚持每年职代会召开前对所有一线职工代表，采取在省总工会干校脱产集中培训一周的方式进行培训。目前，全集团各级职工代表已全部接受了培训，实现了三年内对所有职工代表至少培训一次的既定目标。

二是推行职工代表竞选机制。为了把好职工代表产生的质量关，我们建立了职工代表竞选机制，指导各基层单位开展职工代表竞选活动。2006 年年初，我们在全集团实行了职工代表竞选，明确了竞选条件、竞选程序、竞选原则，先后有一批不同层次的职工代表从竞选中脱颖而出，得到了职工的认可。竞选产生的职工代表不但政治、业务素质较高，而且参政议政能力较强。有的基层单位党政领导对竞选出的职工代表非常重视，逐个聘任为助理站长，聘期三个月，聘任期间享受单位副职领导待遇。近三年来，全集团共有 19 个换届改选的单位实行了职工代表竞选。

规范职代会运作，落实职代会各项职权

一是慎重对待职工代表意见。我们主要做好两方面工作，即会前广泛征求意见，会中认真收集整理意见。会前，我们重点抓各类报告（草案）、《办法》的预审，广泛征求职工代表意见，使职工代表的意见、建议在各类报告（草案）、《办法》中得到充分表达。在正式会议上，我们重点整理反馈职工代表在分组讨论审议大会议案时提出的意见和建议。对职工代表在讨论中提出的意见和建议，我们一是提请主席团会议慎重考虑；二是整理后由责任部门提出处理意见，向分管的集团领

导汇报，同时逐条向职工代表答复。今年年初职代会上，我们收集整理职工代表讨论时提出的意见和建议72条，由涉及的18个责任部门提出解决方案或解释意见给予答复，确保职工代表意见件件有回音、有结果。

二是认真把好"三关"。第一是把好审批关，对站段级职代会我们重点抓职代会会前申报审批，确保不漏项，确保对涉及职工切身利益事项、制度、办法出台必须经过职代会审议通过。对车间级职代会我们主要是把好两关：第一是把好包保指导关，即必须至少有一名站段级领导、工会主席或包保该车间的党政领导参加指导车间职代会；第二是确保对需要审议通过的事项全部实行无记名投票表决。去年全集团799个车间均按要求召开了职代会。

三是严格落实各项职权。我们严格落实职代会审议建议、审查同意或否决、审议决定等职权。坚持企业的重大决策、涉及职工切身利益的重大事项必须经过职代会审议和实行无记名票决制，不断拓宽无记名票决范围，从形式上保障职工代表真实意图的表达。我们规定站段级职代会必须至少有3项事项实行无记名投票表决；对职工工资调整、奖金分配方案及管理制度、职工奖惩办法等涉及职工切身利益事项必须提交职代会审查同意，并实行无记名投票表决；坚持做到凡未经职代会审议通过的或职代会审议未通过的坚决不实施。目前，有部分基层单位对职代会表决事项全部实行了票决制。同时，我们还采取无记名测评方式由职工代表对本次职代会筹备工作、民主程序、专委会职能发挥等职代会工作质量进行现场评价。通过采取广大职工代表现场监督职代会工作等形式，使职工代表充分行使表决权，有效促进了职代会职权的落实。

强化闭会期间职工代表权利的行使

一是推行重大事务决策听证制度。为了更好地发挥职工代表的作用，使职工代表在重大决策参与上有所作为，保证职工代表参与企业的源头决策，我们制定了《集团重大事务决策听证实施办法》（以下简称《实施办法》）。《实施办法》对听证的适用范围、听证人员的组成及职责、听证会的组织及程序、听证会后的工作等进行了明确规定。《实施办法》规定，凡安全生产、经营管理的重大决策，重要规章制度，涉及职工切身利益的政策出台必须召开听证会；参加听证会的职工代表需占代表总数的半数以上。实施听证制度三年来，集团和基层单位共召开听证会80余次。

二是组织开展专项检查督办。为确保职代会各项决议决定的落实，我们按照《集团职工代表安全巡视检查办法》，采取定期组织职工代表检查等形式，对职代会的各项决议决定落实情况进行专项检查督办。近几年，我们坚持每年两次组织集团职工代表对集体合同履行、提案的处理落实、职代会十件实事办结、带薪年休假制度落实和厂务公开民主管理等工作进行专项检查，并印发检查督办通报。通过检查督办，使职工代表充分履行了检查、监督的职责，提高了职工代表的履职能力，同时也促进了职代会各项决议决定的落实。

三是全力抓好职代会提案和意见的落实办理。职代会后，我们重点抓好职代会提案、职工代表意见的处理落实和职代会签订的集体合同的履行，把这三项工作作为工会组织融入中心、服务大局、维护职工具体利益的重要抓手，抓好抓实。去年，集团工会组织部牵头组织党委宣传部、集团报社、集团电视台对职代会提案落实、集体合同履行情况进行专题系列报道，采访生产一线部分职工代表和提案人，请他们现场对集体合同履行、提案的办理情况进行评价，并从去年11月底在集团电视台、报刊上进行了为期两个多月的落实集体合同和提案办理连续报道，有效督促行政各责任部门履行集体合同和办理提案的质量和进度，在全集团干部职工引起了积极反响。(某集团工会)

二、某分公司职工代表述职报告

各位领导，同志们：

大家好，现将我近一年来的工作情况作一简单汇报！

我是××班组的员工×××。××××年被推荐选为公司职工代表，这是组织和广大职工对我的信任。对我个人来说这不仅是一种荣誉，更是一种责任。它不断激励和鞭策我能够积极围绕改革发展形势的需要，积极在公司职工（代表）大会上为公司发展提出有针对性的议案。

自××××年我担任公司职工代表以来，我始终按照做一名合格职工代表的标准严格要求自己的一言一行。不断完善自己，努力提高自己的思想认识和理论水平，提高自己参政议政的能力。主要从学习、调查研究和参政议政这三个方面来履行一名职工代表的职责。

学习方面：为了尽快提高自己的素质，使自己能完全符合一名职工代表的标准，自己自觉学习了《工会法》《劳动法》等法律法规，学习了党的全心全意依靠工人阶级的指导方针和有关文件，使自己参政议政的能力得到提升。同时认真学习了有关本职工作的业务技术。结合自身的特点，为以后能提出合理的有针对性的提案，打下了坚实的基础。

调查研究方面：为在审议企业重大决策时能提出有价值的意见与建议，提出有针对性的提案，我在日常工作中注意与一线职工的交流，了解大家的意见和倾听大家的心声，注意通过网络及其他渠道收集掌握相关的资料，寻找工作的着力点，进行认真的分析与思考。

参政议政方面：要成为一名合格的职工代表，就应认真履行好广大职工赋予自己的神圣职责，为公司的改革与发展献计献策。当然在提出有关意见建议时，首先需要考虑其合理性、前瞻性、有效性，结合公司工作的实际，提出一些有助于促进公司创新发展的意见与建议。

以上是我一年来当职工代表的简要回顾。我要尽心、尽力、尽职当好职工代表，做好本职工作，不辜负领导对我的期望。我的述职完毕，请大家评议。

某车间职工代表：××

第四章

职工代表如何做好提案工作与参与日常活动

职工代表提出提案，参与职工代表大会交办的任务与日常民主管理活动，是履行法定的职责与义务，也是参与企业管理的重要载体与渠道。全国总工会 2022 年继续开展"聚合力　促发展"优秀职工代表提案征集推荐活动，就企事业单位发展重大问题和涉及职工切身利益的实际问题，广纳群言、广集民智，引导职工代表为本单位改革献计献策，激发职工参与企业民主管理的内生动力，充分展示职代会在促进企事业单位发展、引领职工建功立业方面的积极作用，推动民主管理工作提质增效。职工代表应该积极做好提案工作并参与日常民主管理活动。

第一节　如何做好提案的前期工作

职工代表受职工的委托参与企业管理，要本着对企业和全体职工高度负责的精神，就如何搞好企业的改革建设、创新发展，认真负责提出高质量的提案或建议。

一、提高认识，思想重视

（一）自身在思想上重视

职工代表是职工群众选出来的，一般都是素质比较高、有一定群众威信、大家信得过的职工。职工代表是代表职工参政议政的，应该对选举自己的职工群众负责。职工代表是职代会提案征集工作的主体。职工群众对企业改革发展问题的意见与建议需要职工代表去思考与研究，职工的意见与建议要靠职工代表去收集与整理，职工权益的维护与实现需要职工代表去努力和推动。职工代表在以职工代表大会为基本形式的民主管理工作中责任重大，而提案是一个法定的参与企业管理、维护职工合法权益的形式，是职工履行职责的一个有效手段与载体。

1.积极参与管理，反映职工群众的意见与建议。职工代表在接到召开职代会、征集提案的通知以后，应该依据通知的相关要求，研究与思考会议的主题和重点问题，应该积极地到选区的职工群众中去调查研究，广泛听取职工群众的意见与建议，倾听职工群众的呼声，以形成提案的初步意向，之后进行深入的思考，或者同其他代表研究，与代表团（组）沟通并征求意见，提出自己的提案。

2.关注与跟踪提案处理工作中的问题。提案在经提案委员会审理立案之后，企业行政部门与有关单位要对提案进行处理落实，承办提案的行政部门会在处理过程中向提案人通报处理情况，提案委员会也会及时向提案人通报有关进度情况。提案人要及时研究分析提案处理工作的情况与问题，及时协助（督促）承办部门做好处理落实工作。承办部门和提案人之间可能会有认识上不一致的地方，应及时进行沟通，大家共同努力做好提案的处理落实工作。

（二）工会组织、代表团与提案委员会共同努力

1.共同努力，协同作战。职工代表是职代会提案工作的主体，工会组织、职代会提案委员会、职代会各代表团是提案工作的主导力量。在工会组织、代表团与提案委员会这三者中，工会组织又是至关重要的。因为提案委员会、各代表团都是一个相对松散的组织，大家都是兼职，本身有自己的岗位工作，有的委员包括主任委员可能还有别的兼职。而工会作为有人员有场地的组织系统，能够有效指导协调好提案委员会、职代会各代表团的工作，齐心协力共同推进职代会提案工作。

2.加强代表培训力度。有的职工代表民主管理知识匮乏，有关方针政策、法律法规知识欠缺，影响了代表提案的质量。对此，工会组织要

加大对职工代表的培训力度，对他们进行有关法律法规、方针政策、民主管理、依法维权知识的培训，让职工代表明确自己的权利和义务。

二、注重实践，强化能力

（一）在实践中提高思想水平

1.在实践中丰富自我。认真学习民主管理知识与企业管理知识，在实践中不断提升自我。如关于对提案处理落实这一问题的看法，就应该全面客观地认识与理解。有的提案人认为，我提的提案没有完全落实、没有彻底解决，就不算落实。而承办部门的人会认为，我已经认真处理落实了，有的事项无法做得完美，这样就应该算解决了。两者认识是有差异的，而这涉及对提案处理落实的评价。承办部门应该认识到，在提案立案之后应该尽力解决落实好，一是对职工代表和职代会的尊重；二是自己的责任与义务；三是可能会有做不到的地方。而职工代表提案人要认识到，我们自己的认识也可能有局限性，所提问题不一定完全与企业实际相符合，企业可能确实有自己的难处，事情的解决要有一个过程。所以，不论是承办部门还是提案人，都应该学会从对方的角度来观察与分析问题，在全面分析与思考中提高自我，在工作的过程中感悟理解和不断提升自己。

2.在向群众学习中登上思想高地。职工群众是真正的英雄，群众中蕴藏着无穷的智慧与力量。向职工群众学习，从会员群众中吸取营养也是提升思想境界不可或缺的重要方法。应该深入职工群众中调查研究，倾听群众的意见与建议，学习职工群众中鲜活的思想与理念，不断丰富我们的精神家园。只要有"独上高楼，望尽天涯路"的决心，有"衣带渐宽终不悔，为伊消得人憔悴"的毅力，最终必然能收获"蓦然回首，那人却在，灯火阑珊处"的顿悟，登上思想文化的高地。

3.在动态的学习中不断升华自我。人类对事物的认知是不断发展变化与前进的，科学知识与技术是不断发展与进步的，特别是在大众创业、万众创新、新知识新技术井喷式发展、竞争日趋激烈的当代，职工代表面临的情况与问题也是不断变化的。因此，我们要有强烈的责任心和紧迫感，应该在动态变化中努力学习，在不断的发展变化中拼搏进取。

（二）在实践中提升个人能力

能力即才干，也就是指人们通常所说的做事的本领。作为一个职工代表，其应当具备的基本能力如下。

1.参与能力。这是指职工代表代表职工参政议政，代表和组织选区职工参与选区乃至企事业单位民主管理的能力。参与能力具有三个层次的主要内容：一是积极参加职工代表大会，代表选区的职工行使民主管理的权利，审议企业重大决策，反映职工群众的意见与建议；二是积极提出提案，为企业的改革、创新和发展，为改善职工的生产生活条件，献计献策；三是积极参加职代会专门委员会和工会组织的各项民主管理活动，强化日常的民主管理和民主监督。

2.维权能力。维权能力是职工代表维护选区职工群众、工会组织，以及自身合法权益的能力，具体包括维护职工群众经济利益的能力、维护职工群众政治利益的能力、维护职工群众文化利益的能力，以及维护工会组织、工会积极分子和职工代表自身权益的能力等。能力是一种方法和技巧，它可以通过参加学习培训获得，可以通过向他人学习借鉴获得，更重要的也是最主要的方式方法，是自己在民主管理的实践中不断努力、感悟获得。

（三）在实践中坚定思想信念

许多成功人士的基本经验都是：坚定的信念与意志，积极的心态与努力的奋斗，独到的眼光与正确的选择。在我们的生活与工作中，能否有所作为、有所成就，拥有积极的、阳光的、永远乐观向上的、不断努力进取的心态，是主要条件、前提与基础。职工代表的工作，职代会提案与企业民主管理也应该如此。职工代表在提案与民主管理工作中，应该把握以下三点。

1.不断提高自身素质。要提高我们对提案工作及整个民主管理工作的认知水平，就要不断加强学习，学习企业民主管理的知识、企业管理的知识，提高自身的知识水平、政策水平、理论水平，进而提高自身的素质。要按照建设学习型组织的要求，学会换位思考，尝试从他人、从工作对象和服务对象的角度去分析、思考和认识问题，从而使工作处于不败之地。

2.勇于作出奉献。职工代表都有自己的本职工作，在工作之余参加企业民主管理工作肯定要占用时间。但既然大家选我们当了职工代表，我们就要积极努力，不辜负大家的期望与厚爱。要乐于奉献，不怕苦、不怕累，努力把提案工作做好，把企业民主管理工作做好。

3.不断有所进步。提案与企业民主管理工作中还存在一些问题，也面临一些新的情况、新的挑战，但同时也是机遇。停止的论点、悲观的论点、无所作为的论点都是错误的。进步一点是卓越的开始，创新一点是领先的开始，多做一点是成功的开始。要以一种积极进取的态度进行工作，不断地进行创新和发展，推动提案工作和企业民主管理的发展。

（四）在总结中不断发展完善

实践、认识，再实践、再认识，循环往复，以至无穷，这是辩证唯物主义认识论所揭示的人类认识发展的总规律。总结实践经验是人类认识链条上的重要一环。没有对实践经验的深刻总结，感性认识不可能上升到理性认识，更不能回过头来更好地指导实践。总结实践经验的目的就是找出成功的原因和失败的教训，从中认识和把握规律性的东西，以指导人们把工作做得更好。职工代表要善于不断总结提案工作和民主管理工作的实践，对自己做过的工作及时总结、概括和分析，既看到自己取得的成绩和经验，又要看到存在的问题和不足，从中发现某些规律性的东西，预见其发展趋势，从而找准自己继续努力的切入点。

1.明确总结的要求。总结的角度要站得高，就是说搞好总结，必须从大局着眼，从小处入手，把所要总结的工作放在大形势下和全局上进行观察思考，做到高屋建瓴，这样才能揭示事物的本质，把握工作的规律。总结的内容要层次高，不能事无巨细，眉毛胡子一把抓，而是要围绕服务大局，以科学理论为指导，经过深入反复思考，透过现象看本质，提出独立见解，使总结的结论符合事物的本来面目，符合规律。

2.把握总结的原则。对提案工作的总结要有明确的目的性，要通过总结找出工作的得失，提高自身素质和能力，提高驾驭工作的能力。总结要把握准确性，即总结工作要实事求是，要把立场、观点、方法搞对，只有出发点端正，方法路径正确，尊重事物的本来面目，才能使总结出来的经验经得起实践和历史的检验。总结要突出理论性，理论性主要是指在总结工作中，不要就事论事，而是要就事论理，把主观的感性认识上升为理性认识。理论性既是工作总结的特点，也是起码的要求。要通过对提案工作的总结来提高自身的素质，就必须用辩证科学的态度和方法对待总结，从自己的工作实践中发现问题或者矛盾，从中找出规律性的东西，战胜自己，不断提高。

三、调查研究，确定目标

职工代表在起草与填写提案表前应认真进行调查研究，广泛听取职工群众的意见与建议，切实保证提案质量。提案必须具有严肃性、科学性和可行性，力求实事求是、重点突出、言之有据、分析清楚。调查研究的过程，是我们提高认识能力、判断能力和工作能力的过程。通过深入实际调查研究，把大量和零碎的材料经过去粗取精、去伪存真、由此及彼、由表及里地思考、分析、综合，加以系统化、条理化，透过纷繁复杂的现象抓住事物的本质，找出它的内在规律，由感性认识上升为理性认识，在此基础上作出正确的判断。调查研究方法也要与时俱进。在运用传统有效方法的同时，要适应新形势新情况。特别是针对当今社会信息量巨大和传播速率高的情况，进一步拓展调研渠道、丰富调研手段、创新调研方式，学习、掌握和运用现代科学技术的调研方法，如随机调查、网络调查等，并逐步把现代信息技术引入调研领域，提高调研的效率和科学性。

第二节　认真撰写提案

撰写提案是每个职工代表的职责，是对各位职工代表综合素质的考验。提案质量是提案工作的生命，只有高质量的提案，才能更好地达到建言献策、参政议政、维护职工合法权益的目的。

一、立足大局，围绕中心

（一）要有大维护的理念

注重维护职工的根本利益与长远利益。职工代表提出提案维护职工群众的具体利益无疑是正确的，是职责所在。但是我们应该认识到，职工与企业是利益的共同体，职工与企业在整体上讲，利益是一致的。俗话说，大河有水小河满，大河无水小河干。企业的发展、企业的效益提升是实现职工利益的基础，企业亏损情况下职工利益的实现就成了无源之水、无本之木。因此，职工代表作为企业的一员，在思考与提出问题的过程中，在认识和看待具体问题的同时，应该学会将眼界放得更宽一些，看得更远一些，站得更高一些。在维护职工具体利益的同时，维护职工的整体利益、根本利益和长远利益。

（二）要从全局高度进行思考

提高职代会提案的质量、推动以职代会为基本形式的企业民主管理，要想有所作为，要想卓有成效地进行工作，要想有声有色地进行并取得好的成绩，一定要有大局意识，一定要学会从全局的高度，从更高的层次来认识和分析问题。这个大局，不光是企业的大局，也包括整个行业乃至全国的大局。要改变认识上的误区，克服自身可能存在的局限性，从整体、从更高的水准来找准自己的定位。这样，在提出提案、参加职代会审议企业重大决策、推动企业民主管理工作中才能更加有的放矢、卓有成效。

有的单位提案工作之所以做得好，提出的提案质量高，就是提案人从全局出发、站在企业的高度而不是站在某个分公司、车间班组的角度考虑问题。

（三）要同自己的角色相适应

职工代表，顾名思义，是职工选出的代表，是职工群众的代言人，不是少数人的代表，不能当群众的尾巴，必须围绕大局开展工作；要对选举人负责，履行好职责，不能害怕矛盾，无所作为。要当好职工代表，必须反映民意，顾全大局。一是全面客观地认识问题。一方面要积极支持党政领导推进改革的深化；另一方面，必须根据《劳动法》和《工会法》的要求，维护广大职工群众的合法权益。二是做职工参与管理的代言人。职工代表要认真履行职责，为职工说话、办事，不辜负职工的重托。为此，在提出提案和参加职代会过程中，要注重发挥源头参与的作用，反映职工关注的热点、难点问题，使党组织和行政领导了解基层工作的真实情况，听到一线职工的真实声音。

二、把握重点，确定案由

（一）把握基本原则，确定提案选题

职工代表提出提案所遵循的原则应该与提案委员会立案的原则是一致的，但也不应追求完美与统一，毕竟各自所处的位置、观察与思考问题的角度是有区别的。

1.符合党的方针政策、国家的法律法规。职工代表提出提案，在思考提案的案由与中心思想时，必须符合党的方针政策、国家的法律法规，这是基本的原则，是我们观察与思考问题、认识与分析问题的基本遵循。

2.企业改革建设、创新发展的重大事项、涉及职工切身利益的重要事项。企业改革发展的重大问题，如企业的大政方针、企业的经营理念、企业的转型升级、企业的核心竞争力等问题，涉及企业的生存与发展，也与广大职工的根本利益与长远利益息息相关。职工作为企业的主

人、国家的主人，有责任有义务关心关注，更别说是职工代表了。职工代表提出提案围绕企业重大问题和涉及职工切身利益的事项建言献策，参加职代会审议企业重大决策，责无旁贷、义不容辞，应该积极努力做好。当然有的提案委员会在审理立案的时候，可能会觉得此方面的问题太过重大，也可能会从落实兑现率的考量出发，不想立案，这是可以理解的。但是，这是努力方向，事情并不一定或者在某一个时间段里能彻底解决，职工代表也是通情达理的，是会理解的。因为企业的改革与发展是职工的根本利益所在，企业是所有者、经营者和劳动者的利益共同体。

3.大家普遍关心的共性的重大事项。企业的某个发展阶段，一般都会有职工群众普遍关心的重大问题、热点问题。如单位整合，大家会关心自己的去留、下一步的发展，也会关心新产生的上班的交通问题，能否发放交通补贴或者增加交通补贴的问题；若地区房价快速上涨，大家会很关心单位的经济适用房建设、关心配售办法的公平公正公开问题等。当然，这些问题能否彻底解决或者解决到什么程度是另外一个问题，但是，大家普遍关心的问题，是应该作为提案提出来的。

（二）明确重点目标，确定合适案由

1.确定案由，明确重点任务。在进行了充分的调查研究之后，基本上就可以确定自己要提什么提案。在这种情况下，职工代表提案人应该对从职工群众中征集的意见与建议、收集到的一些有关本行业发展的信息资料、了解与掌握的本企业的重要工作部署、召开职代会的通知中对提案工作的要求等情况进行综合性的分析与归纳，然后有效地加工与提炼，确定自己的提案的案由与题目，明确自己将要提出提案的重点内容和工作目标。

2.明确目标，完善资料。在确定案由和题目之后，可以进一步丰富自己的数据与资料，更好地完善提案的内容，更详细地阐述自己的建议意见。在进行这项工作过程中，也要在实践中修正自己的认识与观点，改变原来一些不切实际的想法。

三、破除困局，提早着手

（一）破除不敢提、不愿提的困局

1.坚定信心，以对企业、对职工和对自己负责的态度提出提案。在提案工作的实践中，的确有一些职工代表由于平时工作忙，没有把提案工作摆到一个应有的高度，有着多一事不如少一事的认识，不愿意下功夫去调研、思考提案的问题。或者即使提了，也是碍于代表团（组）、工会组织的情面，象征性地提一些无关紧要、不痛不痒的问题，应付差事，交账了事。也有的害怕自己提的提案质量不高，不能立案被他人笑话，或者怕得罪承办部门，不愿意去提，如此等等。这里有工作忙顾不上的问题，有不必要的心理负担的问题，更有责任与担当的问题。应该说工作忙不是理由，怕这怕那、瞻前顾后的心理负担没有必要。职工代表应该坚定信心，以对企业、对选举自己的职工群众高度负责的态度，去积极地提出提案，履行好自己的职责与使命，不辜负大家的信任与期待。

2.相信自己，能够提出高质量的提案。这里面有两个问题：一是相信自己能够在实践中提出高质量的提案；二是能够在热点与敏感问题上表述自己的意见。对于第一点，我们应该认识到，人们对问题的认知是一个过程，越害怕，越提不好；越提不好，越害怕。这是一个恶性循环，解决的办法，就是要立即终止，就是要坚定信心。要有积极的心态、满腔的热情去做好这件事情。二是在热点问题上善于发表自己的意见，这也是锻炼自己综合分析与认知能力的有效尝试。只是在过程中，要注意把握大局，在遵循党的方针政策和国家的法律法规的前提下，准确地反映职工群众的意见与建议。这也是促进企业和谐发展应该做的事情。

（二）提前撰写，放一放再修改

撰写提案的过程也是我们不断思考和认知的过程，是我们认识不断提高与升华的过程。

1.提前撰写。一般情况下，单位的职代会是有规律的，大致什么时间开是有时间规划的。掌握了这个规律，职工代表就可以提前下手，提前思考自己准备提什么问题。所要提的问题，也即案由确定以后，就可以在日常工作中注意收集资料，撰写提纲，广泛地调查研究，请教咨询，不慌不忙，从从容容地进行，不断地修改完善。

2.放一下再修改有好处。提案草稿起草出来以后，放一放，去做手头别的工作。这样做的不足之处是打乱了自己原来的工作思路，但好处还是不少的。你可以有时间去发现一些新的情况与问题，找到一些新的材料与论据，发现原来认识中的不足与欠缺，重新升华我们的认识与境界。这是很多人在写文章、起草文件及其他重要文稿中屡试不爽的办法，相信同样适用起草和提出提案的过程。

四、精准表达，字斟句酌

（一）案由精准，资料翔实

1.精准表达提案案由。提案的案由是题目，是纲领，是宣言，是提案的核心内容。对于提案的案由，要反复品味。既要反映与表示出提案的核心内容、告知人们要提出的主要问题，也要简单明了，高度概括；既要让人们一看就知道提的是什么意思，也要用词新颖，朗朗上口，让人们印象深刻。提前下手做好提案的准备工作，可以反复考虑提案的案由，多思考一些方案，尝试从不同的角度来提，在多次的比较、分析与鉴别中确定提案的案由。

2.补充调整完善资料。一篇文章，论点是靠论据来支撑的。一件优秀的提案，案由是要由翔实的数据图表资料、透彻的分析论证材料来配套的。案由再新颖，没有翔实的、完善的数据支撑，没有逻辑严密的分析论证，是不能说服提案委员会来立案的。数据方面，可以是本单位的相关的数据资料、同行业的相关数据资料，也可以是更广泛的相关数据资料。一般地讲，数据越翔实越好，越配套越完善越能说明问题。分析论证方面，主要应该有符合党的方针政策和国家的法律法规方面的分析，行业前景与发展趋势分析，企业状况与群众建议分析、逻辑分析等。如我们提出一份关于加强企业节能减排环境治理的提案，一般地讲应该有党的二十大报告中关于环境保护与绿色发展方面的要求、国家关于节能减排、环境保护和绿色发展的法律法规、世界节能减排发展趋势、企业环境治理和绿色发展的现状，上级组织的要求与部署，企业职工的意见与建议等。

(二) 斟酌文字，语言优美

一件提案，案由确定，数据资料及论证分析基本完成后，就几乎完成了主体工程，下面就该修改完善了。中国的语言文字太丰富了，丰富的好处是给予了我们多重的选择的机会，可以充分表达自己意见。如果我们简单了事、随便应付，容易词不达意，效果大打折扣。为了使我们的提案既能全面体现与反映案由的意思，又简要明了；既朴实无华，又有深度、高度、真知灼见；既抓住关键要害，击中痛点，又容易让提案委员会在审议时能够立案，在语言上应尽可能反复斟酌，使之更加准确、科学、优美。可以在近义词中反复进行比较研究。总之，应积极努力，认真负责，这样就一定能提出有分量、有高度、有深度，职工群众高兴、领导认可，语言朴实、文字优美的提案。

(三) 建议具体，操作方便

提案的内容主要由两部分组成，前面一部分是存在的问题或者我们对某一问题的意见与看法，后面一部分是解决问题的意见与建议。为了促进问题的解决，或者说为了方便企业行政有效地解决提案提出的问题，应该提出具体的意见与建议，如果能够提出具有操作性强的意见更好。这不仅是高质量提案的组成部分，而且从另一方面也彰显了提案人作为职工代表的主人翁意识、责任与境界。

有人说，21 世纪的战争是班长的战争。为什么？因为班长在生产工作的第一线，对一线的情况，对前线的战事了如指掌，从一定意义上讲，比企业的领导者和上级的指挥员还要清楚。所以，来自一线的建议方案往往具体、有针对性与操作性，这是一线的优势所在。不足的地方是缺乏对整体的把握与掌控。一线的建议加之主管部门的努力，往往容易促进问题的解决。所以，职工代表作为提案人在提案的建议部分，应尽可能地具体，以方便承办部门了解提案人的真实想法、了解提案的详细情况。要尽可能地向有关专业部门或管理人员请教，帮助提高。提的不完善不要紧，可以在过程中在实践中加以完善，与承办部门共同努力促进问题的解决。

第三节　参与专委会等日常活动

职工代表参与日常民主管理活动，是职工代表履行职责的一个十分重要的方面。因为，大量基础性的民主管理工作要在日常进行，虽然参加职工代表大会审议企业重大决策十分重要，但基层单位往往也就是一天、半天的时间，且职工代表大会前期的调研也要在日常进行。所以要认真研究并切实做好日常民主管理工作。

一、专门委员会与联席会议组织制度及职责

（一）专门委员会组织制度与职责

1.组织制度。《企业民主管理规定》第十一条规定：职工代表大会根据需要，可以设立若干专门委员会（小组），负责办理职工代表大会交办的事项。专门委员会（小组）成员人选必须经职工代表大会审议通过。实践中，企业的职工代表大会一般设立提案审理、评议干部、生产经营、生活福利、劳动法律监督等专门工作委员会。各专门工作委员会是为公司职工代表大会行使各项职权和为公司日常民主管理服务的专门工作机构，在公司工会的指导下开展工作，对职工代表大会负责。负责征集、审议提交职工代表大会有关议案，检查、督促有关部门贯彻执行职工代表大会的决议和处理落实提案的情况，定期向职工代表大会或职工代表团、专委会负责人联席会议报告工作，办理代表大会交办的事

项。专门工作委员会一般由 3 至 10 人组成。设主任 1 名，可以设副主任若干名。其成员由职工代表大会工作机构提名，可以提名少量非职工代表，须经职工代表大会表决通过。主任委员应是职工代表。专门工作委员会委员与职工代表大会代表任期相同。专门工作委员会实行民主集中制原则。凡需形成专门工作委员会的意见和建议，必须有 2/3 以上的委员参加，并得到全体委员的半数以上通过。专门工作委员会根据各自的职责开展活动，每年至少召开一次会议。如工作需要，也可随时召开会议。

2.专门委员会的工作内容。对于专门委员会的具体工作内容，《企业民主管理规定》没有规定。有些企业民主管理比较好的单位，制定了专门委员会的工作细则。如有的规定提案审理委员会主要职责：围绕公司中心工作和职代会议题，广泛征集职工代表的提案，引导职工代表不断提高提案质量；做好职工代表大会提案的受理、分类、转送、反馈工作，重大提案提交职工代表团、专委会负责人联席会议或主席团审定；检查督促有关部门落实职工代表大会决议和提案，并负责向职工代表大会报告；对提高企业经济效益和创新发展有重大作用的提案提出奖励的意见和建议。生活福利委员会主要职责：调查研究公司福利基金、保险基金使用和职工生活福利方面的有关问题，反映职工的意见和建议；对公司保险基金、福利基金的使用方案，以及其他有关职工生活福利的重大事项，提出意见和建议；汇总职工代表提出的有关公司内部职工生活福利方面的方案，并提出意见和建议；检查和督促有关部门，执行职代会决议和有关公司内部分配、职工生活福利等方面提案的落实情况，并向职工代表大会或职工代表团（组）长、专委会负责人联席会议报告。评议监督委员会的主要职责：在职代会期间听取职工群众对公司领导人员的意见和反映；制订民主评议的计划，职代会期间组织对领导人员进行一次民主评议；收集、整理、核实评议意见，并向职工代表大会报告。

（二）联席会议的职责与组织制度

《企业民主管理规定》第十二条规定，职工代表按照基层选举单位组成代表团（组），并推选团（组）长。可以设立职工代表大会团（组）长和专门委员会（小组）负责人联席会议，根据职工代表大会授权，在职工代表大会闭会期间负责处理临时需要解决的重要问题，并提请下一次职工代表大会确认。联席会议由企业工会负责召集，联席会议可以根据会议内容邀请企业领导人员或其他有关人员参加。职工代表大会联席会议制度是有法律保障的职工代表大会闭会期间的重要民主管理制度，它的制度设计主要是针对原来职工代表大会主席团在职工代表大会闭会期间权力过大而进行的。有的企业在实践中还增加了参加会议的一线职工代表，这都是很好的探索与发展。

二、专委会等日常活动的形式与特点

日常民主管理活动是指职工代表大会闭会期间，围绕贯彻落实大会的决议、决定而开展的活动，是企业民主管理的重要环节。包括专门委员会活动在内的日常民主管理活动，是职工代表大会活动的继续和深入，是职工行使民主管理权利、落实各项决议、决定的重要渠道。

（一）活动的种类

1.职工代表大会各专门工作委员会（组）组织的各项检查活动，发现问题、提出问题，并督促有关部门进行整改。

2.根据集体合同的规定，对各项条款的落实情况进行检查。

3.对提案处理落实情况的检查监督。

4.配合行政部门进行的安全巡视检查等活动。

5.工会组织的其他各项民主管理活动，如民主质询、发布会、职工代表视察等。

6.职工代表大会决议贯彻落实情况的检查监督工作。

7.车间班组民主管理方面的活动。

（二）日常活动的特点

特点主要表现在：小型、多样，在工会的组织下开展，而不是把全体职工代表组织在一起进行。为此，要求职工代表做到：采取多种方式，广泛联系群众，收集和反映职工的意见和建议；充分发挥个人的主观能动性，协助工会组织搞好活动，并协助领导解决好问题。

三、如何组织与参加专委会等日常民主管理活动

（一）如何组织与参与专门委员会的巡视检查等活动

1.工会要切实加强专委会活动的规划与组织领导。职工代表大会的专门委员会是职工代表大会整个组织体系建设中的为加强日常民主管理而进行的制度设计。工会作为职工代表大会的工作机构，作为企业民主管理的组织者，有责任有义务做好专门委员会的具体工作，包括整个组织架构的设计、制度的制定、年度工作计划的提出与实施。专门委员会一般每年应有两次活动，一是职工代表大会会议期间，做好本委员会所负责事项对应的方案、办法、报告的审议工作，提出意见与建议，评议委员会则重点搞好和组织好对企业领导人员的评议工作，对年度工作进行总结并提出下一年度的计划；二是在职工代表大会闭会期间，至少组织一次对相应工作的检查监督（如提案处理落实情况的检查、集体合同履行情况的检查等）。

2.专委会成员要主动参与活动。作为兼职的专委会成员，每人手头都有自己的一份工作，许多人又是企业的精英，而专委会的活动常常是无偿的。在这样矛盾的情况下，作为职工代表的专委会成员，包括非职工代表的专委会成员，要积极主动支持专委会与工会的工作，把这当成是为企业为职工群众干的大事，当成自己的神圣使命与义不容辞的职责，认真履行代表的权利与义务，主动地参与并融入专委会工作中去。专委会一般会在年中的时间，组织涉及本专委会事项的专项检查，会抽调部分职工代表与专委会成员参加。职工代表对分配给自己的任务，要切实负起责任，事先做好功课，搞好必要的调查研究，分析了解相关的情况，在参与日常民主管理中作出成绩。

（二）如何组织和参加职代会联席会议

1.工会要切实加强协调并做好联席会议的组织工作。联席会议是职

工代表大会闭会期间协商处理涉及职工代表大会职权的且急需处理的重大事项的组织制度。企业与工会协商确定召开联席会议之后，工会应积极配合企业做好这方面的工作。具体为：及时提出联席会议的方案，包括时间、地点、参加人员，审议事项提前下发给参会人员预审以使其心中有数；随后正式发出通知，做好会场准备、参会人员的组织（可能会有外地人员）、会议议程准备、领导人员参会、主持人的确定、会议纪要的起草等会务事项；会议期间，要做好纪录，对协商修订的文件要对接落实等。

2.职工代表要事先认真审阅文件做好准备。一般的情况下，会议的组织者会把联席会议的内容、会议将主要审议的事项通报给与会的职工代表与其他人员，也有可能把文件事先传给大家。与会的职工代表要针对会议的议题，研究会议的文件，认真进行调查研究，做好功课，做好必要的准备，在召开会议研究有关事项时，才能做到有的放矢，有备而来，审议出水平。

（三）参与日常其他民主管理活动

职工代表参加其他形式的民主管理方面，主要是参与企业行政部门组织的安全巡视检查、有关专项检查及需要职工代表配合进行的工作；参与厂务公开方面的有关活动；参与车间班组的日常民主管理；职工代表向选举自己的选区报告其履行代表职责的情况；职工董事职工监事参与董事会、监事会的高层管理活动，以及作为上级工会组织的有关民主管理活动等。这些日常民主管理活动以及上面提到的专委会活动和联席会议制度，是以职工代表大会为基本形式的企业民主管理的整个体系的组成部分，是企业民主管理的一个重要方面。职工代表受广大职工的委托与信任参与企业的民主管理与民主监督，有责任有义务做好工作，积极参与职工代表大会与工会组织的相关活动，为企业民主管理的发展，为党的全心全意依靠工人阶级的指导方针的贯彻落实作出贡献。

（四）参加日常民主管理活动的注意事项与把握的重点

1.了解与反映职工的意见与建议。要牢记自己是职工群众的代表，是代表职工群众行使民主管理权利的，要对职工群众负责，不能以个人意见来代替职工群众的意见。一方面，要敢于如实、全面地表达和反映职工群众的意见和要求，在重大原则问题上能够出以公心，不计较个人得失；另一方面，要如实地传达职工代表大会的决议、决定，不能因为个人意见被否决，就进行片面的宣传和解释。

2.维护职工合法权益。在主动参与、维护职工切身利益的过程中，既要注意生活福利方面的问题，又要注意安全生产、经营管理方面的问题。要善于发现经营管理和创新发展中的薄弱环节和不足，积极提出意见和建议。只有搞好生产经营，不断创新发展，提高企业经营效益，维护职工利益才有根本保障。为了使自己的意见建议能够"参"到点子上，就要学会全面地看待、分析问题，不断提高自己判断、识别问题的能力。

3.密切联系职工群众。要同职工群众打成一片，取得群众的信任和支持，同时也从职工群众中得到智慧和力量。日常工作中，要乐于为职工群众排忧解难，主动热情地帮助职工解决生产、生活、学习中的实际问题。这样，职工群众有话才愿意和你讲，有意见才愿意和你谈，有事才愿意找你帮助。同时，职工代表也要做到以身作则、处处作出榜样、遇事主动找群众商量、虚心听取群众意见、把自己置于群众的监督之下，只有这样才能塑造职工代表的良好形象、增强责任感和荣誉感。

4.正确处理整体维护与具体维护的关系。当职工代表大会作出决议和决定时，不论是否符合本车间、班组或本部门职工的愿望和要求，都应积极拥护和认真贯彻执行，不能采取任何消极态度，这是一个职工代表必须具备的品德和必须遵守的纪律。总之，职工代表处于职工代表大会和职工的中间环节。职工代表通过下情上达、上情下达，既把职工群众的愿望要求变成职工代表大会的决议、决定，又把职工代表大会的决议、决定宣传到职工群众中去，变成职工群众的自觉行动，使广大职工群众团结向上，为企业的发展共同努力。

❓ 思考题

1.职工代表要如何提出提案？

2.参加日常民主管理活动的注意事项与把握的重点。

💼 案例与模板

一、某公司职工代表大会提案委员会工作细则

第一章 总 则

第一条 为了充分发挥职代会提案在民主管理、民主参与和民主监督职能中的作用，推进职代会规范化、制度化、程序化建设，特制定本工作细则。

第二条 职代会提案是职代会代表向职代会全体会议提出的，经提案委员会审查、立案，交付有关职能科室办理的书面意见和建议。

第三条 提案工作是职代会工作的重要组成部分，是职代会代表履行职责、行使权力的载体与平台，是激发职工主人翁责任感、积极性和创造性的重要途径。

第二章 提案委员会

第四条 提案委员会是职代会设置的专门工作委员会，负责职代会提案的征集、审理和对提案处理落实情况的检查监督工作。

第五条 提案委员会由主任1人，副主任1人、委员3人组成。提案委员会委员由各代表组协商推荐，经职代会筹委会审议后，提交职代会第一次全体会议预备会通过，任期与职代会届期相同。

第六条 提案委员会的职责。提案委员会的职责为：一是制定各次职代会全体会议期间提案工作方案，制定提案委员会年度工作计划；二是依照规定的程序，组织、征集提案；三是对提案进行审查，确定承办职能科室；四是对提案办理进行检查和督促，推动承办科室认真办理；

五是对提案进行综合分析，反映重要信息；六是向工会委员会、职代会全体会议报告工作；七是评选优秀提案和办理提案先进科室，报请公司和工会委员会予以表彰。

第七条 提案委员会每半年召开一次全体会议，必要时可随时召集；每年至少开展一次活动，对提案的处理落实情况进行检查监督。

第八条 提案委员会在行政办公室和工会的协助下进行提案的征集、审理、立案、分发、转办、协调工作。

第三章 提案的提出

第九条 下列个人或集体可提出提案：一是职代会正式代表可以个人名义或联名提出提案，一般由1名代表提议，2名或2名以上代表附议，方为有效；二是职代会代表团可以代表团名义提出提案；三是职代会专门委员会可以委员会名义提出提案。

第十条 提案选题应当围绕公司改革建设、创新发展和管理等方面的重大问题、围绕涉及职工切身利益的重要规章制度、重大事项以及职工普遍关心的重要问题提出。

第十一条 提案包括案由、内容、建议与办法。提案内容应当实事求是，简明扼要，做到有情况、有分析、有具体建议，一事一案。

第十二条 提案使用统一格式提案表，书写字迹工整。代表联名提出的提案，发起人签名应当列于首位；代表团、专门委员会提出的提案须由代表团团长或专门委员会负责人签字。

第十三条 提案原则上在每年职代会筹备期间提出，也可以在职代会闭会期间提出。

第四章 提案的审查与处理

第十四条 提案委员会本着尊重和维护提案者的民主权利、保证提案质量的原则，对收到的提案进行审查，符合第三章规定的予以立案。有下列情形之一的，不予立案：一是不符合党的方针政策和国家的法律、法规的；二是和上级的有关明文规定相抵触的；三是不属于本公司职权范围内的；四是属于揭发和举报问题的；五是属于个人问题的；六是内容空泛、建议笼统的。

第十五条　职代会每次例会前 10 天征集提案。超过截止时间的提案不记入大会提案，作为平时提案处理。

第十六条　经审查立案的提案，由提案委员会进行编号、登记造册，根据提案的内容确定承办科室（涉及两个或两个以上承办科室的提案，应当确定主办科室和协办科室），报经公司领导同意后交公司行政办公室发送承办部门（提案委员会积极协助）。经审查不予立案的，可根据不同情况，转送有关科室研究、参考，并于 7 个工作日内向提案者说明情况。

第十七条　对公司改革建设、创新发展具有重要价值，反映广大职工普遍关心的重要问题，应及时提请职代会主席团研究，由职代会主席团确定是否提交大会通过作为大会议题；职工代表普遍关心的共性问题，并具有较强可操作性的提案，以及代表团与职代会专门委员会的提案，一般应列为重点提案。

第五章　提案的办理

第十八条　提案的办理是指承办提案的科室根据法律、法规、政策和公司有关规定办理提案，并对提案人的意见和建议作出答复。

第十九条　提案承办科室收到提案后，确定承办责任人，提出处理意见，经主管领导审定后组织落实。

第二十条　承办科室必须在 1 个月内对提案的办理情况作出书面答复。书面复文要求必须明确答复"已经落实""正在落实""暂缓落实"等意见，并详细说明情况和理由。

第二十一条　提案书面答复由提案承办科室负责人签发。两个或两个以上科室办理的提案，各承办科室可以分别答复，也可以联合答复。

第二十二条　复文完成后，由承办科室将提案表递交第一提案人沟通意见，提案人签署反馈意见后，由承办科室送交提案委员会留存备案。

第二十三条　如果提案人对提案办理结果不满意，提案委员会应建议承办科室重新研究，作进一步的答复。对承办部门作出的努力，提案人也应该给予客观的认识与评价。

第二十四条　对重点提案，提案委员会可采取协商座谈、现场办案、实地考察、专题调研等方式推动提案办理工作。对办理复文中尚需落实或当年不能解决的问题，要继续跟踪，督促落实。

第六章　提案工作的表彰

第二十五条　建立优秀提案和办理提案的表彰机制，激励代表和提案承办科室以强烈的责任心，提出提案和办理提案。

第二十六条　优秀提案须具备下列条件之一：一是提案的内容紧紧围绕公司改革建设、创新发展和职工普遍关心的重要问题，案由立意高远，提案逻辑清晰、内容丰富，调查数据、资料充分；二是提案所提出的建议被党政部门采纳，取得良好的效果或产生重要的影响。

第二十七条　提案处理落实工作先进部门与单位的条件是：从贯彻落实党的全心全意依靠工人阶级指导方针的高度认识与理解提案工作，态度积极，措施得力；处理落实效果好，改善生产经营和管理、落实职工生活福利等事项效果显著，提案人与职工群众满意。

第二十八条　提案委员会根据优秀提案和提案处理先进单位的条件提出当年度优秀提案和提案处理先进单位的建议名单，征求公司工会、公司办公室意见后，报经公司和工会领导同意，由公司工会与公司联合表彰奖励，在职代会上进行。优秀提案和提案处理先进单位原则上不超过提案件数和承办单位总数的五分之一。

第七章　附　则

第二十九条　本工作细则由公司工会委员会负责解释，自职代会通过后实施。

二、某公司×届职工代表大会提案表

代表团		代表姓名		职务	
工作部门		联系方式			
类别	□经营管理 □薪酬福利 □改革发展 □其他				
案由					
提案内容及建议方案	（可另附页）				
审查意见	职代会提案委员会 年 月 日				
公司处理意见	由 （部门）负责落实，并于 前答复提案人。 公司领导： 年 月 日				
	责任部门处理情况：				
承办单位处理意见	对协办单位要求： 负责人签字： 承办人签字： 电话： 年 月 日 电话： 年 月 日				

注：1.提案要一事一案；2.提案要由代表本人签字

三、某公司×届×次职代会提案征集工作情况的汇报

为切实做好提案工作，进一步提高职代会提案立案率和立案质量，现将公司×届×次职代会提案工作情况汇报如下。

一、基本情况

某公司×届×次职代会会前及会议期间，共征集意见和建议531件。经公司职代会提案审理委员会初步审理，不符合提案要求的30件，余501件。其中，安全生产类212件，占总数的42%，经营管理类113件，占总数的23%；生活福利类142件，占总数的28%；其他类34件，占总数的7%。

元月13日公司提案审理委员会将501件意见和建议交26个相关业务处室征求意见，业务处室建议立案67件。后经征求计统处、财务处、劳卫处、综合办意见，并两次在相关处室间反馈，经提案审理委员会审理，拟立案57件。其中，安全生产类22件，占提案总数的39%；经营管理类12件，占提案总数的21%；生活福利类23件，占提案总数的40%。57件提案中，计统处13件，房地产处12件（含3件需向部反映解决的），物资处7件，劳卫处5件，社保处、公司工会各4件，货运处、财务处各3件，安监室2件，工务处、车辆处、客运处、机务处各1件。

二、立案原则

1.属于公司权限范围内解决的问题。

2.属深化改革、经营管理、创新发展、安全生产、职工生活福利等方面的重大问题。

3.更新改造30万元以上、购置设备5万元以上的。

4.经公司业务部门和综合部门共同确认有现实操作性和可行性的。

三、57件提案情况简介

（略）

某公司第×届职代会提案委员会

××××年×月×日

第五章

职工代表的素质提升与培训

职工代表是企事业单位按照一定的民主程序选举产生、代表广大职工参加职工代表大会、行使民主权力的职工。职工代表大会是由职工代表组成的，职工代表的素质直接关系到职工代表大会的质量。因此，职工代表了解自己的权利义务，不断提高自身的政治、业务、管理水平和参政议政能力，充分发挥应有的作用，肩负起参与管理的重任，是坚持和完善职工代表大会制度的重要保障。

第一节　职工代表的权利、义务与任务

正确认识和把握职工代表的权利和义务，对于工会组织和职工代表——企业民主管理的组织者和参与者来说，至关重要。充分发挥职工代表的作用，对于搞好企事业单位民主管理，调动广大职工的积极性、主动性和创造性，促进企事业创新发展与劳动关系和谐具有重要的意义。

一、职工代表的权利和义务

明确职工代表的权利和义务是职工代表严格履行自身职责、做好工作的前提，也是对职工代表的基本要求。

（一）职工代表的权利

《企业民主管理规定》第二十八条规定，职工代表享有下列权利。

1.选举权、被选举权和表决权。

2.参加职工代表大会及其工作机构组织的民主管理活动。

3.对企业领导人员进行评议和质询。

4.在职工代表大会闭会期间对企业执行职工代表大会决议情况进行监督、检查。

(二)职工代表的义务

《企业民主管理规定》第二十九条规定,职工代表应当履行下列义务。

1.遵守法律法规、企业规章制度,提高自身素质,积极参与企业民主管理。

2.依法履行职工代表职责,听取职工对企业生产经营管理等方面的意见和建议,以及涉及职工切身利益问题的意见和要求,并客观真实地向企业反映。

3.参加企业职工代表大会组织的各项活动,执行职工代表大会通过的决议,完成职工代表大会交办的工作。

4.向选举单位的职工报告参加职工代表大会活动和履行职责情况,接受职工的评议和监督。

5.保守企业的商业秘密和与知识产权相关的保密事项。

《企业民主管理规定》第三十条规定,职工代表履行职责受法律保护,任何组织和个人不得阻挠和打击报复。职工代表在法定工作时间内依法参加职工代表大会及其组织的各项活动,企业应当正常支付劳动报酬,不得降低其工资和其他福利待遇。

(三)正确认识职工代表的权利和义务

职工代表如何正确认识自己的权利和义务,概括起来,应从以下几方面来把握。

1.权利和义务的统一性。权利和义务的辩证统一性说明,权利和义务是紧密相关的,一方面,权利是履行义务的前提和保证;另一方面,义务又是实现权利的基础和途径。所以,每一位职工代表,不仅要依照国家法律法规和企事业单位有关规定，正确行使民主管理权利，还要以国家主人翁的精神，模范遵守国家法律法规和企事业单位各项规章制度，爱岗敬业，做好本职工作。

2.权利和义务的相对性。职工代表的权利和义务既是统一的，又是相对的。在法律上一个主体享有权利，另一个主体必定负有相应的义务，而同一个主体当其所面对的另一个主体发生改变时，其权利和义务也会相应发生变化，即权利会变成义务，义务也会变成权利。职工代表通过职工代表大会等民主形式参与企业管理，对企业来说，这是职工代表的权利，但对企事业单位职工群众来说，这又是职工代表应尽的义务，因为他们是由企业职工选举产生的并代表其行使参与管理权的，因此，职工代表必须对他们的选举人即选举单位职工负责。

3.权利和义务的严肃性。职工代表的权利和义务是国家法律规定的，既受到法律的制约，也受到法律的保护，职工代表必须在法律法规和制度规定的范围内进行活动。职工代表的权利和义务又是由企业职工代表大会的性质和职权决定的，它体现了职工在单位当家作主的地位和作用，因而具有一定的权威性。

4.权利和义务的现实可行性。职工代表的权利和义务是从我国企事业单位的现实情况出发，以民主管理实践为依据制定的，具有现实可行性。职工代表认真行使民主权利，履行应尽的义务，有利于保障职工的主人翁地位和维护职工的合法权益，有利于构建和谐劳动关系，也有利于调动、保护和发挥好广大职工的积极性，促进企业核心竞争力的提升和我国经济的高质量发展。总之，职工代表既要认真行使自己的权利，又要严格履行自己的义务，为企事业单位发展献策，为职工权益代言，当一名合格的职工代表。

二、职工代表的任务

(一) 推动党的全心全意依靠工人阶级指导方针的落实

全心全意依靠工人阶级是我们党的指导方针，无论在任何时候、任何情况下对此都不能动摇。在企事业单位中依靠工人阶级的核心就是要尊重和落实职工群众的主人翁地位，全心全意依靠职工群众办企事业，切实加强民主管理，保障职工群众的政治、经济和文化权益。职工代表大会是保障职工群众参与管理的有效形式，而职工代表又是职工代表大会的主体和职工参与权的实施者。因此，职工代表通过职工代表大会这种有效形式，反映和表达职工群众的愿望要求，认真履行职工代表大会赋予职工代表的各项权利，切切实实为职工权益代言、为单位发展献策，从而调动起广大职工群众的积极性，增强单位的和谐度和凝聚力，形成同呼吸共命运的局面。

（二）代表职工行使民主管理权利

参与管理是企事业单位职工的民主权利，但是这种参与必须是有组织地进行，这就需要有科学完善的制度设计。多年的实践证明，职工代表大会制度就是符合我国企事业单位实际、有利于广大职工行使民主权利的科学完善的制度设计。建立健全和实施职工代表大会制度的目的，就是要通过民主和法制的手段，保障职工行使经济、政治、文化等方面的权利，调动、激发其生产工作积极性和对企事业单位的认同感，共同促进企事业单位的和谐稳定与发展。职工代表大会制度的运行离不开职工代表，从职工代表的产生到职工代表大会的召开，从职工代表大会各项职权的行使到会后决议的贯彻与督促，都需要职工代表认真履行自己的职责，充分发挥自身的作用。所以说，职工代表将这种作用发挥得越充分，职工代表大会的质量就越高，广大职工参与管理的民主权利就越实在，其政治、经济、文化权益就越有保障。

（三）发挥模范带头作用，共谋、共促企事业发展

职工代表是职工群众推选出来、代表职工参加企事业民主管理的职工。他们所肩负的重要职责决定了他们在许多方面都应该成为职工群众的模范，即应该成为遵守法律法规和用人单位规章制度的模范，成为带头学习、带头实践、努力提高思想政治觉悟和管理水平的模范，成为带头贯彻职工代表大会决议及其所通过的各项重大决策的模范。职工代

只有努力成为上述方面的模范，才能赢得职工群众的信任和拥护，更好地联系职工群众、组织职工群众、代表职工群众参与管理，激发起广大职工的主人翁积极性、主动性和创造性，共同为企事业单位的发展献计出力，从而增强企事业单位的活力和核心竞争力，促进企事业单位的持续、协调发展。

第二节　职工代表的日常管理与素质提升

职工代表的选举是否规范、是否能选出高素质的职工代表，反映出民主管理工作的水平，影响到职工代表大会的质量，也会影响到职工主人翁地位。做好职工代表选举工作，是从源头上提升职工代表素质的重要举措。加强职工代表的日常管理，对于提升职工代表的素质有着重要的作用。选举好职工代表和加强对职工代表的日常管理，是职工代表大会筹备工作和工会工作的一项重要任务。

一、职工代表的选举

（一）职工代表的条件

基本条件：按照法律规定，与企事业签订劳动合同建立劳动关系以及与企业存在事实劳动关系的职工，有选举和被选举为职工代表大会代表的权利。素质条件：职工代表应当有一定的政治觉悟和政策水平；有一定的业务技术知识和管理能力；能顾全大局，做好本职工作，有较强的责任感和使命感；关心集体、遵章守纪，办事公道，为人正派，密切联系群众，在群众中有一定的威信。

（二）职工代表的人数与比例

《企业民主管理规定》明确规定：企业可以根据职工人数确定召开职工代表大会或者职工大会；企业召开职工代表大会的，职工代表人数按照不少于全体职工人数的5%确定，最少不少于30人；职工代表人数超过 100 人的，超出的代表人数可以由企业与工会协商确定；职工代表大会的代表由工人、技术人员、管理人员、企业领导人员和其他方面的职工组成，其中，企业中层以上管理人员和领导人员一般不得超过职工代表总人数的 20%；有女职工和劳务派遣职工的企业，职工代表中应当有适当比例的女职工和劳务派遣职工代表。

（三）职工代表的任期

职工代表实行常任制，职工代表的任期与职工代表大会的届期一致，可连选连任。常任制，是指职工代表一经选举产生，在规定的任期内，不论是开会期间还是闭会期间，始终享有职工代表的权利和负有职工代表的义务。企事业单位职工代表大会的届期一般为 3 至 5 年，职工代表的任期则相同。

（四）职工代表的选举程序

每届职工代表，应按规定程序进行选举。职工代表选举的基本程序如下。

1.制定选举方案。企事业单位工会应根据职工人数和行政机构设置状况，确定职工代表总数及名额分配方案，并根据单位实际情况按车间、处室或班组划分选举单位，制定具体的选举办法。职工代表选举方案应报同级党委审查。

2.进行宣传发动。企事业单位工会要通过各种途径和形式，如办公网、微信、板报等，广泛宣传职工代表大会的性质、意义、任务、职权以及职工代表的条件、权利、义务等，提高广大职工群众的认知程度。

3.推荐职工代表候选人。在宣传发动的基础上，工会组织职工按选区（单位）、名额、比例，充分发扬民主，推荐职工代表候选人。

4.选举职工代表。各选区按照分配的代表名额，直接选举产生职工代表。参加选举的职工人数须超过所在选区全体职工总数的 2/3 以上，候选人须获得选区全体职工半数以上选票方能当选。大型企事业或集团可以在分公司（子公司、事业部等）或车间职工代表大会的职工代表中推选产生企事业单位职工代表大会的职工代表。企事业单位党政工团主要负责人也应分到各选区，以普通职工的身份参加选举。职工代表的选举方法一般是采用差额选举和直接选举相结合的选举方法。职工代表的选举方式一般是采取无记名投票方式。

5.资格审查。由职工代表资格审查委员会（小组）对选出的职工代表进行资格审查。审查的主要内容是：选出的职工代表是否与企业签订劳动合同有劳动关系或事实劳动关系；选举过程中是否严格按照民主程序，是否存在不正当的竞选行为等。对不符合规定的，应取消其代表资格。

6.组成各代表团（组）。职工代表选出后，应按选举单位的行政隶属关系，或区域及其他方式，组成代表团（组），选举产生代表团（组）长。

（五）职工代表竞选制

职工代表竞选制，是指企事业单位职工要成为职工代表应通过竞选。把竞争机制引入职工代表选举，由职工对竞选人直接投票选举产生职工代表，是落实党的全心全意依靠工人阶级指导方针的具体行动，是提高职工代表素质的有效措施与手段。职工代表竞选使一批优秀的高素质的职工成为职工代表，从源头上保证了职工代表的素质，增强了职工代表的责任感，使职工代表大会"管用"的问题得到了落实，在企事业单位的改革、发展与生产经营中实实在在地发挥作用。

职工代表竞选的程序：各选区按照分配的职工代表名额，依照职工代表竞选条件，由职工自愿报名，或由职工所在选区工会组织推荐，本人填写自荐登记表，报所在选区工会；所在选区工会对报送的竞选职工代表名单，进行资格审核，并通报企事业工会，确定竞选代表候选人名单，并及时通知各选区召开职工大会进行竞选；竞选人在本选区职工大会上进行竞选演讲，职工现场提问，竞选者现场答辩；职工投票选举职工代表（选举时，职工实到人数须达到应到会人数的2/3以上，而当选职工代表的得票数须超过全体职工的半数）；各选区当场公布选举结果，并将结果报企事业工会。

二、职工代表的日常管理

（一）职工代表的补选与撤换

1.职工代表的补选。职工代表在任期内调离本单位或者退休、死亡的，其代表资格自行终止，因此而出现的代表缺额就需要补选。缺额应由原选举单位按照规定补选。补选职工代表的程序是：由补选单位代表团（组）向企事业单位工会提出补选职工代表的要求；企事业单位工会对补选职工代表的要求及时进行研究，作出决定后，由要求补选的单位补选；补选结果报企事业单位工会备案并公布。

2.职工代表的撤换。根据规定，职工代表在任期内出现下列情况时，原选举单位有权撤换：职工代表因违法乱纪被依法剥夺政治权利或被单位开除的，应立即取消其代表资格；无故不参加职工代表大会活动严重失职的，因停薪留职、长期病假或事假、脱产学习等情况，不能参加职工代表大会各项活动的，以及因其他原因不能履行代表义务，失去选举单位职工信任的，也都应予以撤换。撤换职工代表的一般程序是：由原选举单位职工提出撤换职工代表的要求，工会及时调查核实；原选举单位召开会议讨论，被撤换的职工代表可参加会议并可申辩；经选举单位讨论，作出撤换职工代表的决定；原选举单位将撤换职工代表的决定报告企事业单位工会，由企事业单位工会宣布并备案；选举单位职工按照民主程序，选举新的职工代表。

补选、撤换职工代表，应当召开选举单位全体职工会议，会议应有2/3以上职工参加。补选、撤换职工代表的决定，应经全体职工过半数通过方为有效。

（二）列席代表和特邀代表

职工代表大会根据需要，可以请一些不是职工代表的单位领导和有关部门负责人作为列席代表参加会议，也可以根据需要请一些离退休的老领导、老职工及职工家属、模范人物作为特邀代表参加会议，使大会具有广泛的代表性。列席代表和特邀代表在职工代表大会上有发言权，但没有选举权、被选举权和表决权。

三、提升职工代表素质的主要途径和方法

职工代表的素质包括政治素质、知识素质与能力素质等多个方面。政治素质一般包括政治意识、政治信念、政治理论和方针政策水平等。职工代表要不断提高政治素质，用科学理论武装头脑，增强政治意识，以高度的主人翁使命感和责任感，真正代表广大职工群众行使好民主权利。知识就是力量。现代科学发展日新月异，新技术、新理论层出不穷，职工代表要充分发挥自己的作用，就必须不断提高自身的知识素质，通过学习培训，使自己具有一定的文化科技知识、经营管理知识、法律法规知识、民主管理知识、各种专业知识等，以更好地参与民主管理。职工代表的能力素质主要是参与管理的素质。职工代表要善于学习、掌握和运用参与管理的方法与艺术。具体来说，就是要善于做调查研究，要熟悉本地区、本行业、本单位的实际，了解职工群众的愿望和要求。在参与管理中要做到有理有节，特别在涉及职工利益的问题上，要学会用数据和事实说话，增强说服力。同时，职工代表还要尊重党政领导，学会换位思考，营造良好的参与氛围。

（一）强化先天素质

把好入口关，民主选举好职工代表。要重视职工代表的"先天素质"。怎样把那些爱岗敬业、群众信任的人提名为代表候选人，是一个十分关键的环节。不论直接选举代表还是间接选举代表，有关方面特别是工会组织都要严格把关。选举职工代表前，工会和有关部门应当向广大职工充分说明职工代表的作用、地位以及权利和义务，具体做法：一是依据有关规定设定具体的职工代表条件；二是注意职工代表的结构比例，保证职工代表具有广泛性、代表性和权威性；三是建立和健全职工代表大会民主选举、撤换、增补职工代表的制度；四是把竞争机制引入职工代表的选举过程中来，鼓励符合条件的职工积极参加竞选，使职工代表

选举由封闭保守型变为透明公开型，变过去"要我当"为"我要当"。

（二）强化激励机制

1.建立代表激励制度。对职工代表履职情况进行严格的考核，层层评选优秀职工代表，对职工群众满意的职工代表进行表彰奖励，从而激励职工代表认真履行职责，全面提高素质。

2.建立代表述职制度。工会应组织职工代表每年向本单位职工进行一次述职。述职报告的内容主要包括：在职工代表大会上做了哪些发言、提了什么提案、平时开展了哪些民主管理活动、解决了哪些问题。职工群众要根据实际情况对职工代表进行测评，对不满意率过半者应予以撤换。由此对职工代表进行督促，以增强其责任感和使命感。

3.建立交流沟通制度。应通过召开代表座谈会、联系走访职工代表，强化工会与代表间，代表与代表间的交流与沟通，及时总结职工代表履行职责的先进经验，为职工代表更好地发挥作用创造良好的环境。

（三）强化实践锻炼

日常民主管理活动，是职工代表大会闭会期间，围绕贯彻落实大会决议、决定而开展的活动，是职工代表大会活动的继续和深入，是职工行使民主管理权利、落实职工代表大会各项决议、决定的重要渠道，也是职工代表在职工代表大会闭会期间进一步发挥作用的基本要求。企事业单位工会应当加强职工代表实践锻炼，除了组织职工代表参加好职工代表大会以外，还应组织好职工代表参与日常民主管理活动。日常民主管理活动主要有以下几个方面：参加职工代表团（组）组织的职工代表巡视活动，要善于发现问题、分析问题和反映问题；参加有关专门委员会或者专门小组组织的民主质询、民主对话、民主恳谈会等民主管理活动；根据规定，对集体合同履行情况、对提案处理落实的情况进行检查监督；参加对职工代表大会决议、决定贯彻落实情况的监督检查工作；参加行政部门组织的安全生产等专项检查；参加代表团长、专门委员会负责人联席会议及职工董事、职工监事方面的活动；参与车间班组民主管理活动等。

（四）强化自我学习

对于职工代表素质提升来说，以上的诸事项只是外部条件，是外因。要不断提高代表的素质，还需要代表本身要有强烈的学习欲望，养成学习提高的习惯，才能不断提高参与管理的能力水平，当好职工代表。正像俗话讲的，师傅领进门，修行在个人。自身如果没有积极的愿望，提高素质当好代表是不可能的。职工代表代表职工利益在某种意义上讲，也是代表自己的利益。职工代表是人生的一个平台，不少人在这个平台上演绎了精彩的故事。职工代表应珍惜职工群众的信任，不辱使命，强化自身的学习与素质提升，在代表职工参与民主管理的道路上书写好闪亮的人生篇章。

第三节　职工代表的培训

为了提高职工代表的素质和参政议政能力，更好地发挥职工代表在民主参与、民主管理和民主监督中的作用，使职工代表更好地履行职责，必须切实加强职工代表的培训工作。为做好职工代表培训工作，全国总工会下发了《2019—2023 年职工代表培训规划》。

一、重视和加强职工代表培训工作

职工代表的活动方式和职工代表素质密切相关，反映着工会工作水平，在一定程度上影响着职工代表大会的质量。

（一）充分认识职工代表培训工作的重要性

1.职工代表的素质直接影响着职工代表大会、企业民主管理工作水平。职工代表大会开的质量如何，能否有效地审议企业的重大决策并反映职工群众的意见与建议；能否为企业的改革发展建言献策并为企业的长远发展和实现职工的根本利益作出贡献；能否引起企业党政领导的重视并不断发挥其应有的作用；能否体现广大职工群众的主人翁地位并为建设企业利益共同体作出贡献，与职工代表的素质有着重要的关系。而要提高职工代表的素质，培训是一项极其重要的工作。

2.提高职工代表素质是职工代表更好地履行职责的需要。只有大力提高职工代表素质，才能使其更好地肩负起代表职工群众行使民主管理权力的责任和义务。职工代表不仅要在职工代表大会上行使好职工代表大会各项职权，而且在职工代表大会闭会后还要积极做好日常民主管理工作。职工代表要切实做好上述工作，没有较高的素质是难以胜任的。职工代表只有不断提高自身素质，并在实际工作中充分发挥自身作用，争做工作学习的模范，争做民主管理的模范，这样才能更好地代表职工群众，得到群众的信任和拥护，从而树立起威信，更好地发挥影响力。

（二）重视职工代表的"后天营养"问题

除了把好入口关，还必须重视为职工代表补充"后天营养"。各级工会组织，都有一个为职工代表补充"后天营养"的问题。加强对职工代表的培训就是提高职工代表自身素质的基本途径。要通过各种形式和途径，对职工代表进行定期或不定期培训。

1.学习和掌握党的方针政策和国家的法律法规。党的方针政策和国家的法律法规是职工代表行使民主管理权利的基本依据。学习贯彻党的方针政策和国家的法律法规，关系着职工代表的素质，关系到职工代表大会审议企业重大决策的能力与水平。职工代表一定要强化这方面的学习，开阔视野，牢固树立大局意识和整体观念，提高政治站位，履行好自己的职责使命。

2.学习并掌握企业管理知识和民主管理知识。现实社会竞争激烈，数字经济与智能化、科学技术的日新月异也促使我们勤奋学习、终身学习，这也是学习型组织、学习型社会的理念被广泛接受并不断发展的重要原因。社会化大生产，知识与技术的快速更新迭代，要求我们的职工代表在履职工作中，要不断加强学习企业管理与企业生产经营方面知识，及时关注并掌握新理论与技术专业知识。要认真学习《工会法》《劳动法》《劳动合同法》《企业民主管理规定》等工会与民主管理工作的法律法规，学习与掌握民主管理与企业管理的基本知识，学习和掌握劳动保障与安全生产及劳动保护与文化体育活动的一些基本知识，以有效地维护职工群众的政治经济权益。这是对职工代表的基本知识要求，从某种意义上讲是职工代表的工作工具。职工代表的学习，一方面要靠自己的勤奋努力、实践磨炼升华自我，另一方面也要靠工会组织的培训。基层工会应加强对职工代表的培训、教育和管理，应不断完善和创新培训的方式方法，构建科学化的长效机制，防止形式主义和实用主义的态度。

二、强化职工代表培训的制度建设

（一）建立健全职工代表培训的制度办法

1.在职工代表大会实施细则或有关企业民主管理制度中作出关于培训方面的制度安排。一些企业，特别是一些大的企业集团，一般都有本单位的职工代表大会实施细则或者企业民主管理制度，作为贯彻落实六部委《企业民主管理规定》的实施措施，对职工代表的培训与管理作出具体的规定，在民主管理队伍建设与素质支撑上，为职工代表大会制度的发展完善，为企业民主管理的工作作出制度性的安排部署。

2.制定专门的职工代表培训制度。有些企业制定了专门的职工代表培训制度或办法，对培训的内容、形式、程序、时间安排，人员组织等作出具体规定，便于实际工作中遵循与操作，有利于工作的规范发展。

（二）加强职工代表培训的规划部署

做好职工代表培训的规划部署，表现在多个方面。仅就总体方面而言，表现在以下几个方面。

1.较长时间（三年、五年）的总体规划安排。如全国总工会就曾发出过关于职工代表培训的三年规划，一些企业集团工会也有过这方面的规划与安排。

2.融入总体的培训规划部署。将职工代表培训纳入工会的整体培训之中，更好的情况是纳入企业的整体教育培训规划之中，这样培训工作就有了时间上、经费上、人员上的保证。

3.在工作计划中安排部署。在工会年度工作计划部署上，对职工代表的培训作出具体安排，也能促使培训的有效进行。

三、策划与实施好具体的培训

搞好对职工代表的培训，制订一个好的培训方案，一个好的行动纲领或路线图是十分重要的。一个好的方案大致应该包括以下几个方面的内容。

（一）培训的对象

1.全体职工代表的培训。对全体职工代表进行培训，一般是在职代会换届前后（特别是职代会召开前夕）利用一定的时间给职工代表进行适应性、应急性的培训。参加的人员除了当选的全体职工代表外，还可以安排部分非职工代表的专门委员会成员，以及部分分工会的负责人参加，提高培训的效能。

2.新任职工代表的培训。对新当选职工代表的培训安排的时间应该长一些，因为这部分代表是第一次当选。

3.与分工会主席一并安排的综合性培训。对于基层工会来说，安排一次培训不容易，特别是在现在市场竞争十分激烈的情况下，再加上职工代表中有一部分就是兼职工会干部，是基层分工会负责人或者委员，所以，相当一些单位安排的培训常常是将职工代表与基层工会干部培训作为一体来进行的。

（二）培训的内容

1.国家有关法律、法规，党的路线、方针和政策，特别是《企业民主管理规定》。

2.职工代表大会的性质、地位、任务、职权与组织制度。对于国有企业及国有控股企业职工代表培训，要在对职工代表大会职权整体把握的同时，注意对国有及控股企业的特别规定，以及对国有及控股企业厂务公开的规定。每次换届选举出新当选的职工代表，要重点做好民主管理基本知识的培训教育。

3.与职代会内容有关的其他方面的知识。

（三）培训的时间地点与人员组织

1.培训的地点。培训的地点要进行必要的考察。

2.培训的时间。培训的时间有两个方面的内容。一是培训的总体时间安排。这里面要注意以下几个问题：如职代会前与职代会预备会议衔接进行；年初与基层工会工作会议衔接进行；春、秋天与拓展训练衔接进行；或者与工会干部的其他培训综合考虑安排进行等。二是培训时间的具体安排，这里面指的是培训的日程安排，若是一天的培训，如上午讲什么内容、下午讲什么内容，开幕式如何安排，结束时要不要组织小结与考试等。

3.培训的人员组织。人员组织是培训方案的重要一环。若是占用生产或者工作时间，事先要向行政领导报告，请生产调度人员事先通知有关分厂、车间抽调人员。这项工作一定要事先得到党政的支持才行。

（四）组织培训的步骤

1.制定方案。制定公司工会的培训计划，对培训的时间、人员、内容、授课教师等应做详细安排。一是动手制定方案前，可进行一定程度的调查摸底，通过网络问卷的方式对培训内容需求进行调查，针对性和实用性要强。二是起草方案前对培训的几项主要工作一定要心中有数，核心事项要基本上确定下来，如时间、地点、经费，主讲人是外聘还是工会干部自己讲，参加人员等；培训日程安排及其他事项。

2.发出通知。关于举办培训班的通知经领导签发以后，要及时发文，通过微信、办公网广泛进行宣传，告知分工会与参培人员。

3.组织实施。培训实施中要做到组织落实、计划落实、分工负责，包括参训人员的通知与抽调、场地（酒店）的确定、老师的确定（邀请函的发出、食宿交通）、编排会序册；定购教材（老师课件印刷）、接送；报到阶段的组织，易拉宝或报到显示牌，场地的查看，投屏（屏幕）、条幅、音响、空调、话筒与电池的准备，老师电脑等与会场设备的协调与衔接，与酒店会场工作人员的协调与接洽等；是否有开幕式，领导讲话事项（讲话稿的准备）；老师正式授课后，与老师的对接，集中精力搞好培训（全过程周密组织），拓展训练活动的组织（若有）；考试的组织（试题由老师出还是组织者出，若发放证书或试卷等要提前印刷）；结束时的安排，领导讲话（汇报、邀请与讲话稿事宜）的安排，发放征求意见表，征求大家对培训班、对授课老师的意见与建议，可以进行打分评价，便于以后活动的组织与工作的开展。发布培训的信息。

4.总结与思考。培训结束后，要结合征求意见的情况总结，回顾培训的经验教训，对培训的质量与效果进行评估，提出具体的整改意见，制定改进的计划与措施，不断发展和完善。

四、发展与创新培训方式

（一）传统的培训方式要发展创新

1.编辑发放学习资料，以各代表团（组）为单位组织学习讨论。

2.举办不同形式的培训班和专题讲座，请专家、上级领导讲课；请经验丰富的代表或基层主席介绍经验、现身说法，大家交流互动；组织适当的研讨、专题讨论或讲座。

3.适时的专业性、专项性的培训；上级部门要求的形势需要的专题性培训。

4.组织参观学习，开展研学活动等。

（二）充分利用现代传媒

现代传媒发展日新月异。应充分利用钉钉、腾讯会议、学习社区等平台进行培训教育，提高培训的便捷性、时效性，降低培训的人力物力成本；充分利用微信群、办公群等及时推送学习的内容，便于大家充分利用时间，运用生动活泼的形式寓教于乐，增强培训学习的效果。也可以鼓励职工代表自拍微视频等及发表学习体会，通过互动式交流，分享经验，共同提高等。

五、注意事项与应急处理

（一）注意事项

1.思想上要给予重视，不能因为经常性的培训而大意轻视。

2.与时俱进。除了基本的知识、法律法规外，应注意宣传学习党和国家与本企业、本行业相关的政策文件，本企业、行业的情况，以让基层的代表开阔视野；应不断创新方式方法，强化培训的实效性，以更加有力地吸引人们的参与。

3.注意安全（包括人身安全、政治安全、财产安全）。一般都要建立工作群，群里的相关信息及时回复，出现不良现象及时处理；与培训场地（酒店）协调在会序册中公布安全通道；注意搞好防疫和卫生。大型培训前可动员积极分子帮忙，在报到人员最集中的时段帮助维护秩序，注意保持镇定，防止忙乱中出现问题。

4.热情服务，真诚为代表服务，注意听取代表的意见与建议，力所能及帮助代表解决培训过程中出现的困难与问题。注意与有关方面的协调。

分工负责，团结协作，拾遗补漏，首问负责。

（二）大型培训活动现场管理应急预案

1.屏幕故障、音响操控台故障应急预案。将日程安排特别是每天开始时间告知主管人，约好每天要使用的时间，使其提前开通；知晓基本的开关位置，插座位置，熟悉操控台的基本情况，与相关工作人员沟通，以便在其不在场的情况下，能够开通运行，基本上能够正常工作；记录主管人、经理及相关人的电话，以保持随时能够协调沟通；检查准备好话筒，准备必要的备用电池。

2.会场播放故障应急预案。了解操控台的基本操作（包括酒店方的，屏幕主管人员如何联系）；老师的课件提前备份；熟悉培训内容、程序，以便熟练操作；进行必要的演练，以检验处理故障的能力。

3.现场安全管理应急预案。现场安全管理可能遇见的情况：培训场所突然停电、场外噪声等影响；参加培训职工代表（包含老师等）突发疾病；其他。培训场所突然停电、场外噪声等情况的处理：停电后，拉开窗帘，增加光亮；若出现场外噪声，弄清楚原因，及时消除；与会场主管人员与酒店经理联系迅速采取相应措施。突发疾病的处置：打电话通知120，组织现场可能进行的施救；通报酒店经理与有关人员；告知领队（通知当事人家人）。

思考题

1.职工代表的权利和义务有哪些？

2.提高职工代表素质的途径和方法有哪些？

案例与模板

一、某区工会职工代表培训与队伍建设八项制度

一、职工代表培训制度

第一条 为提升职工代表履行职责的能力，更好地代表职工参与企事业单位民主管理，制定职工代表培训制度。

第二条 培训工作在行政支持下，工会负责组织实施。

第三条 每名职工代表每年参加集中培训的时间不少于8个小时。

第四条 培训的主要内容。

（一）党的全心全意依靠工人阶级的指导方针、有关民主管理的方针政策与理论依据。

（二）职工代表大会、厂务公开、职工董事职工监事、平等协商和集体合同及其他有关民主管理的法律法规和相关业务知识。

（三）职工代表的权利和义务。

（四）职工代表履行职责的基本途径和方法。

（五）企业生产经营管理的基本知识和有关情况。

（六）涉及劳动关系方面的法律法规。

第五条 培训的基本方法。

（一）以集中培训为主要形式。

（二）以网络课堂、以会代训、自主学习为补充方式。

第六条　建立职工代表培训工作档案。

第七条　职工代表参加培训的情况记入《职工代表工作手册》。

第八条　形成培训工作评价报告，报本单位党政和上一级工会。

第九条　职工代表培训期间，按正常出勤落实有关待遇。

二、职工代表竞选制度

第一条　为探索建立产生职工代表的新机制，使职工代表的选举更好地体现广大职工的民主意愿，从源头上提升职工代表的整体素质，制定职工代表竞选制度。

第二条　在上一级工会的指导和本单位党组织的领导下，工会负责具体组织工作。

第三条　组织报名、竞选演说。投票选举由选区负责。

第四条　选区职工（代表）大会要有应到人数的三分之二以上参加方为有效。

第五条　竞选职工代表按 20% 以上的差额比例，通过无记名投票选举产生。

第六条　竞选职工代表的基本条件。

（一）依法享有政治权利，有较高政治觉悟的在职职工。

（二）能够积极参加民主管理活动，热心为职工说话办事，具有一定参政议政能力。

（三）签订劳动合同建立劳动关系，或存在事实劳动关系。

（四）在生产经营管理中发挥骨干作用。

第七条　竞选的基本程序。

（一）制定方案。由工会根据相关规定制定职工代表竞选实施方案，经本单位党组织审核同意，报上一级工会。

（二）宣传发动。职工代表大会召开前，以文件、会议、公开栏等形式，向全体职工公开职工代表竞选实施方案，并积极做好动员工作。

（三）确定竞选人。

1.自竞选方案公布之日起 10 个工作日内，职工自愿报名，或由组织和他人推荐（须经本人确认）。

2.由选区将报名人情况上报工会审核，确认报名人的竞选资格，并在选区公示。

3.申请参加竞选人数达到应选人数 1.2 倍以上。

（四）竞选演说，召开选区职工（代表）大会，由竞选人在会议上发表竞选演说。职工可以对竞选人当场提问，由竞选人现场答辩。

（五）投票选举，竞选演说结束后，由全体职工（代表）对竞选人进行无记名投票选举。竞选人必须获得应到会人员的过半数以上同意方可当选。选举结果在会上当场宣布，并通过一定形式向全体职工公示。

（六）选举结果上报工会审查确认。

（七）职工代表大会代表资格审查委员会（小组）审核确定代表资格。

三、职工代表述职评议制度

第一条　为强化职工代表的责任意识，更好地代表职工有序参与管理、表达利益诉求，制定职工代表述职评议制度。

第二条　职工代表述职评议制度包括职工代表向选举单位的全体职工（代表）进行述职、接受选举单位全体职工（代表）民主评议两项内容。

第三条　坚持客观、公平、公正，有利于促进职工代表认真履职履责的原则。

第四条　述职的主要内容。

（一）提出提案情况。

（二）职工代表大会期间，行使参与权、表决权、监督权等民主权利的情况。

（三）职工代表大会闭会期间，向职工宣传职工代表大会精神、带头执行职工代表大会决议、参与民主管理活动、完成职工代表大会交办的工作任务等方面的情况。

（四）加强自身学习，提升当好职工代表能力方面的情况。

第五条　民主评议的内容和等次。

（一）民主评议包括行使权利、履行义务、自身建设等方面的内容。

（二）民主评议设置优秀、称职、基本称职、不称职四个等次。

第六条　述职评议的基本程序。

（一）职工代表按照述职内容，撰写述职报告。

（二）选区组织召开职工（代表）大会，应述职职工代表在大会上进行述职（因特殊原因不能到会述职的职工代表，进行书面述职）。

（三）选区全体职工（代表）对述职的职工代表无记名民主评议。

（四）选区负责收集汇总民主测评结果，并以书面形式报同级党组织和上一级工会。

第七条　述职评议的组织实施。

（一）工会负责制定具体方案，并派人参加各选区的职工代表述职评议活动。

（二）选区按照方案要求组织实施。

（三）职工代表述职评议工作每年进行一次。

第八条　民主评议结果的运用。

（一）职工代表述职评议结果与评选优秀职工代表相结合。

（二）职工代表在民主测评中不称职率超过50%，选举单位应按照民主程序予以撤换。

四、工会联系职工代表制度

第一条　为切实加强对职工代表的管理，更加有序地引导职工代表参与民主管理活动，制定工会联系职工代表制度。

第二条　联系方式。

（一）定期召开职工代表座谈会。

（二）工会干部定期走访职工代表。

（三）就本单位的重点工作和职工关心的热点问题，对职工代表进行专题调研。

（四）建立工会与职工代表联系的网络平台。

第三条 联系内容。

（一）宣传党的路线方针政策。

（二）通报本单位生产经营情况、重大工作部署、与职工切身利益密切相关的重要决策，听取职工代表的意见和建议。

（三）了解本单位重大决策执行过程中遇到的新情况、新问题，职工群众的利益诉求，普遍关心的热点、焦点、难点问题。

（四）了解职工队伍的思想状况。

（五）了解职工代表履行职责情况，工作、思想、生活情况。

（六）检查《职工代表工作手册》填写情况。

第四条 工作要求。

（一）掌握职工代表的工作情况。

（二）建立联系职工代表工作台账。

（三）协调相关部门，为职工代表履行职责创造条件。

（四）督促职工代表自觉履行义务。

（五）力所能及地帮助职工代表解决实际问题。

（六）汇总职工代表反映的情况，提出处理意见，向本单位党政报告，并督促抓好落实，向职工代表反馈处理情况。

五、职工代表提案制度

第一条 为保障职工参与管理的民主权利，推动企事业单位决策科学化、民主化，建立职工代表提案制度。

第二条 职工代表大会成立提案审查委员会，负责提案的整理、审查、立案、交办。

第三条 提案内容。

（一）符合党的路线、方针、政策和国家的法律法规。

（二）有利于促进企业的改革创新发展。

（三）属于本单位权限范围内解决的问题。

（四）重点围绕经营管理、安全生产、技术进步、创新发展、收入分配、生活福利等方面提出提案。

第四条 提案格式。

（一）提案应一事一案，以书面形式提出，内容包括案由、案据、建议、提案人和附议人署名等事项。

（二）提案由一名或若干名职工代表联合提出，也可以由代表团（组）提出。

（三）提案用表由职工代表大会统一印发。

第五条 立案原则。

（一）经过与综合部门、业务部门共同协商，由提案审查委员会审核确认有现实操作性和可行性的问题。

（二）案由真实充分。

（三）未予立案的，可作为建议处理。

第六条 提案征集。

（一）在职工代表大会召开前一个月，由工会发出征集提案通知，发放职工代表提案表格。

（二）职工代表在广泛调查研究、充分征求职工群众意见和建议的基础上，按照有关要求认真填写提案表。

（三）职工代表将提案表交工会，由工会统一转交提案审查委员会。

第七条 提案处理。

（一）审查。提案审查委员会按照立案原则对提案进行审查。对内容重要、涉及面广的提案，由职工代表大会主席团或本单位党政工共同决定是否作为议题，提请大会审议；对不符合立案原则的意见和建议，转交有关部门答复；其他情况要将提案退给提案人，说明情况，交换意见后，由提案人撤回或者重提。

（二）立案。审查通过的提案，都要予以立案。立案后进行分类整理，登记入册，并通过本单位党政工协商，落实承办部门。对涉及面广、需要多部门协调解决的提案，要明确主办或牵头部门。

（三）交办。提案审查委员会指定专人，协助行政综合部门将提案分送有关承办部门进行处理和实施。

（四）落实。承办部门接到提案后，研究解决方案，确定责任人、承办期限和标准，填写答复处理意见，自承办之日起，最迟一个月内将处理情况反馈给提案人和工会。

第八条 提案落实情况的监督检查。

（一）相关的职工代表大会专门委员会对提案办理情况进行专项检查。

（二）工会不定期通过电话、会议、实地走访等形式，检查督促提案落实情况，协调解决提案处理工作中存在的问题。

（三）将提案落实情况列入职工代表巡视检查内容，进行重点督促检查。

（四）工会督促承办部门向提案人通报提案落实进度情况，并与提案人进行沟通。

（五）提案人可随时向提案承办部门查询提案落实情况，现场了解落实进度，并向工会和承办部门提出关于落实提案的意见和建议。

（六）提案处理完毕，将提案原件反馈给提案人，由提案人签署意见，交工会存档。

（七）工会对整个提案处理情况整理汇总，向下一次职工代表大会报告。

第九条 工会作为职工代表大会的工作机构，负责闭会期间职工代表提案的协调处理工作。

第十条 评选表彰奖励优秀提案。

六、职工代表巡视制度

第一条 为进一步发挥职工代表的监督作用，制定职工代表巡视制度。

第二条 坚持围绕促进改革经营管理、创新发展和维护职工权益的原则。

第三条 巡视内容。

（一）职工代表大会决议的落实情况。

（二）集体合同履行情况。

（三）厂务公开民主管理工作情况。

（四）劳动法律法规落实情况。

（五）安全生产和职业卫生情况。

（六）涉及职工切身利益的重要规章制度的执行情况。

（七）各职能部门的工作情况。

（八）涉及职工切身利益的热点问题处理情况。

（九）其他关系生产经营管理的情况。

第四条 组成人员。

（一）根据巡视内容，确定巡视人员，组成巡视组。

（二）巡视人员一般由职工代表大会各专门委员会成员和具有相关专业知识、责任心强的职工代表组成。

第五条 巡视分综合巡视和专题巡视两种形式。综合巡视一年至少定期组织一次，专题巡视可根据工作需要不定期进行。

第六条 巡视流程。

（一）工会在与本单位党政协商一致的基础上，负责制定巡视活动方案，提出巡视的组成人员、内容、时间和要求。

（二）组织参加巡视的职工代表进行学习，明确巡视工作的任务和要求。

（三）现场检查，听取汇报、现场察看、召开职工座谈会、查阅相关的资料和工作台账、进行个案访谈。

（四）向被巡视对象反馈结果，对巡视中发现的问题，巡视组有权督促被巡视对象限期进行整改。

（五）巡视组对巡视情况进行综合分析，归纳整理，总结经验，找出问题，提出整改建议，形成巡视报告，报本单位党政工。

第七条 巡视结果运用。

（一）根据巡视中发现的问题，工会协调有关部门下达整改通知书，提出整改内容和时限。

（二）巡视组对整改情况进行复核，提出复核意见并报工会。

（三）巡视情况和整改落实情况纳入被巡视对象年度考核内容。

七、职工代表旁听重要会议制度

第一条 为进一步落实职工代表的知情权，制定职工代表旁听重要会议制度。

第二条 参与旁听的主要会议类型。

（一）经理办公会、生产调度会、安全生产会、经营形势分析会。

（二）工程招标会、物资采购会。

（三）研究关系职工切身利益的会议。

（四）研究"三重一大"事项会议。

（五）其他本单位党政工认为有必要邀请职工代表旁听的会议。

第三条 确定参加旁听的职工代表。

（一）每次安排2~4名旁听的职工代表。

（二）工会根据会议内容，确定旁听会议人员。

第四条 旁听代表的任务。

（一）向职工群众宣传会议精神。

（二）收集职工对会议内容的意见，并向工会报告。

第五条 工会负责整理旁听代表的意见，以书面形式向本单位党政和相关职能部门反馈。

八、职工代表联系职工群众制度

第一条 为督促引导职工代表加强与职工群众的联系，更加有效地表达职工的利益诉求，制定职工代表联系职工群众制度。

第二条 联系对象为本选区的职工。

第三条 联系方法。

（一）公布联系方式，电话交流。

（二）随机访问，面对面与职工交谈。

（三）约请访谈，有针对性地收集意见。

（四）通过网络平台，征求职工建议。

第四条　访谈内容。

（一）执行国家劳动法律法规情况。

（二）生产经营管理、改革发展目标、技术革新改造等方面的情况。

（三）劳动报酬、安全卫生、保险福利、休息休假等关系职工切身利益的问题。

（四）企业文化建设。

（五）廉政建设情况。

（六）职工普遍关心的其他事项。

第五条　工作要求。

（一）工会制作统一的职工代表与职工群众联系卡。

（二）职工代表每月随机访谈职工不少于3人。

（三）职工代表根据收集的情况填写联系卡，做好工作记录，建立工作台账。

（四）职工代表每季度对收集的情况进行整理汇总，并上报工会。

（五）工会每季度对职工代表的工作台账进行一次检查。

第六条　成果运用。

（一）工会负责整理职工代表上报的情况，向相关的职能部门反馈，并报本单位党政领导。

（二）职能部门应当在一个月以内将处理情况以书面形式向工会反馈，并由工会负责转送职工代表。

（三）职工代表负责把处理情况向接受访谈的职工反馈。

（四）访谈情况可作为职工代表提出提案的重要参考。

（五）职工代表联系职工群众工作的情况列入评选优秀职工代表的重要条件。

二、某公司职工代表参与企业管理实施办法

第一章　总　则

第一条　为认真落实党的全心全意依靠工人阶级的指导方针，充分发挥职工代表参与企业管理的权利，畅通职工代表参与企业管理的渠道，根据《企业民主管理规定》等规定，结合公司实际，制定本实施办法。

第二条　职工代表要积极提报提案，认真联系职工，广泛开展质询，参与各项检查，坚持每年述职，主动参加培训。

第三条　公司及各科室、车间管理者要尊重职工代表的民主权利，保证职工代表的合法权益，认真履行集体合同，处理好职工代表大会的提案和职工代表提出的意见和建议，自觉接受职工代表的监督，执行职工代表大会的决议、决定，保证职工代表监督职权作用的发挥。

第四条　公司工会协助党政对职工代表参与管理的情况进行考核和奖励。

第二章　职工代表的权利及义务

第五条　职工代表的权利（略）
第六条　职工代表的义务（略）

第三章　职工代表提报提案

第七条　职工代表大会提案，是职工关心改革发展，主动参与企业管理的一种重要形式，是职工当家作主行使民主管理权利的具体体现。

第八条　职工代表要本着对公司和全体职工高度负责的精神，站在全公司的高度，深入进行调查研究，就如何搞好公司的改革、发展和稳定提出高质量的提案。

第九条　公司职代会提案审理委员会是公司职代会的专门工作机构，具体负责职代会提案的征集、审查、立案和对提案处理情况的检查与监督。

第十条　公司行政担负着落实职工代表大会提案的重任，要认真负

责地做好公司及科室、车间负责解决的每一件提案的答复处理和落实工作，接受职工代表大会的检查和监督。提案的处理结果每年由公司行政领导向职工代表大会报告。

第十一条　提案的内容。提案的内容包括：企业改革、经营管理、安全生产、挖潜提效、技术进步、创新发展、职工生活等属于公司权限解决的问题。

第十二条　提案的格式。提案至少需一名正式代表提出，重要提案也可由几名正式代表联名提出或以代表组的名义提出；提案要一事一案，简明扼要地写明案由、问题和解决问题的建议；职工代表在选区征集的提案，必须在提案表上签名并对所提提案负责；以代表组名义提出的提案，必须由代表组长签名。

第十三条　提案的征集程序。职工代表征求职工群众的意见和建议，按照有关要求认真填写提案；将提案表交给本车间工会，由工会将提案报公司职代会提案组；公司职代会提案组对代表报送的提案进行分类汇总，转送职代会提案审理委员会。每名职工代表每年必须上报可行性提案2条以上。

第十四条　提案审理委员会确定立案的提案交承办科室和车间后，承办科室和车间要抓紧研究，提出答复意见，并将处理意见反馈给公司职代会提案审理委员会；凡立案解决的提案，应纳入工作日程，抓紧予以落实。

第十五条　提案审理委员会根据承办部门反馈意见，在向提案人反馈的同时，将提案立案情况及处理意见通过网络等形式进行公开。

第十六条　提案人对提案答复工作如有意见，可向职代会提案审理委员会提出，也可直接向承办部门陈述自己的意见。

第十七条　公司职代会提案审理委员会每半年组织职工代表对提案处理落实情况进行一次检查，会同公司行政协调解决提案处理工作中的问题，检查结果向职代会联席会议报告，并向有关部门通报。

第十八条　公司行政和公司职代会提案审理委员会根据检查情况，

评选最佳提案奖，对优秀提案人进行表彰奖励；对处理工作不力的部门，进行通报批评。

第四章　职工代表调研与联系卡

第十九条　建立职工代表情况反映制度，使职工代表随时能将职工关心的热点、难点问题反映上来。

第二十条　职工代表反映情况的主要方式是填写职工代表联系卡，也可以采取专题调研报告等形式。

第二十一条　职工代表联系卡由公司工会负责收集和整理。

第二十二条　职工代表联系卡反映的内容：职工对生产经营、创新发展方面的建议和意见；职工关心的有关工资奖金、生活福利方面的意见；需要公司进行解释的热点问题和需要向公司进行反映的其他方面问题。

第二十三条　职工代表每季度深入职工中了解职工的要求，反映上报至少一个职工所关心的热点、难点问题。

第二十四条　公司工会根据联系卡所反映的内容，每半年至少组织一次公司行政各科室、车间进行口头或书面解答。各行政科室和车间要针对职工代表提出的问题认真准备，准确答复，对需要落实的必须限期落实。

第五章　职工代表质询

第二十五条　建立职工代表质询制度的意义。职工代表对企业经营管理工作进行质询，是《职工代表大会条例》赋予职工代表的民主政治权利，开展职工代表质询活动有助于强化职工代表和职工群众同公司行政领导人员及管理科室的沟通，促进和谐企业的建设。

第二十六条　质询范围。职代会决议落实中的问题，集体合同履行、提案处理落实工作中的问题；生产经营和创新发展方面的重要问题；涉及职工切身利益方面的问题；职工群众普遍关心的问题；等等。

第二十七条　质询的程序和方法：职工代表质询工作可根据实际情况，采取职代会期间代表质询和职代会闭会期间代表质询两种方式进行。具体程序和方法如下。

1.提出质询案。提出质询案时，需填写《职工代表质询案表》。由3名以上职工代表联合署名，书面提出对公司行政领导人员或管理科室的质询案。质询案应写明质询对象、质询问题和内容。

2.确定质询内容、时间、地点。对职工代表提出的质询案，职代会期间报大会主席团、闭会期间报公司党委研究，确定质询的内容、时间和对象后及时书面通知受质询人员或部门提前做好准备。

3.组织职工代表质询。质询活动由职代会专门工作委员会负责组织，职工代表、行政有关人员参加。受质询人员应就代表质询案进行现场答复。

4.质询结果报告。质询工作结束后，职代会专门工作委员会写出专题质询工作报告。职代会期间负责向大会报告，闭会期间向职代会代表组长、专委会主任联席会议报告。

第二十八条　责任与要求。职工代表要讲大局、讲稳定，客观、公正地进行质询，不得泄露涉及企业商业秘密的内容。行政领导和有关部门人员要支持和保护好职工代表质询的权利，对职工代表质询的问题不得回避，也不能无故拒绝职工代表和职代会工作机构的质询，不得阻挠质询工作或打击报复质询代表者，一经发现，党组织要及时批评教育，直至给予纪律处分。

第六章　职工代表巡视检查

第二十九条　职工代表巡视检查制度，是职工代表大会对有关部门贯彻执行职工代表大会决议和处理职工代表提案情况进行巡视检查的制度。

第三十条　职工代表参与巡视检查活动，一般应在职工代表大会工作机构——工会的组织指导下，由各专门委员会进行。

第三十一条　巡视检查内容主要包括：职工代表大会决议、决定落实情况，职工代表提案处理落实情况，集体合同履行情况，防暑降温和防寒过冬措施实施情况，以及各专门委员会进行的其他检查工作。

第三十二条 巡视检查的基本形式。

1.巡视检查。公司职工代表大会一般是一年举行一次，原则上在职工代表大会闭会两个月以后，组织职工代表参加包括防暑降温、防寒采暖、春运以及各种劳动保护、安全生产、职代会各项决议落实情况和其他专项的检查活动。检查组一般可由职工代表组长和有关职工代表组成，人数占职工代表总数的3%左右。

2.专题检查。就职工代表大会决议中的某一项内容，组织职工代表大会专门委员会进行检查，调查研究，作出评价。

第三十三条 巡视检查的主要方法。组织职工代表巡视检查，工会要做好准备工作和组织工作，应先提出巡视检查内容和意见，制定检查方案，经职工代表组长联席会审定。组织参加巡视检查的职工代表学习有关方针、政策和规定，并明确工作的内容和重点，掌握巡视检查的方法和步骤。巡视检查的方法和步骤大致是"听、看、问、谈、议、评、结"七个字。听：到被检查的车间，听取车间领导的汇报。看：到班组和现场察看，接触职工，了解有关真实情况。问：就检查的内容，向被检查车间的领导提出问题。谈：组织召开职工座谈会，全面了解情况。议：根据"听、看、问、谈"的情况，集中进行讨论分析。评：就检查情况，面对面进行评议并帮助落实不力的车间、科室制定整改措施。结：检查结束后进行总结。向职工代表大会联席会议通报检查情况。必要时写出检查纪要向公司领导汇报或向公司职工公布。

第三十四条 职工代表在巡视检查的过程中，必须坚持"一分为二"的观点和实事求是以数据说话的原则，做到成绩讲够、问题讲透、建议讲明、总结讲清。

第三十五条 职工代表应服从安排，按时参加公司组织的各类检查工作。各科室和车间要主动接受职工代表的检查。对阻挠职工代表检查、在检查中弄虚作假和对检查工作不配合的科室、车间，公司将通报批评并追究主管领导的责任。

第七章　职工代表述职制度

第三十六条 职工代表对选区的职工负责，要反映选区职工的意见与建议并接受他们的监督。实行职工代表述职制度，是为了增强职工代表的责任感，提高参与管理的能力，使他们更好地反映职工的意见和要求，更好地发挥作用，从而不断地提高企业民主管理水平。

第三十七条　职工代表述职的内容。参加职工代表大会，在审议企业重大决策、审议企业规章制度中所做的工作，发挥的作用；在提案和合理化建议方面所做的工作，取得的成绩；密切联系职工群众，积极调查研究，积极反映职工群众意见和要求方面所做的工作及效果；在参加职工代表巡视检查、专委会活动及其他管理机构组织的活动中所做的工作；参与民主管理和民主监督的经验和体会。

第三十八条　职工代表述职的方式。范围：公司职工代表，都应向各自选区职工述职。时间：职工代表的述职，一年一次。方式：职工代表可在选举车间职工代表大会上述职，也可在选举车间召开的职工代表述职会上述职，各车间可结合实际自行确定。评议：工会要组织选区职工对职工代表的述职进行评议，评议采取无记名投票方式。评议要本着实事求是、客观、公正的原则，既要肯定成绩，也要指出不足，明确努力方向。

第八章　职工代表的培训

第三十九条　培训目的。使职工代表熟悉并掌握职工代表的职责、权利和义务及各方面的业务知识并不断进行知识更新，交流经验、互相学习借鉴启迪提高，不断提高参政议政的能力。

第四十条　新当选的职工代表必须接受民主管理和企业管理知识的培训。老代表也应每年培训一次。在接受培训的同时，还要主动学习相关知识，做到上级培训与自身素质提高的有机结合。

第四十一条　职工代表培训工作由公司工会负责组织实施，各项经费支出由公司行政负责。

第四十二条　培训时间。每年分期分批组织一次系统培训学习，并结合小型多样化的研讨会、座谈会及各种知识竞赛、以会代培等形式，进行普及教育。

第四十三条 培训人员。公司职工代表、职工代表大会各专门工作委员会成员。

第四十四条 培训内容。《企业民主管理规定》等法律法规、民主管理知识及其他专项业务知识。每次培训后，应组织一次考试检查效果，也可以知识竞赛的形式巩固记忆。

第九章 职工代表的奖惩

第四十五条 职工代表的考核由公司工会和车间工会共同负责，根据职工代表提案提报情况、联系职工情况、开展质询情况、参与检查情况、述职情况和参加培训情况进行综合评定。评定格次为优秀、合格、不合格。对优秀职工代表进行表彰，对不合格职工按程序进行撤换。

第四十六条 优秀职工代表条件。

1.热心民主管理工作，积极宣传民主管理的各项规定，熟悉和掌握民主管理知识。认真执行、大力宣传、积极贯彻职代会决议，做好职代会交办的各项工作。

2.具有强烈的参政意识和较高的议政水平，积极参加上级和本单位的各项民主管理活动，认真履行职工代表的各项权利和义务，在参与民主管理各项活动中成绩显著。

3.密切联系群众，维护职工合法权益，如实反映职工群众的意见和要求，积极为安全生产和企业发展献计献策，受到职工群众信任和拥护。

4.深入职工群众进行调研，高质量地完成提案的提报和联系职工工作，及时准确地反映出职工关心的热点和难点问题。

5.职工代表述职测评满意率应达到90%以上。

6.优秀职工代表表彰率一般为20%左右。

第四十七条 公司先进职工代表表彰所需经费由公司行政支出。

第四十八条 职工代表的撤换。无故不参加职工代表大会，严重失职的；不愿和不能代表选区职工参与企业民主管理，不愿和不能反映职工所关心的热点问题的；因其他原因不能履行代表义务而失去原选举车间信任的。

第四十九条　撤换职工代表程序。选举车间提出撤换职工代表的要求；公司工会及时进行调查核实；公司工会核实答复后，原选举车间召开会议，被撤换的职工代表可以参加会议并可以申辩；经半数以上职工同意，可作出撤换职工代表的决定，并将决定报告公司工会；选举新的职工代表，经审查批准后替补被撤换的职工代表的缺额；报经公司工会予以确认。

第五十条　本实施办法经职工代表大会审议通过后实施。

第五十一条　本实施办法由公司工会负责解释。

三、某区职工代表培训方案

一、培训对象

区总工会主要培训各街道（乡镇）、系统、企业工会主席和民主管理工作负责人，部分师资力量和部分职工代表。培训分两期进行，第一期主要为全区规模企业及所属基层工会主席、部分职工代表等；第二期主要为街道（乡镇）工会主席、专干，区直单位工会主席等。每期培训人数约100名。

二、培训时间

第一期培训时间：20××年9月16日、17日、18日三天。16日上午12点前报到。

第二期培训时间：20××年9月23日、24日、25日三天。23日上午12点前报到。

三、培训地点

培训地点（略）。

四、培训内容

1.党的有关工会工作和企业民主管理的方针、政策。

2.涉及劳动关系和职工民主管理的法律、法规。

3.职工代表大会制度、厂务公开制度、职工董事监事制度等民主管理方面的知识。

4.其他相关知识。

五、注意事项

1.为确保学员安全，所有学员必须在培训地统一食宿（所有司机不负责食宿）。

2.培训学员自带 1 寸免冠照片 1 张。

3.联系人：×××；电话：××××××。

六、几点要求

1.提高对培训重要性的认识。本次培训为综合性培训，一是为各基层工会培训师资力量；二是提高部分职工代表素质；三是提高工会干部能力素质；四是规范职代会程序及会议资料；五是培训建立一支高素质的厂务公开民主管理督导员队伍。

2.认真做好本级的培训工作。各基层工会要参照区总的培训方案，结合自身实际情况，做好本单位培训工作，保证按时完成年内的培训任务。

3.认真做好职工代表培训工作总结。各基层工会要对培训工作作出总结，肯定成绩、找出不足、制定改进措施，作为下年度培训的重要抓手。

附件：

1.某职工代表培训名额分配表

2.某职工代表培训班报名表

第六章

工资集体协商和集体合同

维护职工的政治经济权益特别是劳动权益，是企业深化改革和发展的需要，也是职工代表和工会组织的重要任务。平等协商和集体合同制度以及工资集体协商，作为国家规定的协调劳动关系的重要手段，作为职工代表和工会组织履行基本职责的重要载体与平台，在企业民主管理工作和促进劳动关系和谐发展中有着重要的作用。

第一节 平等协商、工资集体协商与集体合同

平等协商制度与集体合同制度严格来讲是两个不同的制度，工资集体协商是平等协商在实践中的应用与发展。平等协商、工资集体协商与集体合同制度相互联系，共同发展。

一、平等协商、集体合同、工资集体协商与工资专项协议的概念

平等协商是一个法律用语，出自 1996 年的《劳动法》，2007 年的《劳动合同法》（含 2012 年修订版）沿用了这一法律用语。平等协商是指企业工会代表职工与企业就涉及职工合法权益等事项进行商谈的行为。平等协商后来演变为集体协商。其原因一是原劳动部的文件包括后来全国总工会的文件有集体协商这一提法；二是由于企业工会与行政地位的差异，较难做到真正的平等协商，实际上是集体协商行为。

集体合同，又称团体协约、集体协议等，是指工会或者职工推举的职工代表代表职工与用人单位依照法律法规的规定就劳动报酬、工作条件、工作时间、休息休假、劳动安全卫生、社会保险福利等事项，在平等协商基础上所缔结的书面协议。《劳动合同法》第五十一条规定：企业职工一方与用人单位通过平等协商，可以就劳动报酬、工作时间、休息休假、劳动安全卫生、保险福利等事项订立集体合同。

工资集体协商，是指职工代表与企业代表依法就企业内部工资分配制度、工资分配形式、工资收入水平等事项进行平等协商，在协商一致的基础上签订工资协议的行为。

工资协议，是指专门就工资事项签订的专项集体合同。已订立集体合同的，工资协议可作为集体合同的附件，并与集体合同具有同等效力。依法订立的工资协议对企业和职工双方具有同等约束力。双方必须全面履行工资协议规定的义务，任何一方不得擅自变更或解除工资协议。职工个人与企业订立的劳动合同中关于工资报酬的标准，不得低于工资协议规定的最低标准。

二、平等协商、集体合同、工资集体协商与工资专项协议的关系

（一）平等协商与集体合同

1.平等协商与集体合同制度是工人运动的产物。在我国，随着市场经济的深入发展，社会经济关系和劳动关系发生了深刻变化，劳权保障成为重要的社会问题。大力推行平等协商与集体合同制度，对于构建科学有效的劳权维护机制，推动公平、和谐的新型劳动关系的形成，促进经济与社会又好又快发展，具有重大意义。

2.平等协商和集体合同制度二者的关系在于：一是平等协商的内容与事项多；二是平等协商不一定签订集体合同；三是签订集体合同必须经过平等协商。

（二）平等协商、集体协商与工资集体协商

平等协商和集体协商。在不同的场合、不同的文件中，平等协商和集体协商同时存在。应该说都没有错，但规范一点地说，应该叫平等协商为妥。平等协商一词，最早出现在《劳动法》中。为贯彻《劳动法》，全国总工会和当时的劳动部分别下发了若干的实施办法，集体协商一词出现在劳动部的实施办法中。后来由于各种原因，尽管平等协商一词仍在使用，但集体协商一词用的似乎更多一些。

平等协商与工资集体协商。工资集体协商是集体协商在新形势下的发展，是指就工资问题进行的集体协商，也是平等协商的核心与关键。工资集体协商是全国总工会致力推动的工作之一，是推动劳动关系和谐的核心内容之一，也是艰难但必须推进的工作之一。

（三）工资集体协商与工资专项协议

此二者的关系是比较简单的因果关系。一般地讲，进行工资集体协商，是为了签订工资协议；若想增加职工的工资，劳资双方若想在工资方面达成协议，肯定要进行协商，有的还要进行多次艰难的协商。

（四）集体合同与工资专项协议

集体合同实际上也是一种协议，是更规范一些的协议。工资专项协议是比较单一的协议，也是一种合同。在实际运行中，若是在职代会期间签订的，有些单位的工资专项协议是作为集体合同附件形式出现的，有的是作为单独的协议出现的。若是在非职代会期间，一般都是单独的协议。

三、平等协商、集体合同、工资集体协商、工资专项协议与民主管理和职代会的关系

平等协商、集体合同、工资集体协商、工资专项协议与企业民主管理的关系，一般地讲是小概念与大概念的关系。平等协商与集体合同、工资协商和工资专项协议，一般地、广义地讲，属于企业民主管理的范畴，是企业民主管理的组成部分。

平等协商、集体合同、工资集体协商、工资专项协议与职工代表大会的关系。一般地讲，平等协商和集体合同制度、工资协商与签订工资专项协议，与职工代表大会没有太直接的关系，是两种不同的制度，是推进劳动法实施的两个重要手段和载体。进行平等协商签订集体合同，进行工资协商签订工资专项协议，主要是为了保护劳动者的经济权益。而职代会则是企业领导体制的组成部分，职代会的权力包括听取和审议厂长的工作报告、通过重要规章制度、评议监督企业领导人员，保障职工民主政治权利的成分居多。但进一步分析，二者又你中有我，我中有你，相辅相成，共同发展。签订集体合同或工资专项协议要在职代会上进行；职代会审议通过的重要规章制度中，涉及职工切身利益的事项众多，这同样是集体合同或者工资专项协议规范的重点。集体合同中可以对职工代表大会制度建设和民主管理整体工作作出规定，从法治的角度强化民主管理和民主监督，这在促进企业民主管理制度建设方面，在推进职代会制度规范化法治化方面作用是明显的。

四、充分认识集体合同制度的意义

1.集体合同制度是促进劳动关系和谐稳定的需要。通过平等协商和签订集体合同，可以及时反映职工的意见和要求，寻找合理的解决办法，防止出现争议，避免矛盾激化。当出现争议时，可以将职工与企业之间自发的、无序的冲突，变为有序的依法协商和协调行为，以保证劳动关系的和谐与稳定。同时也有利于消除或弥补劳动合同存在的某些随意性，给企业劳动关系的调整提供一种新机制，从而使企业劳动关系更和谐与稳定，更有利于促进企业发展。

2.集体合同制度是维护职工合法权益的重要手段。在社会主义市场经济条件下，国家不再直接干预劳动关系的建立，而是由用人单位与劳动者协商确定。由于劳动者个体在劳动关系中处于弱势地位，因此，法律赋予工会代表劳动者进行平等协商的权利，以使劳动者与用人单位在地位上获得一定程度的平等，从而有利于帮助劳动者争取应得的利益。

同时，有利于工会更好地履行维权职责，使工会在协调劳动关系和维护职工劳动权益的职能发挥得更直接与有效，使工会的"维权"职能实现法治化。

3.集体合同制度是促进现代企业制度建设，实行经济民主的需要。现代产权制度、组织制度和管理制度构成了现代企业制度内部的权利关系及制约机制。现代企业制度的基本特征和要求之一，就是产权与劳权的利益关系要和谐、公正，如果任何一方的利益受到不公平的待遇或者得不到应有的尊重，其结果必将使双方的利益都受到损害。市场经济也是民主经济。一是产权民主，即产权构成多元化；二是管理民主，即劳动者广泛参与企业管理；三是利益分配民主，即劳方利益由劳资双方在平等协商一致的基础上确定。从这个意义上说，平等协商与集体合同制度不仅仅是利益保护制度，也是现代企业的科学管理制度。集体合同制度的核心是利益共享和风险共担，它可以把职工的切身利益与企业经营状况紧密地联系起来，有利于调动职工的积极性，增强企业的活力和凝聚力，提高企业的管理水平和经济效益。

4.集体合同制度是实现劳动者的民主权利，促进民主政治建设的需要。劳权的实质是人权，尊重平等协商的权利，其实就是尊重人权。从微观上看，在一个企业中，劳动者的政治地位是通过参与民主决策、民主管理、民主监督等权利的实现而得以体现的。集体合同制度作为劳动者实现经济利益和民主权利的重要制度，也是贯彻党的全心全意依靠工人阶级的指导方针，贯彻以人民为中心的发展思想的重要体现。

第二节　平等协商签订集体合同

平等协商与集体合同制度作为协调劳动关系的基本法律制度，在推动企业转型升级和经济高质量发展中有重要的作用。根据规定，职工代表大会的重要职权之一，就是要审议通过集体合同草案。而且，有些职工代表还要直接参与平等协商、签订集体合同工作。为此，职工代表应当学习了解平等协商与集体合同的有关知识和规定。

一、集体合同的特征和种类

（一）特征

集体合同首先具有一般合同的共同特征，即是平等主体基于平等、自愿协商而订立的规范双方权利和义务的协议。除此以外，集体合同还具有其自身特征。

1.集体合同是特定的当事人之间订立的协议。在集体合同中当事人一方是代表职工的工会组织或职工代表，另一方是用人单位。当事人中至少有一方是由多数人组成的团体。特别是职工方，必须由工会或职工代表参加，集体合同才能成立。

2.集体合同内容包括劳动报酬、工作时间、休息休假、劳动安全卫生、保险福利等事项。在集体合同中，劳动标准是集体合同的核心内容，对个人劳动合同起制约作用。

3.集体合同的双方当事人的权利义务不均衡。其基本上都是强调用人单位的义务，如为劳动者提供合法的劳动设施和劳动条件。

4.集体合同采取要式合同的形式，需要报送劳动行政部门登记、审查、备案方为有效。

5.集体合同受到国家宏观调控计划的制约，就效力来说，集体合同效力高于劳动合同，劳动合同规定的职工个人劳动条件和劳动报酬标准，不得低于集体合同的规定。

（二）种类

按照不同的标准，集体合同可以划分为不同的种类。

1.按照集体合同的主体范围划分，一般有如下几个。企业集体合同，是由企业工会代表企业全体职工与企业签订的集体合同。行业集体合同，是由行业工会与相应的行业的雇主团体或行业主管部门签订的集体合同。区域集体合同，是由地区工会和雇主团体签订的集体合同。

2.按照集体合同的内容划分，一般有如下几个。综合性集体合同，由企业工会或行业、地区工会和企业、行业协会、地区的经济管理部门签订的内容比较全面的集体合同。专项集体合同，就某一专项内容由工会和企业或行业协会、政府管理部门签订的集体合同。专项集体合同如：工资集体合同、职业安全集体合同、女职工保护集体合同、企业改制职工合法权益保护的集体合同等。

二、签订集体合同的原则

根据《劳动法》及《集体合同规定》，签订集体合同必须遵循以下原则。

（一）合法的原则

合法，是指签订集体合同的主体、内容和程序必须符合国家法律规定。根据劳动法律、法规和有关规定，工会、职工代表、企业、事业组织是签订集体合同的主体，其他组织或者个人无权签订集体合同。在内容上，集体合同的内容不得与法律法规相抵触，只有在此原则下签订集体合同，才能为国家承认，受国家法律保护。在程序上，集体合同当事人要依照法律规定进行协商、谈判、审议、签字、报送、审查与公布，只有履行了上述程序，所签订的集体合同才具有法律效力。在格式上，国家有关部门规定了标准格式的，要采用标准格式。总之，集体合同只有遵循合法原则，才能得到国家的认可，才具有法律效力。

（二）相互尊重、平等协商的原则

相互尊重，是指劳动关系主体双方之间要互相尊重，营造良好的协商氛围，不能强迫，更不能采取威胁、引诱等不正当手段。平等协商，是指在签订集体合同过程中，双方当事人法律地位平等，都要以平等的身份进行协商，任何一方都不能凌驾于另一方之上，任何一方不得强迫对方服从自己的意见。经过反复协商，达成一致意见后，才能签订。

（三）诚实守信、公平合作的原则

遵循诚实守信、公平合作原则，目的在于保证协商过程及合同订立与履行的真实性和有效性，防止欺诈、胁迫或不当交易行为的发生。诚实，就是说老实话、办老实事，不弄虚作假，不隐瞒欺骗，表里如一。守信，就是要讲信用、守诺言，也就是要言而有信、诚实不欺等。诚实守信，是道德规范的重要内容，是做人之本、办事之根，也是签订集体合同的重要原则，要求双方都要言行一致，讲信用、守承诺，在合情合理、互相配合、平等协商的基础上，签订集体合同。公平合作，即在进行集体协商的过程中，当事人双方代表应当以诚挚合作的态度，对涉及的所有问题进行充分的协商。尽管企业与职工的利益有差异，但也存在共同点。集体协商的双方应当互相信任、互相理解、互相谅解、齐心协力，真正做到公平合作。

（四）兼顾双方合法权益的原则

兼顾双方合法权益，就是要求工会在代表职工同企业进行协商谈判时，要正确处理各方利益关系，既要维护职工的合法利益，又要从企业实际出发，把改善职工劳动、生活条件与企业的发展结合起来。公有制企业要在兼顾国家、企业、职工利益的基础上建立协调稳定的劳动关系。非公有制企业要在劳资两利的基础上建立协调稳定的劳动关系，使企业和职工得到"双赢"。

（五）不得采取过激行为的原则

即按照双方约定的规则，妥善处理劳动争议和利益矛盾，在进行协商期间，尤其是在协商不成、双方意见发生对立时，劳动关系双方都要树立依法有序解决争议的意识，避免采取过于激烈的行动。如果双方意见僵持难以形成统一时，可暂时休会，期间必须保证生产经营的正常秩序。

三、平等协商和集体合同的内容

集体合同的内容，是指在集体合同中需要明确规定的双方当事人的权利义务条款及必须明确的其他问题。平等协商、集体合同的内容主要包括实质性规定和程序性规定两个方面。实质性规定主要是劳动条件和劳动标准，程序性规定主要是与劳动管理、平等协商和集体合同有关的规定。

（一）有关劳动条件和劳动标准方面的内容

劳动条件和劳动标准是集体合同的核心，而又是选择性最强的部分，这部分条款涉及劳动者的切身利益。从劳动者平等就业权的保障直至死亡抚恤等问题都可以涉及。这里需要注意两个问题，一个是从优，一个是从高。从优即在众多的协商内容中确定何者优先，平等协商应当以职工最为关心的问题为先，以抓住重点、循序渐进、逐步完善为原则。从高即平等协商所确定的劳动标准条件必须高于法定的劳动标准条件。低于法定标准是违法的，与法定标准相同是没有意义的，因为即使不签订集体合同，用人单位也必须执行法定的劳动标准条件，无须再经集体合同确认。平等协商签订集体合同的目的就在于，法定的劳动标准条件是最基本的标准条件，是最低限，它合法但不一定合理，因此需要通过平等协商在法定劳动标准条件基础上确定适合用人单位且双方都能接受的合理的劳动标准条件。如在社会保险问题上，国家规定的基本的强制性的社会保险是无须协商的，用人单位必须按国家规定及标准为职工缴纳社会保险费，但在养老保险中的补充性保险则是用人单位可以自愿选择的，集体合同可就此协商要求用人单位为职工建立补充保险。劳动条件和劳动标准方面的具体内容包括。

1.劳动报酬。劳动报酬是劳动者付出体力或脑力劳动所得的对价，体现的是劳动者创造的社会价值。劳动报酬是劳动者主要的或者唯一的生活来源，是劳动标准的核心内容，一般每年至少协商一次。主要包括：①用人单位工资水平、工资分配制度、工资标准和工资分配形式；②工资支付办法；③加班、加点工资及津贴、补贴标准和奖金分配办法；④工资调整办法；⑤试用期及病、事假等期间的工资待遇；⑥特殊情况下职工工资（生活费）支付办法；⑦其他劳动报酬分配办法。

2.工作时间。工作时间又称劳动时间。是指法律规定或集体合同规定的劳动者在一昼夜和一周内从事劳动的时间。工作时间主要包括：①

工时制度；②加班加点办法；③特殊工种的工作时间；④劳动定额标准。

3.休息休假。休息休假是指劳动者为行使休息权在国家规定的法定工作时间以外，不从事生产或工作而自行支配的时间。主要包括：①日休息时间、周休息日安排、年休假办法；②不能实行标准工时职工的休息休假；③其他假期。

4.劳动安全卫生。劳动安全卫生，又称职业安全卫生，也叫"劳动保护"，它是指直接保护劳动者在劳动或工作中的生命安全和身体健康的法律制度。劳动安全，一般是指在劳动过程中防止中毒、触电、机械外伤、车祸、坠落、塌陷、爆炸、火灾及劳动者人身安全事故发生的防范性措施。劳动卫生，是指在劳动过程中对有毒有害物质危害劳动者身体健康或者引起职业病发生的防范性措施。主要包括：①劳动安全卫生责任制；②劳动条件和安全技术措施；③安全操作规程；④劳保用品发放标准；⑤定期健康检查和职业健康体检。

5.补充保险和福利。补充保险指由企业根据自身经济实力，在国家规定的实施政策和实施条件下为本企业职工建立的一种辅助性的保险。福利分广义和狭义两种，广义的福利泛指在支付工资、奖金之外的所有待遇，包括社会保险在内。狭义的福利是指企业根据劳动者的劳动在工资、奖金，以及社会保险之外的其他待遇。补充保险和福利主要包括：①补充保险的种类、范围；②基本福利制度和福利设施；③医疗期延长及其待遇；④职工亲属福利制度。

6.未成年工和女职工的劳动保护。未成年工是指年龄已满16周岁、未满18周岁的劳动者。女职工和未成年工本身的生理特点决定了应当给予女职工和未成年工特殊的劳动保护。女职工由于其生理特点，往往在劳动和工作中遇到一些特殊的困难；同时她们还往往承担着生育和抚育婴幼儿的任务。如果在劳动中对女职工的这些特点不予注意，不加以保护，不仅会影响女职工本身的安全和健康，而且会影响到下一代的安全和健康。未成年工正处在成长发育时期，过重和过度紧张的劳动、高温等不良的工作环境、不合适的劳动工具等因素，都可能影响未成年工在劳动过程中的安全和健康。对女职工和未成年工的保护是对生产力的保护，有利于我国现代化建设大业。对女职工和未成年工的特殊保护，主要包括：①女职工和未成年工禁忌从事的劳动；②女职工的经期、孕期、产期和哺乳期的劳动保护；③女职工、未成年工定期健康检查；④未成年工的使用和登记制度。

7.职业技能培训。职业技能培训：按照国家职业分类和职业技能标准进行的规范性培训。国家规定一些职位必须经过职业培训，获得技能等级证书后方可上岗。职业技能培训主要包括：①职业技能培训项目规划及年度计划；②职业技能培训费用的提取和使用；③保障和改善职业技能培训的措施。

8.劳动合同管理。劳动合同是劳动者与用人单位之间确立劳动关系，明确双方权利和义务的协议。劳动合同的管理，从广义上讲，是指劳动行政主管部门、用人单位行政和工会组织，在各自的职责范围内，根据法律、法规和政策的要求，运用指导、组织、监督、检查等手段，分别对劳动合同的订立、履行、变更、解除等行为实施的行政管理、企业管理和民主管理，制止、纠正和查处劳动合同运行中的违法行为，以保障劳动合同的贯彻实施。劳动合同管理主要包括：①劳动合同签订时间；②确定劳动合同期限的条件；③劳动合同变更、解除、续订的一般原则及无固定期限劳动合同的终止条件；④试用期的条件和期限。

9.奖惩。在客观、公平、公正考核和评价的基础上，对工作中有显著成绩和贡献的职工给予奖励；对考核不合格的职工、工作中有严重失误或者给用人单位造成重大损失以及严重违反规章制度的职工给予处罚。奖惩主要包括：①劳动纪律；②考核奖惩制度；③奖惩程序。

10.裁员。裁员是经济性裁员的简称，是因用人单位的原因解除劳动合同的情形。指的是用人单位在法定的特定期间依法进行的集中辞退员工的行为。实施经济性裁减人员的企业，可以裁减因生产经营状况发生变化而产生的富余人员。裁员主要包括：①裁员的方案；①裁员的程序；③裁员的实施办法和补偿标准。

11.双方认为应当协商约定的其他内容。

(二) 有关集体合同本身程序性规定的内容

有关集体合同本身程序性规定是集体合同的必备内容。根据《劳动法》《集体合同规定》等有关法律法规的规定，这部分内容主要包括如下几方面。

1.集体合同期限。即集体合同的有效时间。根据规定，集体合同或专项集体合同期限一般为 1 至 3 年，期满或双方约定的终止条件出现，即行终止。

2.变更、解除集体合同的条件和程序。集体合同的变更，是指在集体合同没有履行或没有完全履行之前，因订立合同所依据的主客观情况发生某些变化，需要依据法律规定的条件和程序，对原合同中的某些条款进行修改补充。集体合同的解除，是指集体合同在没有履行或没有完全履行之前，因订立合同所依据的主客观情况发生变化，致使合同的履行成为不可能或不必要，当事人依照法定条件和程序，终止原集体合同法律关系。集体合同的变更或解除，必须具备一定的条件，符合法定程序。

3.履行集体合同发生争议时的协商处理办法。包括协商处理争议的参加人员、范围、原则、程序、办法以及申请仲裁的条件等。

4.违反集体合同的责任。违反集体合同的责任，简称违约责任，是指集体合同当事人由于过错造成集体合同不能履行或者不能完全履行，依照法律或者集体合同的规定所应承担的法律后果。承担违反集体合同的责任，必须同时具备以下两个条件。第一，当事人有违反集体合同的行为。违反集体合同的行为是当事人承担责任的客观依据。违反集体合同的行为有完全不履行行为和不完全履行行为。完全不履行行为就是根本不履行集体合同规定的任何义务；不完全履行行为是指没有全面履行集体合同规定的义务或没有按规定的标准条件、履行方式履行义务。第二，当事人要有违反集体合同的过错。过错，是指企业或工会及职工在实施违反集体合同责任时的主观心理状态，包括故意和过失两种。集体合同订立后，当事人无论是故意或过失造成集体合同不能履行或不能全面履行，都应当承担责任。如属双方过错造成集体合同不能履行，应由双方分别承担各自应负的责任。

四、平等协商、签订集体合同的程序

平等协商和签订集体合同的程序必须符合法律规定，这样签订的集体合同才具有法律效力。根据《集体合同规定》，平等协商、签订集体合同的程序主要包括三个阶段，具体程序如下。

（一）准备阶段

在开展平等协商前，必须做好充分的准备工作。这些准备工作包括如下几方面。

1.宣传教育工作。通过各种途径和形式进行有关平等协商、签订集体合同的宣传教育，为平等协商、签订集体合同工作奠定思想基础。

2.抓好培训工作。平等协商、签订集体合同是一项政策性、业务性很强的工作，要加强对工会干部和参加协商的职工代表培训，提高协商谈判能力。

3.收集有关资料和数据。包括国家、地方的有关劳动法律、法规、政策，企业外部的信息资料和企业内部的信息资料，作为拟定协商议题和起草集体合同文本的依据。

4.征求职工意见。广泛征求职工意见和建议，注意听取一线工人、科技人员、管理人员等各方面的意见和要求。促使集体合同能够符合企业的实际，具有针对性。

5.拟定协商的议题。根据职工的要求和企业提供的生产经营情况和国家的有关法律法规拟定切实可行的协商议题（集体协商议题可由提出协商一方起草，也可由双方指派代表共同起草），组织协商的组织机构进行分工，了解对方的意图，确定协商的目标。

6.拟订协商方案。协商议题确定后，就要着手拟订协商方案。

7.确定协商的时间、地点，共同确定一名非协商代表担任集体协商记录员。

(二) 平等协商阶段

平等协商、签订集体合同制度，重在平等协商机制的建立，这是实施集体合同制度的重点。平等协商过程就是协调劳动关系的过程，平等协商的水平高低决定集体合同的质量好坏，抓好这一环节，是保证集体合同质量的关键。

1.提出协商要约。在确定了平等协商议题、协商人员、时间和地点后，提议方首先以书面形式向对方就签订集体合同或专项集体合同以及相关事宜，提出进行集体协商的要求。另一方应当在收到集体协商要求之日起20日内以书面形式给予回应，无正当理由不得拒绝进行集体协商。双方可先进行非正式的协商，如无重大分歧即可进入正式协商。

2.召开协商会议。协商一般采取协商会议形式。集体协商会议由双方首席代表轮流主持（也可请党组织负责人主持），在明确协商议程、规则后，协商双方就商谈事项发表各自意见，开展充分讨论。

3.双方首席代表归纳意见。达成一致的，形成集体合同草案或专项集体合同草案，由双方首席代表签字。如集体协商未达成一致意见或出现事先未预料的问题，经双方协商，可以中止协商。中止期限及下次协商时间、地点、内容由双方商定。集体协商过程中发生争议，双方当事人不能协商解决的，当事人一方或双方可以书面向劳动保障行政部门提出协调处理申请。劳动保障行政部门应当组织同级工会和企业组织等三方面的人员，共同协调处理集体协商争议。协调处理集体协商争议，应当自受理协调处理申请之日起30日内结束协调处理工作。期满未结束的，可以适当延长协调期限，但延长期限不得超过15日。

(三) 签约阶段

1.职工代表大会审议。集体合同草案形成后，应当提交职工代表大会或者全体职工讨论通过。职工代表大会或者全体职工讨论集体合同草案或专项集体合同草案，应当有2/3以上职工代表或者职工出席，且须经全体职工代表半数以上或者全体职工半数以上同意，集体合同草案或专项集体合同草案方获通过。

2.签订集体合同。集体合同经职工代表大会审议通过后，要由双方首席代表签字，这是集体合同的必要手续，是集体合同的形式要件，不履行这个手续集体合同是无效的。

3.报送登记。集体合同或专项集体合同签订或变更后，应当自双方首席代表签字之日起 10 日内，由用人单位一方将文本一式三份报送劳动保障行政部门审查。工会也应将集体合同文本报送上级工会。《劳动合同法》第五十四条规定：集体合同订立后，应当报送劳动行政部门；劳动行政部门自收到集体合同文本之日起 15 日内未提出异议的，集体合同即行生效。劳动保障行政部门对报送的集体合同或专项集体合同应当办理登记手续。

4.集体合同公布：集体合同生效后，工会应当以适当形式，如在办公网上公布、微信推送等，向广大职工公布，使广大职工群众了解集体合同的内容。

五、平等协商代表

（一）平等协商代表的概念及人数

平等协商代表是指按照法定程序产生并有权代表本方利益进行集体协商的人员。平等协商双方的代表人数应当对等，每方至少 3 人，并各确定 1 名首席代表。

（二）平等协商代表的产生

职工一方的协商代表由本单位工会选派。未建立工会的，由本单位职工民主推荐，并经本单位半数以上职工同意。职工一方的首席代表由本单位工会主席担任。工会主席可以书面委托其他协商代表代理首席代表。工会主席空缺的，首席代表由工会负责人担任。未建立工会的，职工一方的首席代表从协商代表中民主推举产生。

用人单位一方的协商代表，由用人单位法定代表人指派，首席代表由单位法定代表人担任或由其书面委托的其他管理人员担任。

平等协商双方首席代表可以书面委托本单位以外的专业人员作为本方协商代表。委托人数不得超过本方代表的1/3。但首席代表不得由非本单位人员代理。

（三）平等协商代表的职责

根据《集体合同规定》及有关文件规定，协商代表应履行下列职责：参加集体协商；接受本方人员质询，及时向本方人员公布协商情况并征求意见；提供与集体协商有关的情况和资料；代表本方参加集体协商争议的处理；监督集体合同或专项集体合同的履行；法律、法规和规章规定的其他职责。协商代表应当维护本单位正常的生产、工作秩序，不得采取威胁、收买、欺骗等行为。协商代表应当保守在集体协商过程中知悉的用人单位的商业秘密。

（四）对职工协商代表的保护

职工一方协商代表受全体职工委托，与用人单位就有关职工劳动权益和协调企业劳动关系的重大问题进行协商谈判，在协商中难免与用人单位发生冲突，产生纠纷，自身合法权益受到侵害。如受到降低工资待遇、无故被单位变更工作岗位、随意被解除劳动合同等打击报复的情况，其合法权益必须得到法律的保护。因此，根据《集体合同规定》，职工协商代表参加集体协商视为提供了正常劳动。职工一方协商代表在其履行协商代表职责期间劳动合同期满的，劳动合同期限自动延长至完成履行协商代表职责之时，除出现下列情形之一的，用人单位不得与其解除劳动合同：①严重违反劳动纪律或用人单位依法制定的规章制度的；②严重失职、营私舞弊，对用人单位利益造成重大损害的；③被依法追究刑事责任的。职工一方协商代表履行协商代表职责期间，用人单位无正当理由不得调整其工作岗位。职工一方协商代表就有关职工协商代表保护的有关规定与用人单位发生争议的，可以向当地劳动争议仲裁委员会申请仲裁。

六、集体合同的变更、解除和终止的条件及程序

集体合同签订后，在实施过程中遇到客观条件的变化可能引起集体合同的变更、解除和终止。集体合同的变更、解除和终止应符合法定条件和程序。

（一）集体合同变更、解除和终止的条件

有下列情形之一的，可以变更或解除集体合同或专项集体合同：用人单位因被兼并、解散、破产等原因，致使集体合同或专项集体合同无法履行的；因不可抗力等原因致使集体合同或专项集体合同无法履行或部分无法履行的；集体合同或专项集体合同约定的变更或解除条件出现的；法律、法规、规章规定的其他情形。

（二）集体合同或专项集体合同变更、解除和终止的程序

1.一方提出建议，向对方说明需要变更或解除的集体合同的条款和理由。

2.双方就变更或解除的集体合同条款经协商一致，达成书面协议。

3.协议书应当提交职工代表大会或全体职工审议通过，并报送集体合同管理机关登记备案，审议未获通过，由双方重新协商。

4.变更或解除集体合同的协议书，在报送劳动行政部门的同时，企业工会报送上一级工会。

5.集体合同或专项集体合同期限届满或双方约定的终止条件出现，集体合同即行终止。集体合同期满前，企业工会应当会同企业商定续订下期集体合同事项。

七、集体合同的履行和监督检查

（一）集体合同的履行

合同的履行是指合同依法成立后，当事人双方按照合同约定的各项内容，全面地完成各自承担的义务，从而使合同的权利义务得到全部实现的整个行为过程。集体合同的履行是集体合同制度实现的基本形式。

集体合同一旦生效，就具有法律效力，合同双方必须遵守执行。

集体合同履行必须坚持以下原则。

1.全面履行的原则。全面履行是指集体合同生效以后，当事人双方要按照集体合同规定的时间、地点、履行方式以及数量、质量的要求，全面履行义务。

2.实际履行的原则。实际履行是指当事人按照合同约定的义务履行。合同中约定了什么义务就履行什么义务。

3.协作履行的原则。协作履行是指当事人之间要团结合作、相互支持、紧密配合，完成集体合同所规定的义务。协作履行是实际履行和全面履行的保证。

（二）集体合同的监督检查

集体合同监督检查是签订集体合同的主体双方依照国家有关法律法规，对已经生效的集体合同以检查的形式，督促其全面履行的行为。加强对集体合同的监督检查，有利于及时发现和解决在集体合同履行中出现的问题，有利于建立协调劳动关系的有效机制，预防劳动争议的发生，保证职工队伍的稳定，促进企业生产经营、改革创新等各项工作的健康发展。

凡已经签订集体合同的单位，要在各级党组织的领导下，按照精干、高效、熟悉业务的原则，成立本级集体合同监督检查领导小组和集体合同监督检查工作小组（人数可根据企业实际，自行确定），在职工人数较多的部门可设立集体合同监督检查员。集体合同监督检查领导小组，由企业党委、行政、工会领导及有关职能部门负责人组成。集体合同监督检查工作小组由企业党委负责牵头，企业行政和工会各派等额代表组成。成员应包括：企业人力资源、财务、技术设备、安全等职能部门代表；集体合同协商代表；职工代表和女职工委员会主任等。

集体合同监督检查工作小组定期或不定期对履行集体合同的情况进行监督检查，发现问题，及时协商解决。

企业工会应当建立集体合同履行情况的群众性监督检查网络，可以以工会小组和车间（分厂、分公司）为单位设立工会劳动法律监督员，在依法对劳动法律、法规的执行情况进行群众监督的同时，对集体合同的履行情况进行监督检查；定期听取分工会对集体合同履行情况的报告，定期向职工（代表）大会通报集体合同的履行情况。

第三节　工资集体协商和工资集体协议

工资集体协商和工资集体协议是平等协商和集体合同制度在新形势下的发展，是维护职工的劳动经济权益的重要措施与平台，是创建和谐劳动关系的现实需要。

一、工资集体协商的内容和参考要素

（一）工资集体协商的基本内容

1.工资协议的期限。

2.工资分配制度、工资标准和工资分配形式。

3.职工年度平均工资水平及其调整幅度。

4.奖金、津贴、补贴等分配办法。

5.工资支付办法。

6.变更、解除工资协议的程序。

7.工资协议的终止条件。

8.工资协议的违约责任。

9.双方认为应当协商约定的其他事项。

（二）协商确定职工年度工资水平应符合国家有关工资分配的宏观调控政策，并综合参考有关要素

1.地区、行业、企业的人工成本水平。

2.地区、行业的职工平均工资水平。

3.当地政府发布的工资指导线、劳动力市场工资指导价位。

4.本地区城镇居民消费价格指数。

5.企业劳动生产率和经济效益。

6.国有资产保值增值。

7.上年度企业职工工资总额和职工平均工资水平。

8.其他与工资集体协商有关的情况。

二、工资集体协商代表

（一）工资集体协商代表及首席代表的产生

工资集体协商代表应依照法定程序产生。职工一方的代表由工会的代表与选举的职工代表担任。未建工会的企业由职工民主推举代表，并得到半数以上职工的同意。企业代表由法定代表人和法定代表人指定的其他人员担任。

协商双方可书面委托本企业以外的专业人士作为本方协商代表。委托人数不得超过本方代表的1/3。

协商双方各确定一名首席代表。职工首席代表应当由工会主席担任，工会主席可以书面委托其他人员作为自己的代理人；未成立工会的，由职工集体协商代表推举。企业首席代表应当由法定代表人担任，法定代表人可以书面委托其他管理人员作为自己的代理人。

协商双方的首席代表在工资集体协商期间轮流担任协商会议执行主席。协商会议执行主席的主要职责是负责工资集体协商有关组织协调工作，并对协商过程中发生的问题提出处理建议。

（二）工资集体协商代表的权利

协商双方代表享有平等的建议权、否决权和陈述权。

由企业内部产生的协商代表参加工资集体协商的活动应视为提供正常劳动，享受的工资、奖金、津贴、补贴、保险福利待遇不变。其中，职工协商代表的合法权益受法律保护。企业不得对职工协商代表采取歧视性行为，不得违法解除或变更其劳动合同。

（三）工资集体协商代表的责任与义务

协商双方代表应遵守双方确定的协商规则，履行代表职责，并负有保守企业商业秘密的责任。协商代表任何一方不得采取过激、威胁、收买、欺骗等行为。

协商双方代表应了解和掌握工资分配的有关情况，广泛征求各方面的意见，接受本方人员对工资集体协商有关问题的质询。

三、工资集体协商工作程序

工资集体协商的一般程序为：产生代表——实施要约——协商准备——正式协商——审议签字——送审公布等六个程序。按照这一规定，单位代表由法定代表人指派，职工代表由工会选派或民主推选。双方代表人数应对等。劳资双方代表协商后，形成协议草案，提交职工代表大会或全体职工审议。最后，协议草案送主管的劳动保障部门审查通过后，应张榜公示，由全体职工监督履行。具体工作程序如下。

（一）准备阶段

1.推选协商代表成立企业工资集体协商工作小组。

2.对协商代表进行培训，学习掌握有关法律法规政策文件。

3.收集相关资料数据等（前面有介绍）拟定协商议题。

4.与企业方做好事先沟通工作，并充分征求和听取职工意见形成初步协议文本（文本必须包含至少8项内容：工资支付标准、办法、时间及最低工资标准；加班工资支付及假期工资待遇；福利、奖金、补贴发放标准；社会保险缴纳办法；职工年度工资水平及增长幅度；工资集体协议期限；工资集体协议的违约责任；工资集体协议变更、解除、终止的程序及条件）。

5.发出要约或意见书。

（二）协商阶段

1.会议程序要规范。程序为：协商会议由双方首席代表轮流主持；宣布会议议程和会议纪律；一方首席代表提出协商的具体内容和要求，另一方首席代表就对方的要求作出回应；协商双方就商谈事项发表意见，开展充分讨论；双方首席代表归纳意见。达成一致的，形成工资专项集体合同草案，双方首席代表签字；没有达成一致意见的经双方同意可以暂时中止协商，但中止期限不超过30天。

2.企业类型不同，协商侧重点也有所不同。国有（控股）企业要注意国有资产保值增值的同时，职工工资收入水平合理增长；股份制企业要重点处理好职工工资分配与股息分红之间的合理关系；非公有制企业应重点参照本地区同行业职工平均工资水平来确定本企业职工工资及调整幅度。

3.要注重协商方法与技巧。

（三）签订阶段

1.双方协商一致后形成工资集体协议。注意保存协商的原始记录。

2.召开职代会（职工大会），审议通过工资集体协议。（职代会应当有2/3以上职工代表或者职工出席，且须经全体职工代表半数以上或者全体职工半数以上同意，方案方可通过）。

3.双方首席代表在协议上签字。

（四）报批阶段

1.签字之日起10日内由企业行政将协议等有关资料报劳动部门审查。

2.企业工会将工资协议报上级工会备案。

3.劳动部门在15日内未提出异议协议生效。

4.协议生效之日起5日内，向全体职工公布。

（五）履行阶段

1.协议的法律效力及严肃性。

2.外部监督检查（劳动部门、工会、企协/企联等部门）和内部监督检查（向职代会报告）。

3.协议争议通过调解和仲裁依法调处解决。

上报的完整的工资集体协议材料要求：工资协议及说明书；企业营业执照复印件；原始协商纪录；协商代表的劳动合同。

思考题

1.集体合同的主要内容有哪些？

2.工资集体协商的程序有哪些？

案例与模板

一、某集团×年集体合同

第一章　总　则

第一条　为建立稳定和谐的劳动关系，维护职工和企业的合法权益，规范双方的行为，推动集团的高质量发展，根据《中华人民共和国劳动法》《中华人民共和国劳动合同法》《集体合同规定》等有关法律、法规和规章的规定，集团公司工会（以下简称"工会"）代表集团公司职工与某集团公司（以下简称"集团公司"）在相互尊重、平等协商的基础上达成协议，签订本合同。

第二条　合同的签订，遵循合法的原则，平等协商、公平合作的原则，权利义务相统一的原则，实事求是的原则，兼顾国家、企业和职工三者利益的原则，维护正常生产、工作秩序和促进改革、发展、稳定的原则。

第三条　本合同有关劳动报酬、工作时间、休息休假、劳动安全卫生、劳动保险和福利、职业培训等方面的待遇及标准，须符合国家法律、法规和总公司（上级公司，下同）有关规定。

第四条　企业与职工个人签订的劳动合同，其劳动条件、劳动报酬等不得违背本合同的规定。

第二章　目　标

第五条　改革目标。

1.围绕转变发展方式和确立集团公司市场主体地位，进一步转换企业经营机制，逐步建立起适应市场需求的经营责任落实机制和保障体系，全面落实总公司确定的"多元化经营、一体化管理、全口径核算"的多元化经营战略，为实现集团公司科学发展、和谐发展、可持续发展奠定基础。

2.探索建立科学有效的运营管理模式，强化安全控制，确保营运安全。

3.继续推进优化管理结构、自控型班组建设工程，进一步夯实安全基础。

4.深化三项制度改革，干部、人才的选拔培养机制符合集团发展需要，科学配置劳动力，全面盘活人力资源，收入分配向一线职工倾斜，体现按劳分配的原则。

第六条 经营目标。

1.生产考核目标。完成上级下达的各项指标。

2.工程建设目标。全面完成基建、大修、更新改造年度计划，保投资、保工期、保质量、保投产、保施工安全，按时发挥效益。

3.经营效益目标。完成上级下达的盈亏总额预算目标、运输总收入预算目标。

4.减员增效目标。集团公司职工总量实现总公司下达的控制目标。

第七条 安全目标。

"三杜绝"：杜绝一般 A 类及以上责任事故；杜绝作业事故；杜绝列车责任一般 C 类及以上责任事故。

"两消灭"：消灭较大及以上火灾、爆炸责任事故；消灭相撞死亡事故。

"两减少"：伤亡事故同比减少 5%；行车设备故障同比减少 5%。

"两控制"：从业人员死亡率和重伤率分别控制在 0.03‰ 和 0.01‰ 以内。

"一实现"：实现安全年。

"食品安全一杜绝"：杜绝责任食物中毒事故。

第八条 文明建设目标。

1.按照上级的战略部署，以建设更高水平一流集团公司为目标，大力实施科技创新，努力开创集团公司物质文明、政治文明和精神文明建设新局面。

2.继续深化"劳动关系和谐企业""创建学习型组织、争做知识型职工"和"文明单位"创建活动，抓好以"新理论、新知识、新技能、新本领"为内容的培训学习，教育引导广大职工在推进和谐建设中建功立业，为集团改革发展提供队伍支撑和素质保证。

3.尊重和保护职工民主政治、经济和文化权益，维护职工的主人翁地位，建立和完善劳动争议预防和劳动关系预警机制。加强民主管理，深化厂务公开，坚持和完善职工代表大会制度，落实职代会职权，健全民主参与、民主决策和民主监督机制，创建劳动关系和谐企业。

4.加强行风建设，努力实现"一杜绝、两控制、两提高"的工作目标。即：杜绝严重以上行风事件；一般事件控制在职工总数的0.05‰以内，批评投诉控制在职工总数的0.8‰以内；提高服务质量，提高客户满意度。

5.加强治安综合治理，内部单位杜绝责任重大火灾、爆炸、中毒等治安灾害事故；内部单位发案率不超过职工总数的1‰；内盗案件不超过职工总数的1‰；职工违法率不超过职工总数的3‰；职工犯罪率不超过职工总数的0.6‰。

第三章　十件实事

第九条　××××年为职工办的10件实事。

1.在安全形势稳定、企业经济效益提高、职工总量得到有效控制的前提下，根据企业经营效益状况，提高职工工资，重点向一线和苦累脏险人员倾斜，职工平均收入较上年增长10%左右。

2.坚持不懈抓好困难职工帮扶工作。集团公司行政按当年职工工资总额上级确定的比例、集团公司工会按当年行政拨付工会经费上级总工会确定的比例拨付资金，与职工个人缴纳医疗互助合作保障金组成帮扶专项资金，并严格资金管理和使用。

3.强力推进职工保障性住房建设，重点加大管内沿线地区棚户区改造工作力度，确保开工 8000 户以上，投入小区环境改造及住宅病害整治资金 2000 万元以上，大力改善职工居住环境。

4.加强文化线和生活线建设，集团公司行政各投资 800 万元，工会各投资 400 万元，为沿线职工配置必要的文化和生活设施，不断提高职工文化和物质生活水平，并积极推进卫生线建设。

5.深入调查研究，进一步解决沿线职工吃水难的问题，投资不少于 300 万元。

6.加大环境保护和节约能源力度，完成集热工程改造投资不少于 300 万元。

7.加大科技投入，积极推广应用现代生产管理手段，为职工创造良好工作条件，用于信息化建设资金投入不少于 2500 万元。

8.按照和谐建设要求，根据生产力布局调整需要，进一步改善职工生产生活环境，完成生产生活设施改造及环境整治投资不少于 4000 万元。

9.加大工务投入，重点加快机械化设施建设，购置、更新机械投资不少于 4500 万元，进一步减轻职工的劳动强度。

10.全力保障职工健康。投入不少于 2000 万元，对集团公司职工免费健康体检，确保有毒有害工种职工和乘务员定期职业健康检查。积极创造条件，至少安排 15 000 名职工健康休养。

第四章 劳动条件和劳动标准

第十条 劳动报酬。

1.集团公司对所属各单位实行工效挂钩办法，集团公司职工实行岗位技能工资制度，并由各单位在执行国家政策法规的前提下，结合实际搞活内部分配。对实行计件工资制的职工，所在单位应结合实际合理制定计件工资报酬标准。

2.工资应当以货币形式按月支付给职工本人，不得克扣或无故拖欠。具体支付时间由集团各单位确定后向职工公布，如遇法定休假日或休息日，则提前在最近的工作日支付。

3.有下列情况之一的，所属各单位应按《中华人民共和国劳动法》规定标准支付高于职工正常工作时间的工资报酬：

（1）安排职工延长劳动时间的，支付不低于工资的150%的工资报酬；

（2）休息日安排职工工作又不能安排补休的，支付不低于工资的200%的工资报酬；

（3）法定休假日安排职工工作的，支付不低于工资的300%的工资报酬。

支付职工超过正常工作时间的工资报酬的计算基数，按国家、上级及集团公司有关规定执行。

4.津、补贴标准按上级和集团公司所在省规定执行。

5.根据企业效益状况，确保生产任务完成，制定职工工资调整方案和奖励办法，经集团公司职代会或职代会代表团长、专委会主任、职工代表联席会审议通过，其中职工工资调整方案需报请上级批准后实施。

6.职工在法定休假日、婚丧假、产假、年休假、探亲假、病假以及依法参加社会活动期间，所在单位应按国家、上级及集团公司规定支付工资。

7.凡提供正常劳动的职工，其报酬不得低于集团公司所在地人民政府规定的最低工资标准。

第十一条　工作时间。

1.职工的工作时间按照国家规定标准执行，即每日工作8小时、平均每周工作40小时。根据企业生产特点，可以分别以周、月、季、年为周期综合计算工作时间。实行轮班工作制度的，采取集中工作、集中休息或轮班调休等，保障所有工种（岗位）全年月平均工作时间不超过166.7小时。

2.集团所属各单位不得任意延长职工的工作时间。由于生产经营需要，经与工会和职工协商后可以延长工作时间的，一般每日不得超过1

小时；因特殊原因需要延长工作时间的，在保障职工身体健康的条件下，每日不得超过3小时，但每月不得超过36小时。有下列情况之一的，延长工作时间不受上述规定限制：

（1）发生自然灾害、事故或者其他原因，威胁职工生命健康和财产安全，需紧急处理的；

（2）生产设备、运输线路、公共设施发生故障，影响生产和公众利益，必须及时抢修的；

（3）法律、行政法规规定的其他情形。

3.对实行特勤制、轮换值班制、弹性工作制或按照生产特点必须集中一段时间工作（休息）的工种岗位，以及属于劳动强度不大的看管（守）岗位，原则上不实行四班制。

4.对有明确劳动成果数量要求的岗位均应制定劳动定额标准，严格按劳动定额标准和生产特点计算确定职工的日、周、月生产任务量，劳动定额标准水平必须保证先进合理。

第十二条 休息休假。

1.元旦、春节、清明节、国际劳动节、端午节、中秋节、国庆节和法律、法规规定的其他休假节日，应当依法安排职工休假。

2.休息日、婚丧假、产假、年休假、探亲假等按国家和所在省有关规定执行。

3.集团所属各单位应依法确保本单位职工全部享受带薪年休假。单位确因工作需要不能安排职工休年休假的，应当依照《职工带薪年休假条例》规定支付工资报酬。

4.实行轮班制的职工在法定休假日、休息日轮班工作视为正常工作，其中法定休假日按照加班对待。

5.集团所属各单位在制定各类休假的管理规定时应与工会共同协商。

6.工会不脱产的委员因参加会议或者工会组织的活动，占用生产或者工作时间，其工资照发，其他待遇不受影响。

第十三条 *劳动安全卫生。*

1.集团公司必须严格执行国家《安全生产法》《职业病防治法》及有关劳动安全卫生的规定，负责向职工提供可靠的劳动安全技术和劳动安全卫生条件。按规定拨款，有计划地对尘毒点进行治理。防止各类事故发生，减少职业危害。

2.劳动安全卫生设施必须符合国家规定的标准。新建、改建、扩建工程的劳动安全卫生设施必须与主体工程同时设计、同时施工、同时投入生产和使用。行政有关部门必须通知工会参与"三同时"的实施，并进行监督检查。

3.认真落实《中华人民共和国环境保护法》，增强全员环保意识，建设资源节约型企业。结合技术进步，加快污染治理步伐，积极推进文明生产。

4.工会支持集团公司加强劳动保护管理，配合集团公司检查监督劳动保护情况。集团公司职代会安全生产经营委员会组织职工代表安全巡视检查每年不少于一次，基层单位每年不少于两次，发现不安全因素，工会有权要求行政采取措施定期改正。

5.职工在劳动过程中必须严格遵守安全操作规程。职工对管理人员违章指挥，强令冒险作业，有权拒绝执行；对危害生命安全和身体健康的行为，有权提出批评、检举和控告。

6.集团公司发生危及职工劳动安全的重大事故隐患和职工因工伤亡事故，除及时报告上级有关部门外，还须通知工会。工会应当向有关部门提出处理意见，并有权建议追究有关人员的责任。对工会提出的意见，行政须及时研究，给予答复。

7.集团公司按规定提供符合国家规定的保障职工健康的劳动设施和条件，支持工会推广使用岗位安全检查表、有毒有害化学物质信息卡、工会劳动保护小组检查卡和《事故隐患限期整改通知书》《事故隐患处理通知书》《事故隐患报告书》，并纳入集团1号文件和集团安全生产责任制考核、安全生产评估考核。对从事有毒有害工种的职工，集团公司应按照《职业健康监护管理办法》规定进行职业健康检查，适当安排健康休养。

8.集团公司根据工种岗位需要，按劳动保护用品发放标准，为职工提供符合国家标准的劳动保护用品，并认真抓好落实。冬、夏季节集团公司负责采取防寒保暖、防暑降温措施。

第十四条 补充保险和职工福利。

1.在按国家及省政府规定实行各项社会保险的基础上，集团公司按国家政策要求和总公司统一部署，实施企业年金制度，提高职工退休后的生活保障水平；集团公司实行补充医疗保险制度，增强职工及退休（职）人员抵御疾病风险的能力。

2.认真落实离退休职工与企业有关的待遇，加强对离退休职工的教育和管理，关心离退休职工的生活，工会要协助集团公司，帮助离退休职工解决实际困难。

3.按规定安排福利费预算，并按照规定的范围使用，不断改善职工生活福利条件。

4.福利费使用建议方案，经集团职工代表大会审议决定后实施，使用情况每年向职工代表大会报告。

第十五条 职业技能培训。

1.加强对职工教育的组织领导，健全机构，完善制度，形成以职工教育管理部门统筹协调，专业部门分工负责，其他综合部门配合支持的管理格局。

2.集团公司按规定足额提取职工教育经费，专款专用。督促集团各单位改善职工培训条件，改进职工培训方式，不断提高职工培训质量。

3.集团公司负责审核、安排职工培训预算，根据运输生产、经营管理需要，有针对性地开展职业技能培训，不断提高职工队伍的整体素质。

4.集团公司应加强职工业务培训和职业技能鉴定，主要工种新职、转岗、晋升人员培训率达到100%，并经鉴定合格后方能上岗。按照国家就业准入制度的要求，新接收复退军人必须经过学历教育或岗前培训，经考试和职业技能鉴定合格后方可参加竞争上岗。

5.建立激励机制，逐步将职工技能水平与个人待遇挂钩，构建职工技能水平与分配挂钩的长效机制，激励职工学技术、钻业务、练硬功。

6.由集团公司统筹安排，按照合理布局、综合利用、资源共享、确保投入的原则，加强职工培训基地建设，重点做好适应职工技能训练设施和现代化教学设备的配备，力求达到实际、实用、实效，充分发挥职工培训基地的作用。

第十六条　劳动合同管理。

1.集团公司与职工间劳动关系的确定依照《中华人民共和国劳动法》《中华人民共和国劳动合同法》和上级有关文件规定执行，并由法定代表人或法定代表人委托代理人分别与职工签订劳动合同。

2.集团公司、集团所属各单位必须高度重视劳动合同管理工作，严格执行国家、总公司和集团公司有关规定。因生产力布局整合及单位生产资源、内设机构、劳动组织调整使职工劳动岗位发生变化的，要根据《关于集团公司有关劳动关系等问题的处理意见》及时、依法重新签订或变更劳动合同。

3.集团公司修改劳动合同标准文本，应听取工会意见。

4.职工与用人单位因履行劳动合同而发生的劳动争议，按劳动争议处理程序处理。

第十七条　奖惩。

1.对模范执行企业各项规章制度、出色完成本职工作、在集团公司三个文明建设中取得优异成绩的职工，集团公司、集团所属各单位应依据有关规定授予相应的荣誉称号、给予记功或物质奖励。

2.对违反企业各项规章制度，造成不良影响或经济损失的职工，集团公司、集团所属各单位应依据有关规定，视情节轻重分别给予批评教育或相应的行政处分。

3.集团公司制定的职工奖惩制度，须经集团职代会或职代会代表团长、专委会主任、职工代表联席会审议通过后实施，并应告知广大职工。

第五章　女职工权益保护

第十八条　集团公司应认真贯彻执行《中华人民共和国妇女权益保障法》、国务院《女职工劳动保护规定》、中华全国总工会办公厅《关于加强工会女职工组织规范化建设的意见》和《关于推进工会女职工组织和女职工权益保护专项集体合同全覆盖工作的意见》，结合实际，全面落实《集团公司女职工劳动保护实施细则》，保障女职工在工资分配、接受教育、劳动保险等方面享有与男职工平等的权利。

第十九条　女职工委员会主任依法参加企业有关规章制度的制定，并监督有关部门贯彻实施，维护女职工的合法权益。指导女职工与用人单位签订劳动合同，参与涉及女职工特殊利益的劳动关系协调和劳动争议的调解工作。

第二十条　不得在女职工孕期、产期和哺乳期内降低基本工资、停薪或解除劳动合同。

第二十一条　不得安排女职工直接从事采石、人工装卸等较重的体力劳动。对女职工已从事的岗位工作没有达到国家卫生防疫标准的危害女职工生理机能的有毒有害作业，要限期达到国家标准，否则应逐步调换适当工作。

第二十二条　对怀孕的女职工经常从事弯腰、攀高、下蹲、抬高和有毒有害、剧烈振动等作业，容易引起流产、早产、畸胎的，应调换其他工作。

怀孕 6 个月以上的女职工，不得安排从事夜班劳动。在劳动时间内应给予适当休息时间。怀孕的女职工，在劳动时间内，经单位批准进行产前检查，所需时间按出勤办理。

第二十三条　女职工怀孕不满 4 个月流产或怀孕满 4 个月以上流产的，根据医务部门的意见，按规定分别给予产假，产假期间工资照发。

第二十四条　女职工生育享受不少于 90 天的产假。符合计划生育政策的，按有关文件规定执行，并不得违反国家、省有关法律、法规。

第二十五条 女职工在哺乳期内，不得安排其从事有毒、有害、高、低温以及较重的体力劳动，不得延长劳动时间，不得安排其从事夜班劳动。

有不满1周岁婴儿的女职工，其所在单位应当在每班劳动时间内给予两次哺乳（含人工喂养）时间，每次30分钟，多胞胎生育的，每多哺乳一个婴儿，每次哺乳时间增加30分钟，女职工每班劳动时间内的两次哺乳时间，可合并使用。

第六章 双方的权利义务和保证措施

第二十六条 双方根据合同的原则和内容，履行各自的权利和义务。

集团公司行政。

1.坚持"安全第一、预防为主"方针，牢固树立"以人为本、安全发展"理念，全面加强安全管理，实现安全奋斗目标，为建设更高水平一流集团公司营造良好安全环境。

2.大力开展多元化经营，努力增收节支，优化生产组织，改进服务方式，积极挖潜提效，实现集团公司效益的最大化。

3.深化全面预算管理，积极推进集约经营，大力实施内涵挖潜，不断强化成本控制，严格经营业绩考核，确保实现经营目标。

4.深化企业各项基础性改革，加快推进现代企业制度建设，为集团公司发展提供强大动力。

5.坚持科教发展战略，推进信息化建设，加大技术攻关力度，建设高素质人才队伍，不断提升企业的综合实力。

6.加快基本建设步伐，强化项目管理，提高工程建设水平，实现能力的快速扩充。

7.落实依靠方针，加强民主管理，深化厂务公开，维护职工的主人翁地位和民主管理权利。

集团公司职工。

1.认真学习贯彻习近平新时代中国特色社会主义思想，不断提高思想道德素质和科学文化素质，为实现集团公司改革发展目标建功立业。

2.加强职业道德建设，增强敬业爱岗、甘于奉献、勤奋工作的意识和主人翁精神，提高职工队伍整体素质。

3.加强企业文化特别是安全文化建设，牢固树立"安全第一"的思想，认真执行各项规章制度和作业标准，保证安全生产和人身安全。

4.维护和服从行政领导对企业生产和经营活动的统一指挥，认真履行岗位职责，保质保量地完成本职工作和生产任务。

5.积极参与劳动和技能竞赛、合理化建议、技术改进、技术创新、保安全等活动。

6.热情支持和参与企业的各项改革，积极参加民主管理厂务公开活动，提高参政议政水平，发挥好民主参与、民主管理和民主监督的作用。

第七章　合同的变更、解除、终止和监督检查

第二十七条　本合同有效期为一年。本合同一经签订，双方必须严格遵守，全面履行。履行期间任何一方不得以法定代表人变更为由影响合同的履行。

第二十八条　本合同有效期内，遇有下列情形之一的，经双方代表协商一致，可以变更或解除本合同。

1.用人单位因被兼并、解散、破产等原因，致使本合同无法履行的。

2.因不可抗力等原因致使本合同无法履行或部分无法履行的。

3.本合同约定的变更或解除条件出现的。

4.法律、法规、规章规定的其他情形。

第二十九条　变更或解除本合同应按平等协商的程序进行。变更或解除的情况要向集团公司职工代表大会或职代会代表团长、专委会主任、职工代表联席会议报告并予以确认。解除合同时，双方应制定《解除集体合同说明书》。

第三十条　本合同期满或双方约定的终止条件出现时即行终止。

第三十一条　为确保合同的全面执行，工会与行政每半年组织有关人员和职工代表对合同履行情况进行一次检查，及时发现解决问题。上半年检查结果向集团公司职代会代表团长、专委会主任、职工代表联席会议报告，全年合同的履行情况向集团公司下次职工代表大会报告。

第八章　附　则

第三十二条　职工一方协商代表在其履行协商代表职责期间劳动合同期满的，劳动合同自动延长至完成履行代表职责之时，除出现下列情形之一的，用人单位不得与其解除劳动合同。

1.严重违反劳动纪律或用人单位依法制定的规章制度的。

2.严重失职、营私舞弊，对用人单位利益造成重大损害的。

3.被依法追究刑事责任的。

职工一方协商代表履行协商代表职责期间，企业无正当理由不得调整其工作岗位。

第三十三条　履行本合同发生争议时，应由双方协商解决，协商不成的，可向劳动争议仲裁委员会申请仲裁。

第三十四条　根据本合同的履行情况，由下次职工代表大会提出对集团公司领导奖惩的建议。

第三十五条　本合同经集团公司十一届五次职工代表大会审议通过，由集团公司总经理和集团工会主席代表签约双方正式签字。

第三十六条　本合同签字后，应于 10 日内将合同文本一式三份及全部附件报省人力资源和社会保障厅，同时报上级总工会。

第三十七条　本合同自省人力资源和社会保障厅审核批准之日起生效。自生效之日起一周内在《某报》上全文公布。

某集团公司法定代表人：　　　　某集团公司工会法定代表人：

　　　　年　月　日　　　　　　　　　年　月　日

二、某公司集体合同履约及责任考核办法

第一章 总 则

第一条 为加强对集体合同履约过程的控制，确保合同的全面履行和兑现，切实促进企业劳动关系的和谐稳定，根据《劳动法》《集体合同规定》，结合企业实际，制定本办法。

第二条 集体合同是科学合理地协调企业劳资双方劳动关系的重要机制，是建立稳定和谐企业，维护企业整体利益和职工合法权益的重要法律手段，也是调动职工积极性，促进企业发展的重要保障。集体合同一经签订后，则具有法律效力，签约双方必须遵守集体合同的约定，抓好合同的履行与兑现。不履行合同，不仅是道德缺失行为，而且是违法行为。各级组织和全体职工都应增强履行集体合同的责任感和法律意识。

第三条 集体合同履约的行政方主体是行政相关部门和基层单位；职工方主体是全体职工。工会负责监督和协调。各方主体应根据集体合同的规定，认真采取措施，履行责任和义务，保障集体合同的履行和及时兑现。

第二章 集体合同的责任分工和履行

第四条 为使企业集体合同得到有效、及时、全面地落实，企业管理和法律事务处、工会组织和民主管理部每年应根据集体合同的具体内容，制定责任分工表，将集体合同的条款分解到责任部门或单位，做到责任明确、分工清楚、便于落实。

第五条 责任部门或单位的主要负责人为集体合同的第一责任人，对集体合同责任履行负第一位责任。在企业集体合同公布两周内，应根据责任分工，制定出具体的推进计划或落实方案，报企业主管领导审核，再行实施。

第六条 责任部门或单位在落实集体合同的过程中，必须按照集体合同约定的内容和要求，按时间、保质量、包数量地完成，不得随意改

变合同履约的内容。

第七条 履行集体合同中涉及多个部门或单位的，主要责任部门或单位要负责协调，次要责任部门或单位要主动配合，不得推诿、扯皮。

第八条 企业宣传与文化和旅游部负责组织对企业集体合同的内容、履行合同的重大意义、履行情况进行宣传；工会负责对集体合同履行检查的组织与协调，并负责以生产和经营活动为中心，组织职工开展社会主义劳动和技能竞赛、合理化建议等，加强对职工履行集体合同的发动和引导。

第三章 检查、督办与考核

第九条 履行集体合同的责任部门，应根据具体情况加强日常自查，实行履行条款和解决问题销号制，适时对照集体合同的约定，检查落实中存在的问题，及时采取对策，或重点攻关，或完善提高，完成一件销号一件，推动集体合同的全面兑现。每半年负责对集体合同的责任履行情况向企业管理和法律事务处书面通报一次，并负责向集团职代会有关专委会提供资料，主动接受检查。

第十条 企业职代会安全生产经营委员会、生活福利委员会和劳动法律监督委员会每半年要组织职工代表对集体合同的落实兑现情况进行一次联合检查。检查后，要将检查中的问题及时反馈给责任部门和企业管理和法律事务处，并写出专题报告，向职代会联席会议报告。

第十一条 企业管理和法律事务处负责对集体合同落实情况的督办。根据日常掌握的情况和各专委会检查的结果，可采取下达书面《督查督办通知》的形式，督促责任部门抓好集体合同的履行和落实。

第十二条 实行集体合同责任追究制度。集体合同到期后，由行政主管领导主持召开集体合同履行情况汇报会，由责任部门对落实情况进行汇报，由职代会各专委会对检查结果进行汇报。对照集体合同，总结经验，分析问题，追究责任。会后，行政对集体合同履行责任不落实、工作不到位、合同条款未兑现的，要严肃追究部门或单位第一管理者责任，给予经济处罚和通报处理，并与干部的考核使用挂钩；企业管理和法律事务处要负责根据汇报、检查的情况写出集团公司集体合同履行情况的报告，由行政领导在次年职代会上向全体职工代表报告，接受监督。

第十三条 奖励和处罚：一、集体合同全部兑现时，由工会代表职工方提出，给予相关部门及人员一次性奖励；二、集体合同部分兑现时，根据集体合同的履行责任分工，对兑现的部门或单位给予适当奖励，对未兑现的部门给予经济处罚，扣罚部门当月生产奖的50%，单位年度工效挂钩工资2000元，取消部门或单位（包括主要负责人）当年民主管理暨厂务公开评先资格。

第十四条 确因客观条件所限、上级政策发生变化、自然灾害等不可抗力的因素导致集体合同的部分条款难以履行时，由相关责任部门书面提出，由企业方和职工方经过平等协商达成一致后，可做适当调整，对责任部门不予处罚。集体合同期满，履约考核兑现一次，有关考核资金的扣拨及其管理，由集团公司行政负责。

第十五条 本办法自××××年4月1日起实行，未尽事宜由集体合同双方协商处理。

第七章

职工代表如何参与厂务公开

厂务公开是职工代表大会制度的应有之义，是企业民主管理的创新与发展，同农村的村务公开、政府的政务公开以及党务公开、工会的会务公开等一并推进着基层民主政治建设。职工代表和工会组织在推进企业民主管理的过程中，在坚持职工代表大会这一民主管理的基本形式的同时，要大力推进厂务公开制度，不断提升企业民主管理的水平。

第一节　厂务公开的原则和内容

在推动厂务公开工作中，要坚持厂务公开的原则，结合企业的实际确定厂务公开的内容，积极稳妥、扎实有效地推动厂务公开的发展。

一、厂务公开的原则与作用

（一）厂务公开的原则

厂务公开应当遵循的原则如下。

1.扩大基层民主的原则。除了有关法律法规规定的企事业单位商业机密外，企事业单位各项重大问题、重大决策都要扩大向职工的公开范围，加强职工民主参与的力度，接受职工的民主监督。

2.以职工代表大会为企事业单位民主管理基本形式与厂务公开多种形式和途径相统一的原则。以坚持和完善职工代表大会为基本形式的企事业单位民主管理制度为基础，以公开企事业单位办事制度、深化民主参与、民主管理、民主监督工作为主要内容，结合企事业单位具体情况，广开多种民主渠道，探索多种民主形式，分层次、有步骤地落实厂务公开的内容。

3.依法办事的原则。厂务公开要以党和国家的方针政策、法律法规为依据，既要保护各级领导干部依法行使经营管理的权利，又要依法维护职工民主参与、民主管理、民主监督的合法权益。

4.实事求是的原则。厂务公开要坚持从企事业单位实际情况出发，注重实效，不断调整、充实和完善公开的内容、渠道和方式。

5.有利于企事业单位改革发展的原则。厂务公开要与企事业单位改革发展方向相一致，要有利于调动广大干部和职工群众的积极性。

6.注重实效的原则。要通过厂务公开不断完善企事业单位民主管理制度和监督制约机制，加强企事业单位领导班子建设，提高企事业单位经营管理水平，促进企事业单位经济效益的增长和创新发展，切忌形式主义。

（二）厂务公开的作用

厂务公开的作用主要表现在以下几方面。

1.规范管理，增强国有企业的活力。厂务公开作为国有企业深化改革的一种手段，有效地通过制定和完善制度，堵塞漏洞、规范管理，促进了企业的改革与和谐发展。厂务公开的有效实施，增强了国有企业活力和竞争力，增强了国有资产和国有经济的控制力和辐射力。

2.促进党风廉政建设和干部队伍建设。将党风廉政建设的关键问题和容易滋生腐败的问题、职工群众关心的热点问题和敏感问题，置于阳光之下和群众的监督之下，将组织系统内的监督和职工群众有机结合起来，促进了党风廉政建设，促进了干部队伍建设，融洽了企业管理者和职工群众的关系，促进了劳动关系的和谐和社会的和谐。

3.强化了群众监督。物资采购、工程招投标等事项的公开进行，职工群众广泛的参与和民主监督，在一定程度上完善了管理。

4.加强和促进基层民主政治建设。

5.维护职工合法权益促进企业和谐。

二、厂务公开的内容与重点

（一）厂务公开的内容与重点

企业应当向职工公开下列事项。

1.经营管理的基本情况。

2.招用职工及签订劳动合同的情况。

3.集体合同文本和劳动规章制度的内容。

4.奖励处罚职工、单方解除劳动合同的情况以及裁员的方案和结果，评选劳动模范和优秀职工的条件、名额和结果。

5.劳动安全卫生标准、安全事故发生情况及处理结果。

6.社会保险以及企业年金的缴费情况。

7.职工教育经费提取、使用和职工培训计划及执行的情况。

8.劳动争议及处理结果情况。

9.法律法规规定的其他事项。

（二）国有企业、集体企业及其控股企业公开的事项

国有企业、集体企业及其控股企业除公开前款 9 项内容、公开涉及职工代表大会职权的诸事项（《企业民主管理规定》第十三条、十四条）外，还应当公开下列事项。

1.投资和生产经营管理重大决策方案等重大事项，企业中长期发展规划。

2.年度生产经营目标及完成情况，企业担保，大额资金使用、大额资产处置情况，工程建设项目的招投标，大宗物资采购供应，产品销售和盈亏情况，承包租赁合同履行情况，内部经济责任制落实情况，重要规章制度制定等重大事项。

3.职工提薪晋级、工资奖金收入分配情况；专业技术职称的评聘情况。

4.中层领导人员、重要岗位人员的选聘和任用情况，企业领导人员薪酬、职务消费和兼职情况，以及出国出境费用支出等廉洁自律规定执行情况，职工代表大会民主评议企业领导人员的结果。

5.依照国家有关规定应当公开的其他事项。

厂务公开的内容应根据企事业单位的实际情况有所侧重。既要公开有关政策依据和本单位的有关规定，又要公开具体内容、标准和承办部门；既要公开办事结果，又要公开办事程序；既要公开职工的意见和建议，又要公开职工意见和建议的处理情况，使厂务公开始终在职工的广泛参与和监督下进行。要密切结合企事业单位改革和发展的实际，及时引导厂务公开不断向企事业单位生产经营管理的深度和广度延伸，推动企事业单位不断健全和完善管理制度、党风廉政建设制度和企业民主管理制度。

第二节　厂务公开的形式与组织领导

形式是为内容服务的，任何一项工作如果没有一定的形式和组织领导，有效的推进是难以想象的。在厂务公开的实践中，应该在坚持职工代表大会制度这一主要形式、充分利用网络公开的同时，不断创新和发展其他公开形式。要加强对厂务公开的组织领导，以保障其扎实有效地进行。

一、厂务公开的形式与程序

（一）厂务公开的基本形式

厂务公开的基本形式与主要载体是职工代表大会。凡是涉及职工代表大会职权范围内的重大问题，都应当在职工代表大会上公开，向职工代表大会报告，并由职工代表大会审议、通过、决定。要按照有关规定，认真落实职工代表大会的各项职权。要通过实行厂务公开，进一步完善职工代表大会民主评议企事业单位领导人员制度，坚持集体合同草案提交职工代表大会讨论通过，企事业单位业务招待费使用情况、领导人员廉洁自律情况、集体合同履行情况等企事业单位重要事项向职工代表大会报告制度，国有及国有控股的公司制企业由职工代表大会选举职工董事、职工监事制度等，不断充实和丰富职工代表大会的内容，提高职工代表大会的质量和实效，落实好职工群众的知情权、审议权、通过权和评议监督权，建立符合现代企事业制度要求的民主管理制度。

（二）厂务公开的日常与其他形式

1.微信、局域网等现代传媒。相当一些单位充分利用单位联通到车间、班组甚至个人的微信、小程序、局域网终端，将应该公开的内容及时进行公开，或按管理权限在一定范围内公开，极大地提升了公开的时效性。

2.厂务公开栏。企事业单位应当在醒目的、职工活动集中的地方设立厂务公开栏。分公司（分厂、分校、分院）也要设立厂务公开栏。厂务公开栏的特点是直接面向广大职工群众，及时、直观，方便职工群众及时了解相关情况。

3.职工代表团（组）长联席会议。在职工代表大会闭会期间，要发挥职工代表团（组）长联席会议的作用。属于厂务公开的一些事项，可以在职工代表团（组）长联席会议上公开。

4.其他形式。厂务公开形式还有：厂情发布会、党政工联席会、企事业单位内部广播、电视、厂报、墙报等。

总之，厂务公开的形式多种多样，各单位还可根据形势发展，结合单位的实际情况不断创新。同时，在公开后应注意通过意见箱、接待日、职工座谈会、举报电话等形式，了解职工的反映，不断改进工作。

（三）厂务公开的工作程序

1.提出公开事项。即厂务公开领导小组或厂务公开办公室责成有关部门公开有关事项。承办部门及时提出公开方案。

2.实行责任审查。即厂务公开领导小组或办公室对有关部门的具体公开方案进行审查，做到资料齐全、内容正确无误。

3.及时进行公开。即经过审查后，有关承办部门或者厂务公开办公室通过规定的形式及时公开。

4.广泛听取意见。即通过各种途径广泛听取职工群众的意见。

5.认真进行整改。即有关领导和有关部门根据职工群众的意见和建议，提出有关整改方案，认真进行整改。

6.及时反馈情况。即对职工意见的处理结果以及整改情况，及时向职工群众进行反馈。

7.适时监督检查。即厂务公开监督小组对厂务公开的全过程要适时进行监督检查，发现问题及时进行纠正和处理。

二、厂务公开的组织领导

要充分认识实行厂务公开的重要意义，切实把这项工作摆上重要议事日程，明确目标，落实责任，有组织、有计划、有步骤地推动厂务公开工作深入健康发展。纪检监察机关要加强对推行厂务公开工作的监督检查，对在厂务公开中暴露出来的违法违纪问题要严肃查处。党委组织部门要把推行厂务公开作为企事业单位党建工作的重要内容，将实施情况作为考核企事业单位领导班子和领导人员的重要依据，并与奖惩任免挂钩。企事业单位主管部门要把推行厂务公开与加强企事业单位管理和建立现代企业制度有机结合起来，切实加以推进。工会要积极主动地承担起推行厂务公开的日常工作，并以此协助企事业单位民主管理和工会工作。

建立"党委统一领导、党政共同负责、有关方面齐抓共管、职工群众广泛参与"的领导体制和工作格局，为推行厂务公开民主管理提供坚强有力的体制和机制保证，这是推行厂务公开以来取得的基本经验之一，必须始终坚持和完善。企事业单位实行厂务公开要在企事业单位党委领导下进行。企事业单位行政是实行厂务公开的主体。企事业单位要建立由党委、行政、纪委、工会负责人组成的厂务公开领导小组，负责制定厂务公开的实施意见，审定重大公开事项，指导协调有关部门研究解决实施中的问题，做好督导考核工作，建立责任制和责任追究制度。企事业单位工会是厂务公开领导小组的工作机构，负责日常工作。

企事业单位应成立由纪检、工会有关人员和职工代表组成的监督小组，负责监督检查厂务公开内容是否真实、全面，公开是否及时，程序是否符合规定，职工反映的意见是否得到落实，并组织职工对厂务公开工作进行评议和监督。要制定厂务公开的监督检查办法，形成制约和激励机制。

第三节　厂务公开民主管理创新发展的路径

深入推进厂务公开民主管理，要不断根据形势需要、企业实际和职工要求，解放思想、与时俱进，创新思维、开阔思路，积极探索和把握新形势下厂务公开民主管理工作的特点和规律，找准工作的结合点、着力点和突破点，进一步加强理论创新、制度创新和工作创新，做到三个致力，不断推进厂务公开民主管理工作在发展中完善，在巩固中深化，在实践中创新。

一、创新完善各项制度，推进规范化和法治化建设

制度创新促进厂务公开民主管理工作顺利开展的重要保证。要认真总结经验，积极推进厂务公开民主管理制度创新，切实增强制度建设的科学性、系统性和实效性。

要推进规范化建设。就要注重把厂务公开民主管理的有关政策、法规、制度等，细化为可行的操作办法和考核评价标准，建立健全具体的实施细则、执行标准、程序规定和监督检查机制。要认真组织开展创建厂务公开民主管理示范单位工作，进一步提升创建标准，创新工作内容，严格考核程序，使创建工作成为推进厂务公开民主管理制度化、规

范化的有效抓手。大力推动有条件的企事业单位借鉴 ISO9000 标准，建立厂务公开规范化体系。要推进法治化建设。认真贯彻执行《企业民主管理规定》中关于职工代表大会、厂务公开、职工董事和职工监事的各项规定，依法推进职代会、厂务公开等制度建设。要推动地方人大或联合有关部门加强法规宣传和执法检查，把法规政策落到实处。要认真总结职工董事、职工监事工作的经验做法，认真落实《劳动法》《公司法》《工会法》《劳动合同法》等法律法规对企业民主管理工作的要求，促进厂务公开民主管理沿着法治化轨道健康发展。

二、实施分类指导，增强针对性和实效性

要不断巩固和发展国有企业厂务公开民主管理工作。继续坚持把企业的重大决策、生产经营管理方面的重要问题、涉及职工切身利益的问题、与领导班子建设和党风廉政建设密切相关的问题等，如实加以公开，不断深化厂务公开民主管理的内容，提高针对性和实效性。要按照《关于进一步推进国有企业贯彻"三重一大"决策制度的意见》要求，把"三重一大"决策制度的执行情况、企业领导班子贯彻落实"三重一大"决策制度情况作为厂务公开的重要内容。凡属"三重一大"事项的决策，必须通过厂务公开、职代会，充分发扬民主，广泛听取意见，保证决策的民主性、科学性。特别是国有企业改制重组时，坚持企业改制方案，必须提交企业职工代表大会审议，充分听取职工意见。其中，职工安置方案必须经企业职工代表大会审议通过。要认真贯彻落实党中央、国务院关于国有企业领导人员廉洁从业的若干规定，规范领导人员薪酬分配制度和职务消费制度，及时向职工公开领导人员公务用车配备及使用、差旅、业务招待、考察培训等职务消费情况，把企业党政领导及管理人员廉洁从业情况置于职工的监督之下。落实职工代表大会民主评议国有企业领导人员的有关要求，把评议结果与主管部门的工作考核和干部任免相结合，作为干部奖惩任免的重要依据。要切实加强公司制企业厂务公开民主管理工作。加强现代企业制度下厂务公开民主管

理的实践探索，将厂务公开民主管理与公司制企业法人治理结构紧密结合，努力实现企业重大决策和经营管理的科学化、民主化。公司制企业在坚持和完善职代会制度，实行厂务公开的同时，着力处理好厂务公开、职代会与股东会、董事会、监事会之间的关系，形成权责明确、运转协调、各尽其责、制衡有效的工作机制。抓好职工董事、职工监事制度建设有关规定的贯彻落实，健全完善职代会选举职工董事、职工监事和职工董事、职工监事向职代会负责并报告工作、接受职代会评议监督的制度。要努力推进非公有制企业的厂务公开民主管理工作。结合非公有制企业数量多、规模小的特点，探索符合非公有制企业特点的民主管理新模式。要坚持和完善职工代表大会制度，在工作中大力推行。结合工会依法推进"两个普遍"，积极引导具备条件的非公有制企业单独建立职代会，在小企业较为集中的地区（行业），大力推行区域（行业）职代会制度，在分布散、规模小、职工流动性大的企业中，不具备或暂时不具备建立职代会条件的，探索建立民主管理新机制，不断扩大工作覆盖面。非公有制企业要坚持把集体合同草案、工资协议草案，提交职代会审议通过；在制定劳动规章制度时，依法提交职代会审议，确保集体合同、工资集体协商协议和劳动规章制度具有法律效力。

三、适应形势发展新需求，拓展新领域

把厂务公开民主管理工作与加强和创新社会管理紧密结合，整合基层企事业社会管理资源，增加企事业活力；把内部公开与外部公开紧密结合，实现经济效益和社会效益的统一。此外，还要切实加强领导，为创新发展厂务公开民主管理工作提供保障。

第四节　非公企业厂务公开的实践与发展

同整个企业民主管理工作的发展相协调，许多地方非公企业和工会

组织注重厂务公开的实践与探索，非公企业的厂务公开民主管理取得了积极的进展。

一、非公企业厂务公开的实践与探索

（一）基本做法与经验

1.因地制宜、因企制宜，积极推进非公企业厂务公开民主管理工作。在规模较大的民营和外商投资企业中，积极推广"2+X"模式，即以职代会和平等协商集体合同两项制度为主，结合其他与企业实际相适应的民主管理形式，推进非公有制企业的厂务公开工作深入发展。通过实行厂务公开民主管理，拉近了企业行政与职工的距离，使得企业劳动关系和谐稳定，实现劳资双赢的良好局面。一些非公企业建立了多级公开的工作体系，在厂部、部门和车间班组推行厂务公开制度，公开内容通过厂部、部门、车间三级联网、厂务公开栏、板报、厂报、OA办公系统信息管理网等方式进行公开。如福建某电子有限公司细化厂务公开内容，将职工每天的计件工作量及相应报酬公布在各自的工作车间公开栏上，使每位职工清清楚楚地了解自己每天的劳动所得，从而大大提高了职工的工作积极性。

2.以点带面，培育典型，扩大影响。一些地方着力推动非公企业厂务公开民主管理工作，与企业工会组织建设同步，做到"六个有"，有班子、有牌印、有经费、有制度、有活动、有场所，所有非公示范企业必须全部建立厂务公开、职代会、工资协商、集体合同等多项民主管理工作制度，以点带面，进一步扩大厂务公开工作范围。

3.加大培训力度，提升厂务公开工作。不少地方不断加大对非公企业工会干部培训力度，举办市直企业工会主席培训班、乡镇（街道）工会主席培训班等多种类型、不同层次的培训班。不管举办哪种类型的培训班，均把厂务公开民主管理工作的课程纳入教学安排。通过培训，不断提高非公企业工会干部对厂务公开工作的认识，进一步优化厂务公开民主管理工作的社会环境。

4.充分运用各种媒体,大力宣传厂务公开民主管理工作。借助报纸、电视、LED 显示屏、宣传栏等媒介,进行厂务公开民主管理方面的宣传。通过在公共场所、企业等醒目位置悬挂彩条、张贴宣传标语、印发工作指南、分发宣传材料等,在广大企业和职工中广泛宣传开展民主管理工作的必要性,形成企业与职工全面参与的浓厚氛围。通过微信群等形式向广大职工发送工资集体协商宣传标语,提高了社会各界、广大职工对厂务公开民主管理的认知度和参与度。

(二)“瓶颈”与希望

非公企业厂务公开工作中遇到了一些“瓶颈”问题,主要是:对非公企业厂务公开工作认识不足、各地发展不平衡,企业公开内容还不够深入,基层工会组织孤军奋战势单力薄,没有真正形成制度化、标准化等。这些问题制约着非公企业厂务公开的发展。

非公企业厂务公开民主管理也有希望,也有突破与创新。有一个值得关注的现象,那就是一些非公有制企业开展厂务公开民主管理,甚至比国有、集体企业更自觉、规范。主要源于两方面因素。一是企业内部需要。特别是在沿海地区,为避免“用工荒”,许多企业开展了“员工信赖企业”评选活动,把改善劳动条件、增加工资和生活福利作为企业“拴心留人”、增强凝聚力的主要措施,厂务公开民主管理成为最好的平台。二是企业外部推动。一些企业为了获取更多的生产订单,接受ISO9001 国际质量认证和 SA8000 企业社会责任认证。这些认证对企业管理、员工民主权利、经济利益和福利等都提出了具体要求,从而促使非公有制企业自觉开展厂务公开民主管理。这种客观需求与一些不主张在非公企业实行厂务公开民主管理的模糊看法恰恰针锋相对。究其原因,在于民主管理工作做得较好的企业往往是发展到一定规模的规范化企业,各项工作都已进入正轨,企业呈现良性循环的趋势;而那些反对企业实行厂务公开的企业往往是小型、微型、正处于起步阶段的作坊式企业,内部管理机制不健全,民主意识薄弱的企业。

二、积极推动非公企业厂务公开民主管理的发展

非公企业开展并大力推广厂务公开民主管理工作是必由之路。为实现这一目标，职工代表和工会工作者任重道远，还有很多工作要做，可主要从以下几个方面进行探索。

（一）加强宣传，提高认识

针对部分职工群众和企业经营者对推进非公企业厂务公开民主管理工作存在的认识误区，应加大宣传教育的力度，利用各种新闻媒体广泛宣传非公企业推行厂务公开的重要性、必要性和现实意义，营造良好的社会舆论氛围，加强对企业主进行《工会法》和企业民主管理制度的宣传教育。要通过宣传教育使他们认识到，我们的国家是人民当家作主的国家，企业的民主管理更有国家的法律法规进行了规范与保障，现代企业制度在某种意义上讲也是透明的制度。增强他们的法治观念和民主意识，消除他们的思想顾虑，调动他们参与厂务公开工作的积极性和主动性，真正把企业民主管理和厂务公开工作作为一件大事抓好抓细抓出成效来。

（二）加强协调指导，务求真实有效

要深入实际，了解和掌握厂务公开的大致情况，按照实事求是、分类指导、循序渐进、逐步推广的原则，推进非公有制企业厂务公开工作。根据不同类型企业，采取帮、扶、促、查四项措施推动工作：对于主动开展厂务公开民主管理工作的企业"帮一帮"，指导其建立健全制度，充实公开内容，规范管理和建立职代会或职工大会制度；对被动接受安排的企业"扶一扶"，指导其规范公开内容、公开程序和公开形式，提高公开质量；对不愿开展工作的企业"促一促"，不厌其烦地多次走访，对他们进行耐心细致的宣传教育，督促他们尽快实行厂务公开。同时，还应落实六部委《企业民主管理规定》的要求，制定《厂务公开考核细则》和责任追究奖罚制度。

(三) 运用多种形式，推进厂务公开

在坚持原则的前提下，从企业的实际出发，加强分类指导，采取多种方式推进非公企业厂务公开民主管理工作，在公开形式的问题上，既坚持以职代会为载体的基本公开形式，又注意区分企业的不同情况，不拘一格，运用符合企业实际的公开方式，相互补充，相互促进，务求厂务公开更具活力，取得更大实效。一些地方在管理规范化的过程中，关心职工的利益，对人力资本相当重视，这也为推进厂务公开奠定了基础和条件，应在此基础上进一步前进与发展，把非公企业的厂务公开提高到一个新水平。

思考题

1.厂务公开的主要内容是什么？

2.厂务公开的形式主要有哪些？

案例

全方位公开　全过程监督　多维度提升段务公开水平

某供电段担负着2413公里电气化铁路的牵引供电和4308公里自动闭塞、贯通信号供电任务，负责114个站区、6万多户居民生活的供电。某段下设9个科室，3个中心，16个车间，182个班组，现有职工4176人。近年来，认真落实党的全心全意依靠工人阶级的指导方针，在坚持以职代会为段务公开的基本形式的同时，注重把网上公开作为段务公开的重要载体，多维度提升了段务公开的水平。

完善网上公开机制

针对点多线长、人员分散，70%以上的职工分布在沿线班组的特点，强化以局域网为依托的段务公开工作新模式，促进段务公开实现网络化、信息化。

1.整章建制，推行网上公开模式。某段下发《关于进一步深化厂务公开民主管理工作的通知》，建立健全网上公开组织领导和工作制度，

明确提出"以网络公开为重要载体"的要求，使网上公开成为段务公开的主渠道、主阵地。制定《某供电段职能部门段务公开和车间班组事务公开职责分工与程序》，确立段、车间、班组三级网上公开主体，明确责任部门、公开内容（事项）、公开程序、公开时限、责任人、监督人和主管领导，确保网上段务公开有序推进。

2.创新机制，实施网上自动评比。自主开发网上公开及时评分、公开及时排行、公开真实评价和公开真实查询四大评分（评价）系统。"公开及时评分"系统要求各科室、车间、班组，在规定的期限内公开相应的内容，一旦超过公开时限系统将不再接收数据；"公开及时排行"系统每月度对各级公开主体公开情况，按照百分制标准进行考核评分，网上自动排序；"公开真实评价"系统由职工在网上对段、车间、班组当月公开内容进行满意、基本满意和不满意的投票，并将职工反映意见和建议及时向有关部门反馈；"公开真实查询"系统及时汇总职工对公开真实的评价，公开内容是否真实、职工是否认可，只要进入系统就可一目了然。评分（评价）系统实施以来，某工区在段务公开考核中，因为班组违章违纪记录未全部上网公布，被职工在网上提出，被扣分并通报全段批评。

3.强化考核，保证网上公开效果。为了加强监督管理，制定了《某供电段段务公开监督考核办法》，成立段务公开监督考核领导小组，建立起网上网下立体交叉考核系统。考核组通过网络，根据评分（评价）系统对各部门、各车间网上公开的评分情况按月检查，检查结果与各部门、各车间二次分配挂钩考核，并对考核情况及时通报。同时，加强现场检查考核力度，每半年组织一次现场检查，并对考核情况进行通报；年终总结经验、选树典型，并将考评结果纳入"四先"评比。对段务公开先进部门、车间、班组进行表彰奖励，授予"民主管理暨厂务公开先进集体"荣誉称号，对不合格的部门、车间、班组给予通报批评，并取消部门、车间、班组及负责人各类评先资格。在今年上半年组织的6次月度网上点击检查中，全段共有4个科室、3个车间、11个班组因为公开不及时或者不准确受到了经济处罚，总处罚金额达 2750 元，其评先也受到了影响。

强化网上公开管理

充分运用网络技术特点，使段务公开成为形式更灵活、内容更丰富、公开更及时、传播更便捷的"多媒体"。

1.全方位公开，让职工自由"选餐"。在实际工作中，把整段局域网作为段务公开的大平台，将公开内容向企业安全生产、经营管理、重大决策和干部考核等关键领域延伸，向多部门、多层次、多方位延伸，向职工关注的热点问题延伸，明确了全段年度发展计划、重大改革方案及生产经营管理方面的重大决策、干部任用情况、业务招待费使用情况等 29 项具体公开内容，形成了以"段务公开"网页和段主页为主干，各科室网页为枝干的网络公开系统。目前，某段局域网经过多次改版，网络公开系统日趋完善，全方位地覆盖了全段生产、经营、管理的方方面面。职工能够在最短的时间里了解到全段生产、经营和管理的有关内容，从以前段上公开什么职工看什么的"定餐制"，发展成为职工看什么网上有什么的"选餐制"。

2.全过程公开，让职工看懂"账单"。针对职工关注的用人、花钱等问题，发挥网络资源的优势，把工作程序、实施结果在网上公布，方便职工了解。如：在物资采购中，不仅公开物资最终的采购结果，还公开采购前的市场调查情况、采购时招标议价情况，以及采购后的使用和服务情况，其中，每个环节、每种材料的名称、规格、价格（市场价、采购价）、生产厂家、经办人都有详细准确的标注，供职工群众监督。再如，2022 年 6 月份全段中层干部竞聘中，把整个竞聘过程分为公布岗位任职条件、报名及资格审查、理论考试、民主测评、综合评鉴、决定聘任 6 个环节，在网上实施动态情况公开，直至最终在网上进行任用公示，确保干部竞聘全过程都在职工监督之下进行，有效地避免了"暗箱操作"。

3.零距离公开，让职工评头论足。在"段务公开"主页上设置

"车间公开"和"班组公开"页面，为全段 16 个车间、182 个班组开辟专用公开板块，车间负责公开月度生产任务计划及完成、车间干部下现场天数、季度成本控制情况、月奖金发放情况等 12 个方面的内容，班组负责公开劳动定额、奖金发放、考勤奖惩、困难救济等 10 个方面的具体内容，使职工能够零距离了解与职工生产生活实际直接联系的内容。为便于职工查询，在公开网页上设置"搜索引擎"，只要键入班组名称或者公开内容，即可方便、快捷地查询到自己想知道的内容。零距离的网上公开，促进了厂务公开工作的深入发展，也给职工带来了便利。职工们兴奋地说："没想到我们个人的事情也能和段上的大事一样在网上看得着、查得到，网上公开可信、有用！"

发挥网上公开优势

借助丰富多彩的网络页面和双向互动的交流平台，积极维护职工的知情权、参与权和监督权，促进了企业管理水平不断提高，为构建和谐企业提供强有力的支持。

1.强化了民主监督。开通段长、书记和工会主席电子信箱，创办实施民主监督电子"回音壁"，使职工对段情段政的监督权和参与权有了网上通道。干部职工有意见、有问题，到处寻访的现象没有了，书面反映问题的少了，给领导发电子邮件的多了，上网发帖子的多了。如我段根据"回音壁"反映的有关职工用洗发水团购价比路边店零售价高的问题，进行调查了解，并由负责采购的段材料科负责人，网上跟帖解释，给了职工一个满意的答复。

2.提升了管理水平。推行段务公开的过程，也是实行企业内部改革、推进现代企业制度建设的过程，而利用网络做好段务公开工作，已经成为企业管理的有效手段。我段实施段务网络公开涉及全段安全、生产、经营的方方面面，推动了各项管理工作的整体加强。在近年来改革任务艰巨、经营任务繁重的情况下，我们把全段的"家底"通过网络公开清楚无误地告诉职工群众，使全段职工认清形势、明确任务、众志成城、苦干实干，在同行中第一个实现全面微机网络化管理，第一个推行修制改革，取得了既有线改造第一速、无弓网故障天数第一名的好成绩，并保持了安全生产的稳定局面。

3.促进了和谐发展。通过推行网上段务公开，干部廉洁自律意识不断增强，干部作风明显转变，党风廉政建设和基层民主政治建设不断加强。调动了广大干部职工参与企业经营管理、搞好安全运输生产的积极性和主动性，广大职工主人翁意识明显增强，民主管理水平显著提高，形成了全段上下同保安全、共谋发展的良好局面。（某供电段厂务公开领导小组）

第八章

公司制企业的民主管理

　　随着我国公有制企业改革逐步深化、非公有制企业不断发展，公司制作为现代企业的有效组织形式已成为不同所有制企业改革发展的普遍选择。依照《公司法》《公司登记管理条例》成立的公司制企业，依照《公司法》设立职工董事职工监事，建立健全以职工代表大会为基本形式的企业民主管理制度，加强了所有者、经营者和劳动者之间的有效沟通和协调，维护了职工合法权益，推动了劳动关系和谐发展，完善了法人治理结构，形成了中国特色企业管理制度。

第一节　公司法人治理结构与职工民主管理

　　企业改革的目标是建立现代企业制度，而建立现代企业制度的核心则是构建公司合理的法人治理结构。

一、现代企业制度概述

　　现代企业制度是指以市场经济为基础，以完善的企业法人制度为主体，以有限责任制度为核心，以公司企业为主要形式，以产权清晰、权责明确、政企分开、管理科学为条件的新型企业制度。现代企业制度的主要内容包括：企业法人制度、企业自负盈亏制度、出资者有限责任制度、科学的领导体制与组织管理制度。市场经济较为发达的西方国家，已建立起一整套较为完善的现代企业制度。在我国社会主义市场经济条件下所要建立的现代企业制度，主要包括如现代企业产权制度、现代企业组织制度、现代企业管理制度三个方面的内容。

（一）现代企业产权制度

产权归属的明晰化、产权结构的多元化、责任权利的有限性和治理结构的法人性是现代企业产权制度的基本特征。国有企业建立现代企业制度，首先要求对其进行公司化改造，明晰企业的产权划分和归属主体，在此基础上引导出多元化的投资来源。同时，根据投资的多少，确立对称的责任和权利，打破国家对企业债务负无限责任的传统体制。在所有权与经营权分开的前提下，企业依照自己的法人财产开展各项经济活动，独立地对外承担民事权利和民事义务。在现代企业产权制度的规范下，企业不再是国家行政机关的附属物，国家也不再是企业的唯一投资主体。在企业的所有资产中，所有权属分散的股东，企业通过自己独立的法人地位运营全部资产。企业与国家之间、企业与分散的股东之间，各自的责任与权利是明确的。国有企业经过公司化改造后，在其内部建立股东大会、董事会、监事会和经理部门相互制衡的公司治理结构，确保企业产权关系的有效实施。建立现代企业产权制度是我国的国有企业建立现代企业制度的基础和前提。

（二）现代企业组织制度

现代企业制度有一套完整的组织制度，其基本特征是：所有者、经营者和生产者之间，通过公司的决策机构、执行机构、监督机构，形成各自独立、责权分明、相互制约的关系，并以国家相关的法律法规和公司章程加以确立和实现。现代企业组织制度有两个相互联系的原则，即企业所有权和经营权相分离的原则，以及由此派生出来的公司决策权、执行权和监督权三权分立的原则。在此原则基础上形成股东大会、董事会、监事会和经理层并存的组织机构框架。公司的组织机构通常包括股东大会、董事会、监事会和经理人员四大部分。按其职能，分别形成权力机构、执行机构、监督机构和管理机构。股东大会作为权力机构，它由国家授权投资的机构或部门以及其他出资者选派代表组成。股东实际上就是公司的所有者，股东大会所形成的决议是最终决议，具有法律效力。董事会作为公司的常设机构，是股东大会的执行机构，也是公司的经营决策机构，其主要职责是执行股东大会的决议，制定公司的大政方针、战略决策、投资方向、收益分配。监事会作为公司的又一常设机构，其主要职能是对董事会和经理人员行使职权的活动进行监督，审核公司的财务和资产状况，提请召开临时股东会等。经理人员是企业的管理者，包括公司的总经理、副总经理等，负责公司日常的经营管理活动，依照公司的章程和董事会的决议行使职权。经理层对董事会负责，实行聘任制，不实行上级任命制。由股东大会、董事会、监事会及经理层相互制衡的现代企业组织制度，既赋予经营者充分的自主权，又切实保障所有者的权益，同时又能调动生产者的积极性。

（三）现代企业管理制度

现代企业管理制度包括以下几个方面的内容：有一套股东大会、董事会、监事会与经理层相互制衡的公司治理结构；具有正确的经营思想和能适应企业内外环境变化、推动企业发展的经营战略；建立适应现代化生产要求的领导制度；拥有熟练掌握现代管理知识与技能的管理人才和具有良好素质的职工队伍；在生产经营各个主要环节普遍、有效地使用现代化管理方法和手段；建设以企业精神、企业形象、企业规范等内容为中心的企业文化，培育良好的企业精神和企业集体意识。现代企业产权制度、现代企业组织制度、现代企业管理制度三者之间是相辅相成的，它们共同构成了现代企业制度的总体框架。

二、公司法人治理结构

公司法人治理结构，或称公司治理结构等，是一种对公司进行管理和控制的体系，是指由所有者、董事会和高级执行人员（CEO，高级经理等）三者组成的一种组织结构。现代企业制度区别于传统企业的根本点在于所有权和经营权的分离，或称所有与控制的分离，从而需要在所有者和经营者之间形成一种相互制衡的机制，用以对企业进行管理和控制。现代企业中的公司治理结构正是这样一种协调股东和其他利益相关者关系的一种机制，它涉及激励与约束等多方面的内容。简单地说，公司治理结构就是处理企业各种契约关系的一种制度。

经济学家谈论公司治理结构时，狭义地讲是指投资者（股东）和企业之间的利益分配和控制关系，包括公司董事会的职能、结构、股东的权利等方面的制度安排；广义地讲是指关于公司控制权和剩余索取权，即企业组织方式、控制机制和利益分配的所有法律、机构、制度和文化的安排。它所界定的不仅是所有者与企业的关系，而且包括相关利益集团（管理者、员工、客户、供应商等）之间的关系。

公司法人治理结构要解决涉及公司成败的两个基本问题。一是如何保证投资者（股东）的投资回报，即协调股东与企业的利益关系。在所有权与经营权分离的情况下，由于股权分散，股东有可能失去控制权，企业被内部人（即管理者）所控制。这时控制了企业的内部人有可能作出违背股东利益的决策，侵犯了股东的利益。这种情况引起投资者不愿投资或股东"用脚表决"的后果，会有损于企业的长期发展。公司治理结构正是要从制度上保证所有者（股东）的控制与利益。二是企业内各利益集团的关系协调。这包括对经理层与其他员工的激励，以及对高层管理者的制约。这个问题的解决有助于处理企业各集团的利益关系，又可以避免因高管决策失误给企业造成的不利影响。

我国的公司法人治理结构，按照公司法的规定由四个部分组成：一是股东会或者股东大会，由公司股东组成，所体现的是所有者对公司的最终所有权；二是董事会，由公司股东大会选举产生，对公司的发展目标和重大经营活动作出决策，维护出资人的权益；三是监事会，是公司的监督机构，对公司的财务和董事、经营者的行为发挥监督作用；四是经理，由董事会聘任，是经营者、执行者。公司法人治理结构的四个组成部分，都是依法设置的，它们的产生和组成，行使的职权，行事的规则等，在公司法中做了具体规定，所以说，公司法人治理结构是以法制为基础，按照公司本质属性的要求形成的。

三、公司制企业的职工代表大会制度与厂务公开制度

要推动公司制企业严格执行企业民主管理相关法律法规和政策规定，将以职工代表大会为基本形式的企业民主管理制度作为中国特色企业管理制度的重要组成部分，真正融入董事会决策、经理层执行、监事会监督的公司法人治理过程之中，融入企业经营管理的活动之中，最大限度地激发和调动职工工作热情和创造活力，增强职工的主人翁意识和责任感，充分发挥民主管理对完善公司法人治理结构的积极作用。一方面推动公司制企业法人治理的权力运行和监督机制更加有效，防止企业领导人员行为失范、权力失控、决策失误，维护好投资人的合理利益；另一方面促进公司制企业经营管理者与劳动者相互协商、相互合作的民主决策意识不断强化，既维护好职工合法权益，又不断提高经营管理水平，为企业持续健康稳定发展提供制度性保障。

（一）推动公司制企业依法建立健全职工代表大会制度，加强民主决策和科学管理

要督促公司制企业依法建立健全职工代表大会制度，按照《企业民主管理规定》的要求，定期召开职工代表大会，保障职工的知情权、参与权、表达权、监督权等民主权利，夯实公司制企业重要决策的民意基础。

1.发挥职工代表大会在推动董事会民主决策科学决策方面的积极作用。职工代表大会应当通过职工董事参与董事会的决策过程，充分发挥职工代表大会在了解民心、汇聚民意、形成共识方面的独特作用，真实、充分反映职工的意见建议，使董事会的决策和管理更加符合企业实际，符合大多数职工的意愿，得到广大职工的理解和支持。要督促董事会在经职工代表大会广泛听取职工意见的基础上进行决策。职工代表大会要及时宣传董事会决策精神，推动董事会决策事项的实施。

2.发挥职工代表大会在增强经理层经营管理效能方面的积极作用。职工代表大会应当监督和支持经营管理者依法将生产经营情况、发展规

划和管理办法，以及改革发展过程中遇到的问题，通过职工代表大会等形式，向职工报告和说明；在制定、修改或者决定直接涉及劳动者切身利益的规章制度或者重大事项时，必须依法提交职工代表大会审议，集体合同草案必须依法提交职工代表大会审议通过；通过开展"公开解难题、民主促发展"主题活动，促进全过程人民民主，促进决策的科学与完善，促进公司的创新与发展。

3.发挥职工代表大会在提高监事会监督实效性方面的积极作用。职工代表大会应当充分发挥民主监督的优势和作用，使职工代表大会广泛、深入的群众性监督与监事会专职、专业的权力性监督优势互补、形成合力。要组织职工代表开展调研巡查，通过对经营管理重大事项及董事和高级管理人员职务行为进行质询，民主评议领导人员等监督检查活动，为监事会及时提供翔实的信息，督促企业执行劳动法律法规和规章，履行社会责任，推动企业健全权力运行的内部民主监督机制，提高监事会监督的效能。职工代表大会还应当通过由其选举产生的职工董事职工监事影响和监督董事会、监事会的各项活动，督导职工董事职工监事在董事会决策、监事会监督的过程中发挥应有作用。

（二）推动公司制企业建立健全厂务公开制度，促进信息公开和廉洁从业

要推动公司制企业实行厂务公开，积极推进厂务公开制度化、规范化建设，充分发挥厂务公开在保障职工民主权利、加强权力运行监督、促进反腐倡廉建设、推动企业健康发展方面的积极作用。要推动所有公司制企业实行厂务公开，建立相应的工作制度。国有独资及其控股的公司制企业必须健全和完善厂务公开制度，并根据企业实际情况不断创新发展。要明确内容和形式，规范厂务公开制度。公司制企业的厂务公开要以职工代表大会为主要载体，并通过 OA 系统、微信、厂务公开栏、厂情发布会、民主议事会、劳资恳谈会和内部信息刊物等形式，将生产经营管理的重大事项、涉及职工切身利益的规章制度和经营管理人员廉洁从业相关情况，按照一定程序向职工公开，听取职工意见，接受职工监督。要把厂务公开与公司制企业信息披露相结合。要将法定的公司信息披露制度与厂务公开制度紧密结合、同步推进，通过厂务公开将企业经营管理活动置于职工的监督之下，从而使对外公开与对内公开相结合，外部监督与内部监督相促进，保证披露信息和公开事项的真实性，增加职工和投资者的信心，推动企业健康发展。

第二节　职工董事监事制度

职工董事、职工监事制度，是依照法律规定，通过职工代表大会（或职工大会）民主选举一定数量的职工代表，进入董事会、监事会，代表职工行使参与企业决策权利、发挥监督作用的制度。凡依法设立董事会、监事会的公司都应建立职工董事、职工监事制度。

一、职工董事、职工监事制度的重要意义

首先，建立职工董事、监事制度是完善企业法人治理结构的重要体现。现代企业制度的核心是建立符合我国国情的公司治理结构。按照《公司法》规定，在公司董事会、监事会成员中配备职工董事、职工监事，既有利于董事会正确决策和监事会的有效监督，也能够调动广大职工的积极性，有利于提高决策水平。所以，职工董事、监事制度的建立，既是健全完善董事会、监事会建设本身的需要，又是企业形成权责明确、各负其责、相互制衡的内部自我调节机制的具体体现。其次，建立职工董事、监事制度是加强企业民主管理和民主监督的重要内容。实行企业民主管理、民主监督，是落实党的全心全意依靠工人阶级指导方针的重要举措。职工董事、监事制度，作为现代企业制度下企业民主管理的一种法定形式，是职工代表大会制度的发展和延伸。职工董事、监事来源于广大职工之中，对企业生产经营的各个环节十分熟悉，以职工代表的身份参加董事会、监事会，有利于企业的科学民主决策、民主管

理和民主监督。再次，建立职工董事、监事制度是企业工会实现源头参与、代表和维护职工合法权益的重要渠道。企业工会组织要实现主动依法科学维护职工合法权益，关键在于畅通维权诉求渠道，形成把握实情、反应灵敏、行动迅速、敢于负责的维权效应。建立职工董事、监事制度，工会主席或副主席依法作为首选候选人通过职工代表大会选举进入董事会、监事会，可以使职工群众中的正确意见和合理主张，通过更直接的方式，纳入企业重大改革方案、重大经营决策和重要规章制度中去，实现对职工合法权益的源头维护，从而使工会更好地履行维护职能。最后，职工代表进入董事会、监事会行使法律赋予的权利，是社会进步和社会生产力发展的必然要求。在生产力诸要素中，劳动力是最积极、最活跃的，而且是处于决定性地位的要素。尽管科技进步在生产力发展中起着十分重要的作用，但科技成果毕竟还是要通过职工的创造性劳动才能转化为现实生产力。职工是企业的主体和依靠对象，是物质文明和多项文明的创造者。职工代表进入董事会、监事会，参与民主管理和民主监督，是现代公司制企业管理的内在要求和社会生产力发展的必然产物。

二、职工董事、职工监事产生的依据及条件

（一）职工董事、职工监事产生的依据与由来

职工董事、职工监事产生的依据主要是《公司法》。在我国，职工董事制度的实践，开始于20世纪80年代国有企业实行的公司制改革。1993年颁布的《公司法》首次确立了职工董事制度的法律基础。2018年新修订的《公司法》，在第44条规定，"两个以上的国有企业或者两个以上的其他国有投资主体投资设立的有限责任公司，其董事会中应当有公司职工代表；其他有限公司董事会成员中可以有公司职工代表"。在第二章第四节"国有独资公司的特别规定"，则明确国有独资公司董事会设置适用前述规定。第四章"股份有限公司的设立与组织机构"108条中规定，"董事会成员中可以有公司职工代表，董事会中的职工

代表由公司职工通过职工代表大会、职工大会或者其他形式民主选举产生。"117 条规定，"监事会应当包括股东代表和适当比例的公司职工代表，其中职工代表的比例不得低于三分之一，具体比例由公司章程规定。监事会中的职工代表由公司职工通过职工代表大会、职工大会或者其他形式民主选举产生。"党的十五届四中全会《中共中央关于国有企业改革和发展若干重大问题的决定》规定，国有独资和国有控股公司的董事会和监事会都要有职工代表参加。建立职工董事、职工监事制度也是市场经济国家现代企业管理的成功经验。

（二）职工董事、监事的条件

根据《公司法》和《中华全国总工会关于进一步推行职工董事、职工监事制度的意见》的规定，职工董事、职工监事除了具备《公司法》《公司章程》规定的担任董事、监事的基本条件外，还应具备以下条件。

1.必须是本公司的职工。要坚持职工董事、职工监事必须从本企业工会干部、一般管理干部和技术人员、一线工人中的职工代表中产生。

2.坚持党的基本理论、路线、方针和政策，熟悉并能够贯彻执行国家有关法律、法规和规章制度，有一定的政策水平和决策能力。

3.积极开展工会工作，有强烈的事业心和工作责任感。

4.能够代表和反映职工群众的意见和要求，并在职工群众中有一定的影响力，能够起到沟通董事会、监事会与职工群众意见的作用。

5.具有一定的经济管理知识，熟悉企业管理或有相关的工作经验，对本公司的生产经营管理的各个环节比较熟悉，有较强的参与决策和实施监督的能力。

6.必须公道正派，敢于为职工群众说话办事，敢于抵制各种违纪行为和不正之风。

7.具有较强的综合分析、判断和文字撰写能力，并具备独立的工作能力。

有下列情形之一的，不能担任职工董事、职工监事。

1.无民事行为能力或者限制民事行为能力。

2.因贪污、贿赂、侵占财产、挪用财产或者破坏社会主义市场经济秩序，被判处刑罚，执行期满未逾五年，或者因犯罪被剥夺政治权利，执行期满未逾五年。

3.担任破产清算的公司、企业的董事或者厂长、经理，对该公司、企业的破产负有个人责任的，自该公司、企业破产清算完结之日起未逾三年。

4.担任因违法被吊销营业执照、责令关闭的公司、企业的法定代表人，并负有个人责任的，自该公司、企业被吊销营业执照之日起未逾三年。

5.个人所负数额较大的债务到期未清偿。

6.未担（兼）任工会主席的公司高级管理人员。

三、职工董事、职工监事的组织制度

（一）职工董事、职工监事的比例

《中华全国总工会关于进一步推行职工董事、职工监事制度的意见》规定：董事会中职工董事与监事会中职工监事的人数和比例应在公司章程中作出明确规定。职工董事的人数一般应占公司董事会成员总数的1/4；董事会成员人数较少的，其职工董事至少1人。职工监事的人数不得少于监事会成员总数的1/3。

（二）职工董事、职工监事的提名

职工董事、职工监事的候选人在广泛听取群众意见的基础上，由公司工会提名，公司党组织审核，并报告上级工会；没有党组织的公司可由上一级工会组织审核。

工会主席一般应作为职工董事的候选人，工会副主席一般应作为职工监事的候选人。因为，从身份上来说，工会是党领导下的职工群众自愿结合的工人阶级群众组织，是《劳动法》《工会法》明确规定的职工利益的代表者和维护者。工会主席、副主席是经全体会员民主选举，代表和维护职工利益的，从这个意义上讲，工会主席、副主席作为职工董事、监事的首选候选人是顺理成章的。从工作上讲，工会是职工代表大会的工作机构，有工会分会、工会小组等健全的网络，工会主席、副主席担任职工董事、职工监事可以依靠工会组织网络和职工代表大会开展工作，既可以全面准确地反映职工的意见和要求，还可以通过工会组织和职工代表大会，把董事会的决策迅速传达到每一个工会小组、每一位会员和职工。

（三）职工董事、职工监事的选举

职工董事、职工监事依法由本公司职工代表大会以无记名投票方式选举产生。从实践来看，一般可参照下列程序进行。

1.由公司工会根据职工董事、职工监事的规定比例和任职条件制定选举方案。

2.在广泛征求意见的基础上，由公司工会委员会提出候选人名单，并报公司党委（党组）。

3.召开职工代表大会，介绍候选人简历，采取无记名投票方式进行选举。公司应建立健全职工代表大会制度，尚未建立的，应组织职工或职工代表选举产生职工董事、职工监事，并积极筹建职工代表大会制度。

4.职工董事、职工监事候选人必须经职工代表大会全体代表过半数通过方可当选。

5.职工董事、职工监事选举产生后，应报上级工会、有关部门和机构备案，并与其他内部董事、监事一同履行有关手续。

（四）职工董事、职工监事的任期、补选、罢免

职工董事、职工监事的任期与其他董事和监事的任期相同，任期届满，可连选连任。

职工董事、职工监事在任期内，其劳动合同期限自动延长至任期届满；任职期间以及任期届满后，公司不得因其履行职责的原因与其解除劳动合同，或采取其他形式进行打击报复。

职工董事、职工监事离职的，其任职资格自行终止。职工董事、职工监事出现空缺应及时进行补选，空缺时间一般不得超过 3 个月。

职工代表大会有权罢免职工董事、职工监事。罢免职工董事、职工监事，须由三分之一以上的职工代表联名提出罢免议案。职工董事、职工监事有下列行为之一的，可以对其提出罢免：一是职工代表大会年度考核评价结果较差的；二是对公司的重大违法违纪问题隐匿不报或与公司串通编造虚假检查报告的；三是泄漏公司商业秘密，给公司造成重大经济损失或严重损害的；四是以权谋私，收受贿赂，或为自己及他人从事与公司经营活动有利益冲突行为的；五是无故、借故不出席公司董事会、监事会会议或不向职工代表大会或者职工大会报告工作达一年以上的。罢免案经职工代表大会审议后，由职工代表大会主席团提请职工代表大会全体会议表决。表决结果应当及时向与会的职工代表进行通报，并报有关部门备案。罢免职工董事、职工监事，必须经全体职工代表过半数通过。

四、职工董事、职工监事的职责

职工董事、职工监事享有与其他董事、监事同等的权利，承担相应的义务，并履行下列职责。一是职工董事、职工监事应经常或定期深入职工群众中听取意见和建议。二是职工董事、职工监事在董事会、监事会研究决定公司重大问题时，应认真履行职责，代表职工行使权利，充分发表意见。三是职工董事在董事会讨论涉及职工切身利益的重要决策时，应如实反映职工要求，表达和维护职工的合法权益；在董事会研究确定公司高级管理人员时，要如实反映职工代表大会民主评议公司管理人员的情况。四是职工监事要定期监督检查职工各项保险基金的提取、缴纳，以及职工工资、劳动保护、社会保险、福利等制度的执行情况。五是职工董事、职工监事有权向上级工会、有关部门和机构反映有关情况。

五、正确处理职工董事、职工监事与公司工会、职工代表大会的关系

（一）正确处理职工董事、职工监事与工会的关系

1.公司工会承担职工董事、职工监事与行政、职工代表大会、职工代表等方面的日常联络，发挥组织、协调、服务作用，为其发挥作用创造条件。

2.公司工会要积极支持职工董事、职工监事的工作，帮助建立职工董事、职工监事联系职工群众的制度，参与决策前咨询、论证和征求职工意见的制度，建立工会与职工董事、职工监事经常联系的制度。

3.公司工会应协调和督促公司及时向职工董事、职工监事提供有关生产经营等方面的文件和资料，协助职工董事、职工监事进行调研、巡视等活动。

4.公司工会应当在职工董事、职工监事收到董事会、监事会的议题或文件后，协助职工董事、职工监事听取职工意见，并对议题进行分析论证，提出意见。

5.公司工会可通过为职工董事、职工监事成立"智囊团"等形式的组织，为职工董事、职工监事提供咨询服务。

6.上级工会应对职工董事、职工监事的工作加强指导，抓好对职工董事、职工监事的培训，依法维护职工董事、职工监事的合法权益。

（二）正确处理职工董事、职工监事与职工代表大会的关系

职工董事、职工监事与职工代表大会的关系表现为：职工董事、职工监事由职工代表大会选举产生，职工董事、职工监事要向职工代表大会负责。主要体现在以下几方面。

1.职工董事、职工监事围绕公司董事会、监事会会议议题，在参与决策前，通过职工代表大会或者参加职工代表团（组）长和专门小组负责人联席会议等形式，充分听取职工代表大会或职工意见和建议；在参与决策的过程中，要如实反映职工代表大会和职工的愿望和要求，代

表职工讲话。事先没有听取职工代表大会和职工意见的，事后要向职工代表大会报告，取得认可。

2.职工董事、职工监事应积极参加职工代表大会的有关活动，认真执行职工代表大会的有关决议，在董事会、监事会会议上按照职工代表大会的相关决定发表意见。

3.职工董事、职工监事应参加或者列席职工代表大会主席团会议和职工代表团（组）长负责人联席会议。

4.要定期向职工代表大会报告工作，接受职工代表大会的质询。职工代表大会有权对职工董事、职工监事的工作进行监督检查，每年对其履行职责的情况进行民主评议，对民主评议不称职的予以罢免。

5.职工董事如在董事会上不能如实反映职工代表大会的决议、意见，职工代表大会应向职工董事提出警告。如不接受警告，职工董事本人可以提出辞职，或者由职工代表大会依照民主程序罢免职工董事职务，并重新选举职工董事。

六、职工董事、职工监事的工作制度和工作方法

（一）职工董事、职工监事的工作制度

只有建立健全和完善相关的工作制度，才能为职工董事、职工监事发挥作用创造良好的环境。为此，必须高度重视职工董事、职工监事工作制度建设。

1.建立和完善职工代表大会选举和罢免职工董事、职工监事制度。按照《公司法》等规定，董事会和监事会中的职工代表，由本公司工会提名后，经公司职工代表大会民主选举产生；董事会、监事会中的职工代表任期届满，可以连选连任；职工董事、职工监事有违法违纪行为或者不称职的，职工代表大会有权进行调查，并通过法定程序进行更换。对此，企业必须建立健全相应的制度，制定具体的实施办法和工作细则，使之规范。

2.建立和完善职工代表大会对职工董事、职工监事的监督评议制

度。职工董事、职工监事要定期向职工代表大会报告参与董事会、监事会活动的情况，接受职工代表大会的监督和评议。为了做好对职工董事、职工监事的评议监督工作，应当建立健全监督评议制度，明确监督评议的原则、内容、程序、方法等。

3.建立和完善职工董事、职工监事的教育培训制度。工会和企业要加强对职工董事、职工监事的培训，为他们提供必要的进修和学习机会，从理论上提高他们参政议政的水平。在实践中，要组织安排他们到公司有关职能部门进行考察学习，了解公司的生产经营、创新发展情况，掌握公司管理的基本业务知识，以便更好地发挥作用。

（二）职工董事、职工监事的工作方法

掌握科学的工作方法，是职工董事、职工监事发挥作用的重要保障。归纳各地的实践经验，职工董事、职工监事的工作方法主要包括以下几个。

1.充分准备法。根据有关规定，董事会、监事会开会，一般应提前10天通知董事会、监事会成员。接到通知后，职工董事、职工监事应当广泛收集资料，多方进行论证，做充分的准备，不打无把握之仗。

2.争取支持法。职工董事、职工监事要学会借用外力，要主动向公司党委领导、董事长、工会汇报工作，积极争取他们的支持。

3.知己知彼法。职工董事、职工监事在准备提出意见时，要在集思广益的同时，先了解一下其他董事、监事的意见和想法，以便有针对性地准备自己的意见。

4.缓议复议法。职工董事、职工监事在参与董事会、监事会决策时要注意讲究策略。对于有些议题，职工董事、职工监事如果准备不充分，可以向董事会、监事会负责人提出暂缓上会，以便争取时间做好充分准备。

5.主动让步法。职工董事、职工监事在董事会、监事会上经过据理力争，如果某一方案或者意见没有被采纳，应该适当作出让步，提出新的方案，争取得到董事会、监事会的认可。

第三节 混合所有制改革中的民主管理与职工持股会

混合所有制是指介于公有制和私有制之间的所有制结构形式，是公有制和私有制的混合体。因此，混合所有制经济是指在同一个经济组织中，不同所有制的产权主体多元投资、交叉持股、融合发展的经济形式，是相对于单一的公有制经济或非公有制经济而言的。显然，作为公司组织形式的股份制、有限责任、股份合作、合伙制、两合制等企业组织制度，和所有制结构是不同的范畴；虽然所有制结构不同，但公司组织制度大致相同。

一、混合所有制的意义与目标原则

（一）发展混合所有制经济的意义

从经济角度上，混合所有制是我国基本经济制度的重要实现形式。发展混合所有制经济，有利于坚持和完善公有制为主体、多种所有制共同发展的基本经济制度；有利于深化国有企业改革，增强国有经济的活力和影响力，放大国有资本的功能，能增强公有制经济的主体地位；有利于各种所有制资本依法平等使用生产要素，公平参与市场竞争，相互促进，共同发展；有利于减少政府对微观经济事务的干预，正确处理政府与市场的关系，让市场在资源配置中起决定作用。

（二）发展混合所有制经济的目标原则

作为国有企业改革的重要配套文件，国务院印发并对外公布了《关于国有企业发展混合所有制经济的意见》，其总体要求主要体现在"把握目标原则、区分不同类型、鼓励多种方式"。国有企业发展混合所有制经济意义重大，要确保这项改革平稳有序推进、取得实效，真正使混合所有制经济成为基本经济制度的重要实现形式。

1.混合所有制改革的目标。国有企业发展混合所有制经济的目标，就是促进国有企业转换经营机制，推动完善现代企业制度，健全企业法人治理结构；提高国有资本配置和运行效率，优化国有经济布局，增强国有经济活力、控制力、影响力和抗风险能力，主动适应和引领经济发展新常态；实现各种所有制资本取长补短、相互促进、共同发展，夯实社会主义基本经济制度的微观基础。

2.混合所有制改革的原则。国有企业发展混合所有制经济的基本原则，一是坚持政府引导、市场运作，以企业为主体，充分发挥市场机制作用，探索混合所有制经济发展的有效途径。二是坚持完善制度、保护产权，切实保护混合所有制企业各类出资人的产权权益，调动各类资本参与发展混合所有制经济的积极性。三是坚持严格程序、规范操作，切实做到规则公开、过程公开、结果公开，杜绝国有资产流失。四是坚持宜改则改、稳妥推进，坚持因地施策、因业施策、因企施策，宜独则独、宜控则控、宜参则参，不搞拉郎配，不搞全覆盖，不设时间表，一企一策，成熟一个推进一个，确保改革规范有序进行。

（三）发展混合所有制经济类型有关事项的把握

1."三区分"。一是区分"已经混合"和"适宜混合"的国有企业。对通过实行股份制、上市等途径已经实行混合所有制的国有企业，要着力在完善现代企业制度、提高资本运行效率上下功夫；对适宜继续推进混合所有制改革的国有企业，要充分发挥市场机制作用，坚持因地施策、因业施策、因企施策，根据实际灵活采用混改路径，适宜控股的就控股，适宜参股的就参股，方式和进度要服从于效果，服务于发展。二是区分商业类和公益类国有企业。三是区分集团公司和子公司、中央企业和地方企业等不同层级。

2."七鼓励"。一是鼓励非公有资本参与国有企业混合所有制改革。二是支持集体资本参与国有企业混合所有制改革。三是有序吸收外资参与国有企业混合所有制改革。四是推广政府和社会资本合作模式。五是鼓励国有资本以多种方式入股非国有企业。六是探索完善优先股和国家特殊管理股方式。七是探索实行混合所有制企业员工持股，坚持激励和约束相结合的原则，通过试点稳妥推进员工持股。员工持股主要采取增资扩股、出资新设等方式，优先支持人才资本和技术要素贡献占比较高的转制科研院所、高新技术企业和科技服务型企业开展试点。

3.发展混合所有制经济组织实施"五要求"。一是注重试点示范。二是注重保护产权。三是健全治理机制。四是依法合规操作。五是推进配套改革。

二、混合所有制改革流程与员工持股

国有及国有控股企业的混合所有制改革，主要是提高国有企业和国有资本的运营效率，把民企灵活的市场机制和创新的管理理念引入国有企业，做强做优做大国有企业和增强国有经济的活力、控制力、影响力、抗风险能力。

（一）基本操作流程

中央企业所属各级子企业实施混合所有制改革，一般应履行以下基本操作流程：可行性研究、制定混合所有制改革方案、履行决策审批程序、开展审计评估、引进非公有资本投资者、推进企业运营机制改革。以新设企业、对外投资并购、投资入股等方式实施混合所有制改革的，履行中央企业投资管理有关程序。

1.可行性研究。拟实施混合所有制改革的企业要按照"完善治理、强化激励、突出主业、提高效率"的总体要求，依据改革原则和相关政策规定对混合所有制改革的必要性和可行性进行充分研究，一企一策，成熟一个推进一个。

2.制定混合所有制改革方案。拟混合所有制改革的企业应制定混合所有制改革方案，方案一般包括以下内容：企业基本情况，混合所有制改革必要性和可行性分析，改革基本原则和思路，改革后企业股权结构设置，转变运营机制的主要举措，引进非公有资本的条件要求、方式、定价办法，员工激励计划，债权债务处置方案，职工安置方案，历史遗留问题解决方案，改革风险评估与防范措施，违反相关规定的追责措施，改革组织保障和进度安排等。制定方案过程中，要注重保障企业职工对混合所有制改革的知情权和参与权，涉及职工切身利益的要做好评估工作，职工安置方案应经职工大会或者职工代表大会审议通过。

（二）混合所有制企业员工持股

1.员工持股企业应当具备的基本条件。员工持股应按照《关于国有控股混合所有制企业开展员工持股试点的意见》（国资发改革〔2016〕133号）稳慎开展。坚持依法合规、公开透明，增量引入、利益绑定，以岗定股、动态调整，严控范围、强化监督等原则。优先支持人才资本和技术要素贡献占比较高的科技型企业开展员工持股。员工持股企业应当具备以下条件：主业处于充分竞争行业和领域的商业类企业；股权结构合理，非公有资本股东所持股份应达到一定比例，公司董事会中有非公有资本股东推荐的董事；公司治理结构健全，建立市场化的劳动人事分配制度和业绩考核评价体系，形成管理人员能上能下、员工能进能出、收入能增能减的市场化机制，营业收入和利润90%以上来源于所在企业集团外部市场。员工持股总量原则上不高于公司总股本的30%，单一员工持股比例原则上不高于公司总股本的1%。

2.参股人员与持股方式。参与持股人员应为在关键岗位工作并对公司经营业绩和持续发展有直接或较大影响的科研人员、经营管理人员和业务骨干，且与本公司签订了劳动合同。党中央、国务院和地方党委、政府及其部门、机构任命的国有企业领导人员不得持股。外部董事、监事（含职工代表监事）不参与员工持股。如直系亲属多人在同一企业时，只能一人持股。持股员工可以个人名义直接持股，也可通过公司制企业、合伙制企业、资产管理计划等持股平台持有股权。通过资产管理计划方式持股的，不得使用杠杆融资。持股平台不得从事除持股以外的任何经营活动。

（三）企业员工股权管理

1.股权管理主体与方式。员工所持股权一般应通过持股人会议等形式选出代表或设立相应机构进行管理。该股权代表或机构应制定管理规则，代表持股员工行使股东权利，维护持股员工合法权益。公司各方股东应就员工股权的日常管理、动态调整和退出等问题协商一致，并通过公司章程或股东协议等予以明确。

2.股权流转。实施员工持股，应设定不少于 36 个月的锁定期。在公司公开发行股份前已持股的员工，不得在公司首次公开发行时转让股份，并应承诺自上市之日起不少于 36 个月的锁定期。锁定期满后，公司董事、高级管理人员每年可转让股份不得高于所持股份总数的 25%。

3.员工持股方案制定。企业开展员工持股试点，应深入分析实施员工持股的必要性和可行性，以适当方式向员工充分提示持股风险，严格按照有关规定制定员工持股方案，并对实施员工持股的风险进行评估，制定应对预案。员工持股方案应对持股员工条件、持股比例、入股价格、出资方式、持股方式、股权分红、股权管理、股权流转及员工岗位变动调整股权等操作细节作出具体规定。

4.员工持股方案审批及备案。试点企业应通过职工代表大会等形式充分听取本企业职工对员工持股方案的意见，并由董事会提交股东（大）会进行审议。地方试点企业的员工持股方案经股东（大）会审议通过后，报履行出资人职责的机构备案，同时抄报省级人民政府国有资产监督管理机构；中央试点企业的员工持股方案经股东（大）会审议通过后，报履行出资人职责的机构备案。

三、职工持股会

（一）总的原则与把握的重点

1.职工持股会是指由工会设立的从事内部职工股管理，代表持有内部职工股的职工行使股东权利，并以工会社团法人名义承担民事责任的组织。

2.职工持股会按照投入公司的资本额，依法行使出资者的资产受益、重大决策、选择经营者和经营管理等项权利，并以其全部出资额为限对公司承担责任。内部职工以其出资额为限对职工持股会承担责任。

3.公司（企业）职工代表大会（职工大会）是职工行使民主管理权力的机构，职工持股会的设立、筹建方案，必须经职工代表大会（职工大会）通过后，方可实施。职工持股会会员大会是持股会的权力机构。职工持股会章程应依照相关规定制定，职工持股会会员大会通过的职工持股会章程，对全体会员具有约束力。

4.设立和管理职工持股会必须遵循职工自愿、仅限认购本公司股份、利益共享和风险共担的原则。职工持股会内部不实行自然人控股。

（二）设立程序

1.设立职工持股会应当具备下列条件：公司（企业）职工代表大会或职工大会同意设立职工持股会；有具有社团法人资格的工会组织；有职工会员共同制定的职工持股会章程；有符合规定的职工持股会资金来源；职工持股会的职工会员总数一般不少于 50 人，原则不低于公司（企业）在册职工总数的 70%。

2.公司（企业）同意实行职工持股制度，工会应当制订筹建方案，筹建方案必须经公司（企业）职工代表大会（职工大会）2/3 以上应到会职工（代表）通过方可实施。

3.职工持股会筹建方案应当载明下列内容：建立职工持股会的指导思想、目的和意义；职工持股会资金总额和占公司总股本比例；职工持股会资金来源；职工持股会资金募集原则和方式；原公司（企业）的当年经营状况和改制后公司的经营规划和效益预测；职工持股会筹备组成员；其他需要说明的事项。

4.职工持股会章程应当载明下列事项：持股会名称；职工股的股份总额或出资总额以及每股金额；职工会员的权利和义务；职工持股会的议事程序和规则；职工股内部转让及受益的有关规定；职工持股会理事会及其成员产生办法、职权和任期的规定；职工持股会理事会办事机构及其职责；章程修改程序；职工持股会的终止和解散与清算办法；需要规定的其他事项。

5.申请设立职工持股会，应当向市（地级）以上工会审查登记管理机关提交下列文件：授权经营公司或上级主管部门同意公司（企业）改制的批复，公司（企业）同意实行职工持股制度的决定；职工持股会筹建方案，职工持股会章程及理事、理事长名单，公司章程及公司董事、监事名单，持股职工出资或认购办法；公司（企业）职工代表大会（职工大会）同意按筹建方案设立职工持股会的决议；由注册律师及其所在律师事务所对持股会筹建程序和内容等事项出具的经签字、盖章的法律意见书；公司（企业）按照不低于职工持股总额5‰拨付给职工持股会用于职工股的转让和兑现的备付金以及开办经费的证明；其他有关文件和说明。

6.职工持股会变更设立事项，应当在30日内向原审查登记管理机关办理变更手续。职工持股会申请终止或者解散时，应报原审查登记管理机关批准后，办理注销手续。职工持股会增资扩股时，必须将方案报工会审查登记管理机关审核备案。职工持股会的设立审查登记管辖范围；公司（企业）工会组织实施职工持股会的筹建、报批工作。

（三）股份认购

1.职工持股会认购公司股份或者向公司出资可以通过以下途径：公司划定总股本或者出资总额的一定比例为职工持股会认购或者出资，原则不少于总股本的10%；公司增配股时认购新股和股东配股余额；公司其他股东协议转让的部分或者全部股份；其他合法途径形成的股份。职工持股会应制定职工股份认购或者出资方案，经持股职工集体讨论通过后执行。

2.职工认购股份或者出资应遵循以下原则：坚持风险共担、利益共享的原则；坚持自愿出资的原则；坚持公开、公平、公正的原则。

3.职工认购股份或者出资应依照以下程序办理：职工向职工持股会提出购股或者出资申请；职工持股会审查职工持股或者出资资格；根据职工股份认购方案确定职工持股或者出资额度；公告职工持股或者出资额度；办理认购股份或者出资的手续；职工向职工持股会缴付购股或者出资资金后，职工持股会向持股职工发放股份证书或者出具出资证明书；职工持股会应当妥善保管职工持股名册，并上报工会审查登记受理机关备案。

4.根据公司（企业）的具体情况，可适度提高经营管理人员、业务和技术骨干的持股或者出资额度，具体比例由职工持股会章程规定。

5.职工持股会资金来源：职工出资；公司（企业）可分配工资（奖金）结余及部分公益金折股形成；经公司股东会或者企业同意的其他合法资金。

6.职工持股会认购公司股份所占公司总股本比例，应按照职工持股会资金来源和认购能力与公司平等协商确定。若职工持股会是分期出资的，首次出资应不低于出资总额的50%。职工持股会内部不实行"经营者群体持股"。

（四）股权管理

1.职工持股会理事会应向持股职工发放出资证明书（即会员证书），作为核查职工本人出资金额和履行相应权利、义务的书面凭证。职工出资证明书应载明下列事项：职工姓名、身份证号码、工作证号码；发证日期及注意事项；出资金额和股份的增减变动及分红情况；职工持股会或工会公章及职工持股会的理事长签章。

2.职工持股会应当建立职工持股名册，作为职工持股会内部管理职工股的依据，应当载明下列事项：职工姓名、身份证号码、工作证号码、住址、职工出资证明书号码；职工出资金额、持有实际股份；出资金额和股份的增减变动情况；历年分红情况及本人和经手人的签章。

3.职工所持股份在职工持股会内部可以相互转让，职工所转让的股份额原则上不得超过职工持股会设立时个人所持股份额的50%（具体由职工持股会章程规定），并且必须符合章程所规定的职工最高持股额的规定。职工所持股份的私下协议转让必须经过理事会批准同意，并经理事会登记注册方为有效。

4.职工持股会所得红利按照职工会员各自的所持股份或者出资额占持股会股份或者出资总额的比例分配到每个职工会员。

（五）组织机构

1.职工持股会会员大会由职工持股会理事长召集。职工持股会会员大会每年至少召开一次会议，理事会必须在职工会员大会召开的一周以前将有关事项通知全体职工会员。有下列情况之一的，应当召开职工持股会临时会员大会：理事长或理事长认为有必要召开；30%以上的职工会员提议。

2.职工持股会会员大会，就以下事项进行审议或决定：讨论审议理事长的述职报告；选派代表参加公司董事会和监事会；审议所选派的公司董事会、监事会成员的述职报告；讨论决定职工持股会章程的制定和修改；选举或更换理事会成员；讨论决定行使职工持股会的股东权利和义务；其他认为有必要讨论决定的事项。

3.职工持股会的各项决议必须经职工持股会会员大会过半数表决通过方为有效。以下事项必须经过职工持股会会员大会三分之二以上表决通过方为有效：职工持股会章程的制定和修改；理事长和理事的产生；职工持股会所持股份的转让和增资扩股以及解散清算等事项。

4.理事会成员一般由3~9名组成（设理事长1名，副理事长1~2名），由公司（企业）工会提名通过职工持股会会员大会民主选举产生。理事长一般由公司（企业）工会法定代表人担任。理事长代表全体持股职工依法参加公司股东（大）会和董事会，并根据职工持股会会员大会的决议行使表决权。理事会成员任期应与公司董事会成员任期相同，可以连选连任。

5.职工持股会理事会履行下列职责：组织职工持股会会员大会并执行大会决议；筹集职工会员资金购买本公司股份；集中管理职工持股会所持股份；管理职工持股名册，向持股职工发放出资证明书；根据公司分红方案向持股职工办理分红事宜；按照规定办理股份的转让等事宜；代表职工会员了解公司经营管理情况，向公司提出意见和建议。职工持股会理事长、副理事长、理事接受全体职工会员的监督。

思考题

1. 职工董事、监事制度的重要意义是什么？
2. 职工董事、职工监事的工作方法有哪些？

案例

"职工董事后援团"让职工董事更"懂事"

某公司是我国最早创建的电站锅炉制造企业，也是生产大型化工容器、环保设备的国家骨干企业。公司曾先后荣获"某市职工最满意的企业"和"全国模范劳动关系和谐企业"称号。公司是某市较早完成公司制改制的企业。改制后的工作实践使公司的职工和干部真正领略到了职工董事、职工监事在推进企业民主管理，尤其是在源头参与、依法维权方面发挥的不可替代的作用。在公司7人董事会中，职工董事占了2名；其中1名是公司工会主席，另1名是一线车间员工。在5人的监事会中，有2名职工监事；其中1名是公司工会副主席，另1名来自基层部门。公司职工董事监事作用的发挥得益于"职工董事后援团"。

组建"职工董事后援团"的起因

职工董事、监事代表的是职工的群体利益，他们的重要职责在于对职代会和职工负责。但职工董事、监事中有来自基层一线的，是拿企业工资的普通职工；在董事会闭会期间，他们与其他董事和监事都是被领导与领导的关系。因此，要他们在董事会上据理力争表达职工的意愿，在监事会中依法履行监督的职能，有时他们难免会有顾忌。另一方面，职工董事、监事相对经营管理者而言，在业务熟悉、政策理解以及对企业总体情况了解等方面存在较大欠缺，对信息的获取和企业管理资源的掌握也有着不小的差距，尤其是一线职工董事、监事的差距更大。这也往往被称为职工董事、监事的"软肋"。而要消除职工董事、监事顾虑和"软肋"的最好方法，就是让他们有坚强的后援和支撑，帮助其担当起决策和监督的重要职责。于是，公司工会在职工代表中精心邀请了一些熟悉企业各方面情况的职能部门工作人员，组建了"职工董事后援团"，专门为职工董事、职工监事提供企业有关情况和当好参谋助手。后援团由公司财务、审计、产业发展、人力资源、生产经营等业务部门以及工会法律咨询小组的职工代表组成，除了负责培训职工董事、监事看懂企业报表、掌握发言技巧外，还专门为职工董事、监事参与企业决策提供各种政策法律、相关资料、数据报表的咨询服务。

"职工董事后援团"发挥的作用

按有关规定，企业董事会会议召开前一周先要将所有会议文件交各位董事阅知。这时工会就抓住时机，针对董事会将要讨论、决策的议题，在不涉及机密的前提下，事前组织后援团召开"诸葛亮"会议，为职工董事、监事分析问题，研究对策，提供数据并献计献策。通过后援团的群策群力和谋划指导，使职工董事在董事会上的发言既内行、有针对性，又能合理反映职工的意愿。

比如，某次董事会在审定集箱车间新建退火炉项目时，职工董事对预算额高达 400 万元提出了异议。因为根据后援团向他们提供的数据，此前建造管子车间退火炉项目所需费用是 250 万元。同样是 23 米规格的退火炉，同样的功能和作用，为何费用提高如此之多？职工董事要求有关人员作出说明。虽然最后了解到的原因是两个退火炉建造位置的不同导致了周边环境整治及配置费用的增加，但职工董事这种对企业负责，有疑问必须弄清的执着精神，受到了董事长的称赞。同样的例子发生在另一次董事会会议上，在讨论审定一项重大项目改建决算时，职工董事发现决算中的拨款比后援团事先提供的预算数要多付出 100 万元，当即提出疑问。董事长对此非常重视，责成列席会议的总师办负责人作出说明。经再次核算，最终发现问题是由于计算时出现的笔误差错所致。如果这个错误不被发现，企业有可能会莫名多付出 100 万元，即使能追讨回来也会使企业形象受损。此事在董事会中产生了很大影响，董事长由衷地感叹：没想到这么重要的问题是由职工董事最先看出来的。再如，在公司下属的运输公司、综合服务公司等部门转制过程中，针对职工补偿金定得较低的情况，职工董事根据自己所掌握的有关政策文件精神，在广泛听取职工意见的基础上，依据上级机关关于转制企业职工补偿金发放的规定，在董事会上据理力争地提出了应严格按照法律规定计算并发放职工补偿金的意见，引起了董事会的重视。董事会由此达成共识，责成有关部门修改并提高了原定的补偿金标准，同时对职工的妥善安置也提出了相应的要求，稳定了职工的情绪，也使企业改革转制工作较为顺利地进行。

"职工董事后援团"的影响和启示

受"职工董事后援团"影响最深、得益最大的正是职工董事、监事。他们在履职过程中切身感受到，有工会组织的有力支持，有后援团默默无闻的强力支撑，使他们在参加董事会会议发言时底气更足了，表态时腰板更硬了。即使在企业董事会闭会期间，职工董事、监事同样关注着企业的发展和职工民生。他们一方面主动学习政策文件提高参政议事能力，走访基层部门了解厂情民意；另一方面，认真接受职工董事后援团开展的各种业务报表、相关政策制度等实务培训，从而使自身素质得到明显提高，弥补了原有的基础不扎实、专业性不够的缺陷，全面进入角色。

"职工董事后援团"带来的启示。当职工董事、监事在参与企业法人治理机构工作并担当起决策和监督的重要职责时，他们所代表的是职工群体而不再是个人。而通过"职工董事后援团"等形式为他们创造良好的条件，提供相应的帮助，是企业工会义不容辞的职责。首先要给予工作上的支持，其次要给予业务上的支撑，再次要给予参与上的支援，让职工董事、监事尽快进入角色，尽心参与决策，尽力履职维权。实践证明，在企业工会组织的协调下，通过必要的制度落实和"职工董事后援团"的群策群力，可以让职工董事、监事充分发挥作用，从而在根本上、源头上更好地维护职工的合法权益。

第九章

分厂、班组及其他形式的民主管理

分厂（子、分公司，事业部，分院等，下同）、车间（处室、科室等下同）班组的民主管理厂务公开是民主管理厂务公开的重要组成部分，是民主管理厂务公开的基础和重要环节。了解和掌握分厂、车间和班组民主管理的基本知识，对于职工代表参与企业管理，对于动员和组织职工开展民主管理厂务公开活动，不断提高民主管理厂务公开工作的水平有重要作用。

第一节　分厂、车间职工代表大会

开好分厂、车间职工代表大会，确保职工行使民主监督的权利，这是党的全心全意依靠工人阶级的根本指导方针在企业贯彻落实的重要实现形式，也是职工政治上当家作主的重要体现。开好分厂、车间职工代表大会，对于组织职工参加分厂、车间的民主管理，从而进一步增强职工群众的主人翁责任感，有着重要的作用。开好分厂、车间职工代表大会，要在落实职权、健全制度、规范程序上下功夫。

一、分厂、车间职工代表大会的组织制度

分厂、车间职工代表大会是分厂、车间民主管理的基本形式，是分厂、车间职工对分厂、车间职权范围内的事务依法行使民主管理权利的活动，是分厂、车间管理的重要组成部分，是企业民主管理的基础和重

要环节。

（一）职工代表大会

一般地讲，人员相对集中，分厂、车间人数在100人以下的，应采取分厂、车间职工大会的形式，组织全体职工参与民主管理。分厂、车间职工大会的民主化程度更高一些，有条件的应尽可能召开职工大会。分厂、车间职工大会是分厂、车间全体职工直接参加的民主管理形式，不同于分厂、车间行政召开的职工大会，也可以称为分厂、车间民主管理大会。

（二）职工代表

分厂、车间职工代表大会的代表以班组为单位，由职工民主选举产生。考虑到有的分厂、车间特别大，代表人数一般为分厂、车间职工人数的5%～40%。分厂、车间职工代表最低不得少于30人，并且应保证每个班组至少有一名代表。分厂、车间职工代表中应有工人、技术人员、管理人员、工会专兼职干部，其中工人代表应占多数。职工代表中要有一定数量的女代表。职工代表选举产生后，可以按照生产班组或根据分厂、车间的具体情况，成立若干个代表小组。每个代表小组要选举一名小组长，小组长一般由工会小组长担任。（职工代表的权利义务同基层单位职工代表权利义务相同）

（三）组织制度

分厂、车间职工代表大会每年至少召开一次会议，由分厂、车间工会主席主持。分厂、车间职工代表大会实行民主集中制。每次会议必须有三分之二以上的代表参加。进行选举或作出决议，必须经应到会全体职工代表过半数通过方为有效。分厂、车间职工代表大会在职权范围内作出的决议和决定，非经职工代表大会同意，任何组织或个人不得变更或修改。

分厂、车间召开职工代表大会时，职工代表人数较多（如50人以上）的，可设大会主席团，主席团一般由3～5人组成，主席团成员应由分厂、车间领导、工会主席和工人代表组成，其中工人代表应占主席团成员的半数以上；职工代表人数较少的，可选举执行主席 1~3 人。主席团成员须经职工代表大会选举产生。

主席团负责职工代表大会期间的组织领导工作，其主要职责是：主持开好职工代表大会，领导大会期间的各项工作；研究需要大会通过和决定的事项，审议大会决议，听取各代表小组对大会议案的意见和建议；主持大会的表决和选举工作；处理大会的其他重要问题。分厂、车间职工代表大会结束，大会主席团职权中止（或终止，每次会议选举主席团）。

分厂、车间职工代表大会可根据具体情况设立安全生产经营、提案审查、评议工作、生活福利等专门工作小组，负责相应的工作。

（四）其他有关事项

分厂、车间职工代表大会接受同级党组织的领导。分厂、车间职工代表大会的日常工作由分厂、车间工会委员会负责；分厂、车间职工代表大会闭会期间，涉及职代会职权又需要临时解决的重要问题，可以由分厂、车间工会召集各职工代表组组长、各专门工作小组组长参加的联席会议协商处理。联席会议协商处理的问题，要向下次职代会报告确认。

二、召开分厂、车间职工代表大会的程序

召开分厂、车间职工代表大会应按照职代会条例的要求执行。在召开职工代表大会之前要成立筹备小组，由党政工有关人员参加，共同做好筹备工作。

（一）筹备工作程序

1.向上级报告。分厂、车间工会提出召开职工代表大会的建议和具体方案，与分厂、车间行政领导协商，向分厂、车间党组织汇报。经研究通过后的方案，向上级工会报告，同意后，即可成立筹备小组，进行各项召开职工代表大会的准备工作。

2.会前审议。在职工代表大会召开前，分厂、车间行政要向职工代

表发送会议主要文件或通报提交大会的有关事项，并由职工代表征求班组职工的意见和建议；根据职工代表反馈的意见，分厂、车间行政要修改完善有关议案；分厂、车间工会要做好职工代表的选举工作；筹备小组要分工负责，责任到人，具体做好会议文件、会场布置、大会组织等工作，使会议能够顺利召开。

（二）预备会议程序

分厂、车间职工代表大会预备会议，是在职工代表大会召开前为大会做好准备工作的会议。预备会议由工会主席主持，全体代表参加，选出大会主席团后，即由大会主席团主持会议。预备会议的主要程序有：

1.选举大会主席团（不换届时，若主席团成员出现空缺，需要进行补选）。

2.工会主席做职工代表大会筹备工作报告，提出大会议题和日程建议并提请大会通过。

3.通过职工代表大会各专门工作小组成员名单（不换届时，若专门工作小组成员出现空缺，需要进行补选）。

（三）大会程序

1.召开职工代表大会期间工作程序。大会期间的工作程序主要是大会程序，具体为：宣布大会开幕（大会执行主席核实出席大会的职工代表人数，到会职工代表超过应到会正式代表总数的三分之二即可宣布开会）；分厂、车间行政主要领导做行政工作报告；由分厂、车间行政有关负责人分别做提交职代会审议的各项议案的报告、职代会提案征集处理情况的报告；工会主席作分厂、车间职工代表大会闭会期间联席会议协商处理有关问题的报告（若没有召开联席会议，此项取消）；代表分组讨论以上报告、议案和大会决议草案，各代表小组应认真做好记录，并将讨论情况向大会主席团汇报；党组织负责人讲话（此前若讨论中对某一事项意见集中，应由行政负责人出面进行解释）；对大会决议逐项表决；宣布大会闭幕。

2.职工代表大会结束之后工作程序。分厂、车间工会要及时向上级工会报告职工代表大会召开的情况，及时整理有关资料并妥善保存；分厂、车间职工代表大会闭会后，所通过的决议，分厂、车间领导要带头贯彻实施，同时，要组织分厂、车间职工认真贯彻落实分厂、车间职工代表大会决议；在职工代表大会闭会期间，分厂、车间工会可以组织职工代表和专门工作小组一起，对职工代表大会决议的落实情况进行检查。

（四）提案征集处理程序

有条件的分厂、车间，在召开分厂、车间职工代表大会时，应做好提案的征集、审查、立案、处理和落实工作。

三、职工代表大会的职权和行使职权的程序

分厂、车间职工代表大会的职权与企业职工代表大会的职权有相同之处，但不能简单地比照企业职工代表大会，而应结合分厂、车间的具体情况，从实际出发，行使好职权。

（一）职工代表大会的职权

1.职权内容。听取和审议分厂、车间行政领导的工作报告，并对完成生产经营计划的措施、经济责任制方案等重大事项提出意见和建议；审查同意或否决本分厂、车间的绩效化考核（奖金分配）方案、劳动保护措施、奖惩办法以及其他重要规章制度，有关职工生活福利方面的重要事项；民主评议、监督分厂、车间领导人员，提出奖惩和任免的建议。

2.把握的重点。职工代表大会的职权可以概括为：审议建议权、审查同意或否决权、评议监督权和选举权。审议建议权：对这一职权范围内的重大决策，职工代表大会只能在审议的基础上提出意见和建议，最后的决定权仍然在企业行政领导。审查同意或否决权：这一职权范围内审议的事项分厂、车间行政同意后，提交职工代表大会审议，经审议通过后，才能贯彻执行。评议监督权：职工代表在民主评议的基础上，对分厂、车间领导干部的奖惩和任免提出建议。

分厂、车间职工代表大会行使职权过程中，把握的重点是涉及职工切身利益重要事项，如绩效考核办法、经济责任制办法的审议通过，这关系着每位员工的利益，也是大家关注的重点问题。

（二）行使职工代表大会职权的程序

行使分厂、车间职工代表大会职权的程序大致从以下三个方面把握。

1.行使审议建议权、审议通过权的程序。分厂、车间职工代表大会职权中前三项职权所涉及的内容包括了分厂、车间生产经营中的重大问题和职工切身利益的重大问题，在这些问题的决策上，要让职工代表充分行使民主权利。一般的程序如下。

会前。分厂、车间党政工共同商定职工代表大会的议题和议程，将提交职工代表大会审议的议案内容提前通知职工代表，广泛征求职工代表意见；分厂、车间行政集中职工代表的意见，对有关的议案进行修改。

会中。分厂、车间主要领导向职工代表作行政工作报告及有关报告；职工代表讨论审议，提出意见和建议；分厂、车间行政应集中职工代表提出的意见对有关的议案进行修改；对各项议案作出决议。通过决议时，应逐项表决。

2.行使评议监督权的程序。分厂、车间职工代表大会民主评议的对象是分厂、车间的领导人员。评议的程序是：职工代表大会召开前一周，通知被评议人员，认真总结一年来的工作，准备好述职报告；在职工代表大会上通过民主评议办法；被评议人员在职工代表大会上做述职报告（也可以书面述职）；职工代表对其进行评议，并采取无记名方式进行测评；由职工代表大会民主评议小组收集汇总评议结果，并向职工代表大会作评议工作报告；会后，由分厂、车间党组织将民主评议的结果向上级主管部门报告。

第二节　班组民主管理

班组民主管理是企业民主管理的基础，是职工主人翁地位的具体体现。班组的民主管理工作必须切实抓紧抓好。

一、班组民主管理的组织形式和工作程序

为做好班组的民主管理工作，要健全班组民主管理的组织形式，健全和完善工作程序，以促进班组民主管理工作规范有序地顺利进行。

（一）班组民主管理的基本形式及职责

班组民主管理的基本形式是全员参加的民主管理会议，其职责的核心是解决"活"怎么干、"钱"怎么分的问题。

1.班组民主管理的基本形式。根据有关规定，班组民主管理的基本形式是班组民主管理会。班组民主管理是由班组职工直接参加的一种群众管理活动。班组民主管理会，是由工会小组长主持，班组全体成员参加，按照有关规定，对班组权限范围内的有关事项进行审议、通过和决定的一种民主管理形式，是职工群众在班组行使民主管理权力和当家作主的具体体现。班组民主管理应当是班组全员管理。班组的重大问题应由班组全体成员讨论和决定，工会小组长向班组民主管理会负责，应贯彻班组民主管理会议定的事项、接受大家的监督。

2.班组民主管理会的职责及其工作程序。贯彻落实企业和车间职工代表大会决议。企业和车间职代会涉及的内容很多，在落实决议和有关事项时，要结合班组实际，发动职工出主意、想办法，制定具体方案和措施，保证决议的落实和各项任务的完成。工作程序是：听取职工代表传达企业、车间职工代表大会精神；根据企业、车间的年度目标及对本班组的任务要求，发动群众，群策群力。制定出贯彻落实企业、车间职代会决议的有效措施；把措施落实到岗位和个人，具体组织实施。

围绕班组生产工作任务开展活动。班组生产任务是班组生产活动的主要内容。工作程序是：听取班组长根据企业、车间生产任务要求制定的本班组的具体实施方案及其说明；认真讨论班组实施方案是否可行，集思广益，完善实施方案和措施；明确班组每个职工所承担的生产工作任务和责任；组织劳动竞赛，动员职工按质、按量、按计划完成自己的工作，确保班组各项生产工作任务的完成。

审议通过班组经济责任制考核办法及奖金分配方案。经济责任制考核办法及奖金分配方案涉及每个职工的切身利益，是职工最为关心的一件大事。做好这项工作的原则和程序是：按照有关政策规定制定本班组经济责任制考核办法；讨论通过班组奖金分配方案并做到奖金来源和分配结果公开，提高班组奖金分配的透明度。

讨论决定班组有关职工生活福利的事项。职工生活福利事项具体到班组，包括生产劳动条件和生活设施的改善、职工困难补助、互助救济以及职工合法权益被侵害时受理职工申诉等项内容。做好这项工作的原则和程序是：凡是职工提出的正当合理的要求，在班组权限范围内能够解决的，要积极地帮助解决；职工提出的合理要求，超出班组权限的，要积极向上级反映；对生活上确有困难的职工，通过民主讨论，提出补助或互助的建议，请示上级工会解决；培养职工集体主义观念，在班组形成互相关心、互相爱护、互相帮助的良好风气，积极开展"建小家、送温暖"活动。

民主选举班组长、民主评议班组工作。民主选举班组长的工作，一要按照上级的要求进行；二是要充分体现职工的意愿，让职工行使民主权力；三是要将选举结果向上级报告。民主评议班组工作，一是要由班组长向职工报告工作完成情况；二是坚持实事求是、一分为二的原则进行评议；三是勇于开展批评和自我批评。

民主选举职工代表和有关人员。选举工作的程序是：选举职工代表要根据上级的统一部署进行；候选人的产生要求充分发扬民主，尊重职工的意愿；在表决形式上应尽量采取无记名投票方式。

对职工奖惩提出建议。提出职工奖惩方面的建议，要按照职工的实际工作成绩、贡献大小提出，对先进人物及其事迹要宣传表扬。

（二）班组民主管理的其他形式及职责

班组民主管理的其他形式有班组民主管理小组、班组民主管理员等。要根据班组的具体情况，在实践中不断发展和完善。

1.班组民主管理小组及其主要职责。在规模较大、人员较多的班组，可以根据需要设置民主管理小组，由工会小组长任组长，负责班组日常民主管理工作。班组民主管理小组由工会小组长、班组长、党团小组长、职工代表和工管员组成。班组民主管理小组成员，由班组全体职工参加的民主管理会议选举产生，应三年改选一次，连选连任。若有缺员，及时补选。民主管理小组组长一般由工会小组长担任。民主管理小组作为班组民主管理的工作机构，负责班组民主管理的日常工作。民主管理小组的主要职责为如下。一是负责完成班组民主管理会交办的任务，定期向班组民主管理会汇报本班组民主管理工作情况。检查、督促班组民主管理会通过的有关制度、方案的落实和实施情况。二是了解职工对班组工作和民主管理工作的意见和建议，做好班组民主管理会的组织筹备工作。三是负责班组民主管理会的活动记录、资料收集和台账保管等工作。四是掌握职工思想动态，协助班组长做好班组成员的思想工作，积极反映存在的问题。班组民主管理小组的日常活动由班组民主管理小组组长主持。民主管理小组组长要主动提出有关民主管理工作的设想、安排，主动与班组长协商，要善于发挥民主管理小组其他成员的作用，积极协助班组长搞好班组建设。

2.班组民主管理员及其职责。有的地方把选举出来的宣传员、材料员、安全员等叫"民主管理员"，有的单独设立了民主管理员，对班组的日常工作进行民主监督，这些都是一种积极的探索和尝试。

二、班组民主管理的制度和活动方式

为保证班组民主管理工作的正常开展，必须建立和健全班组民主管理制度，并采取与之相适应的活动方式。班组民主管理工作应做到工作制度化、活动程序化。

（一）班组民主管理会的工作制度和活动方式

班组民主管理的工作制度和活动方式要注意坚持和把握以下几个方面：班组民主管理会一般每季召开一次，也可根据需要由班组长、民主管理小组长协商随时召开。班组民主管理会实行民主集中制，班组民主管理会要有本班组 2/3 以上职工参加，讨论决定的事项要有班组全体职工半数以上同意才能生效。班组民主管理会讨论决定的事项，班组成员要共同遵守，班组民主管理会在其职权范围内讨论的事项，任何人不能随意变更，若想变更必须由班组民主管理会再次讨论、同意后，方可变更。班组长要执行班组民主管理会在其职权范围内作出的决定，班组长对班组民主管理会的决定有不同意见时，可提请民主管理会复议，如复议后意见仍不一致，应向车间党、政、工组织报告，协调解决。班组民主管理会的每次例会，由民主管理小组长首先报告上次会议各项决定的执行情况，然后再讨论本次会议所要解决的问题。班组民主管理会的议题，由民主管理小组长在征求职工意见的基础上，与班组长协商确定，并将会议主要议题提前通知班组职工，会议的议题不要太多，一次应集中解决一两个问题。班组民主管理会议及活动情况要有记录、有检查、有处理结果。

（二）民主管理小组的制度和活动方式

班组民主管理小组在民主管理小组长主持下开展活动，负责班组民主管理的日常工作。班组民主管理小组一般每月召开一次会议，讨论、研究班组的民主管理工作。班组民主管理小组的工作应做到月初有安排、月底有总结，工作情况要定期向班组民主管理会汇报。在贯彻落实班组民主管理会决定的过程中，班组长和民主管理小组长应明确分工，属于生产经营方面的问题，由班组长负责落实；属于民主管理方面的问题，由民主管理小组长负责落实。要做到密切协作，共同搞好班组民主管理。

班组民主管理员的工作制度和活动方式，要根据班组的实际进行。

三、班组民主管理工作中应注意的几个问题

班组民主管理是群众性的管理活动。班组职工是民主管理活动的主体，发挥班组每个职工的积极性是搞好班组民主管理的关键。班组长、工会小组长、民管员在班组的生产经营和日常管理中发挥着骨干作用，因此，发挥班组长、工会小组长和民管员在民主管理中的骨干作用，是搞好班组民主管理的十分重要的一环。

（一）要把握的几个关系

1.要注意班组民主管理会和班组会的区别。二者的主持人不同，班组民主管理会由工会小组长主持，班组会由班组长主持；二者的组织制度不同，班组民主管理会一般每月召开一次，而班组会开会较多，有些会已成为每天例会；二者的内容不同，班组民主管理会内容比较集中，主要是民主管理职权范围内的问题，而班组会内容比较复杂，多是布置生产任务等。班组民主管理会和班组会可以联合召开，但是会议主持人要分开，会议内容要分开，不能混合在一起。

2.班组民主管理小组不能代替班组民主管理会行使职权。如遇有重要问题，可召开班组民主管理小组会协商解决，但议定的事项要在下次班组民主管理会上得到确认，班组民主管理会有权改变民主管理小组的决定。

（二）要充分发挥班组长、工会组长的作用

1.班组长要善于依靠群众，发挥班组集体的智慧和力量。我们常讲，班组长是"兵头将尾"，权小责任大。班组长既是安全生产的带头人，又是班组的行政管理者。因此，要搞好班组工作，班组长要善于依靠班组职工集体的智慧和力量，为工会小组长和民管员开展工作创造条件。

2.工会小组长要充分发挥在班组民主管理中的组织作用。工会小组长是班组民主管理会的主持者，因此，工会小组长应把班组民主管理作为工会小组的工作重点，把工会小组办成政治民主、经济民主、生活民主的集体。

（三）要努力做到全员、全过程、全方位参与班组民主管理

要十分重视班组民主管理的全员性，尽可能地让班组全体职工都能够参加。如因倒班等原因，有的职工不能参加班组民主管理会，也要采取措施，充分听取这些职工的意见。要认识到，班组的事情直接关系到全班组职工的利益，班组民主管理对于企业、对于分厂和车间来说，更直接、更现实。

（四）同工会建小家结合

班组民主管理旨在通过保障职工的主人翁地位，调动职工积极性，促进班组的建设和发展。班组建小家的核心问题也在于职工在班组当家作主，建家的重点是班组的民主管理。因此抓好班组的民主管理要同班组建小家结合起来，推动两项工作的共同发展。

（五）同以人为中心的管理结合

现代管理是以人为中心的管理，现代管理强调对人的尊重与关心，这与民主管理保障职工主人翁地位有内在的一致性。要充分借鉴和利用好这一点。在协助行政推进现代管理过程中，在深化班组民主管理过程中，将民主管理制度的落实，同对职工人文关怀、关心帮助等活动有机结合起来，共同推进，共同发展。

第三节　其他形式的民主管理

理论是灰色的，生活之树是常青的。不少基层单位在民主管理的实践中，创造了许多有声有色、卓有成效的民主管理形式。

一、职工代表检查监督

充分发挥职工代表在日常民主参与、民主管理和民主监督方面的作用，许多单位在实践中总结了新的经验和做法。

（一）职工代表大会保安全

安全是企业的生命线，没有安全就没有一切。安全生产是国家利益所在，是企业的根本利益所在，也是职工群众整体利益所在。坚持以人民为中心，就要把企业的安全生产，职工的生命安全放在头等重要的位置。

一些单位在充分发挥职工代表大会在审议企业重大决策、监督行政领导、维护职工合法权益的同时，还认真审议企业安全生产方面的重大事项，组织职工就安全生产方面的问题查隐患、找漏洞，认真提出意见和建议，创造了职代会保安全的经验，全国总工会还为此召开了专门的经验交流会。

（二）专门工作委员会的检查

在职工代表大会和职工日常民主管理的实践中，许多单位的工会组织及职工代表大会专门委员会在活动中，经常组织职工代表就企业贯彻职工代表大会决议、落实劳动法律法规、安全生产和经营管理等方面的问题进行巡视检查。一般是半年检查一次，有的是一季度检查一次。对检查出的问题，认真做好纪录。检查结果向工会组织、职工代表团长和专委会主任联席会议报告，向行政有关方面通报，促进问题的解决。

（三）职工代表检查

一些单位给职工代表印制代表证，组织或授权职工代表持证检查。检查安全生产关键岗位、关键环节的安全生产情况，检查干部职工的遵章守纪情况，检查职工群众关心的热点敏感问题的情况。有些单位还组织职工代表利用召开职工代表大会期间或日常的时间，就职工群众普遍关心的问题，到有关部门进行检查了解情况。

职工代表的检查、专委会的检查之所以被行政方和工会组织广泛应用，被职工群众广泛接受，是有一定原因的。因为对于企业行政方面来讲，等于其体制外又多了一条渠道保安全促管理。对于职工来说，职工代表同职工群众是同事，说话、批评和建议更容易接受。职工代表的检查监督要注意和防止可能出现的情况是，被行政方面过度使用，防止职工代表成为矛盾的焦点。

二、民主恳谈与座谈对话活动

(一)民主恳谈会

恳谈会,顾名思义即诚恳地交谈,以诚恳心态就大家普遍关注的问题进行洽谈,并达成共识。职工民主恳谈会,即企业经营者与职工通过对话、协商的方式,对一些焦点、难点问题在平等、互信的恳谈中形成双方都能接受与认可的意见。职工民主恳谈会能够较好地沟通企业经营者与职工双方的思想、感情,融洽双方关系,适用于规模小、人员少、流动性大的企业。民主恳谈会主要是围绕企业发展和职工权益两大主要议题,就工资报酬、工作时间、劳动保护、生活福利、创新发展、节能减排、企业发展等问题,企业经营者与职工面对面、心平气和地交流、协商解决。不仅可以维护职工合法权益,也可以减少双方对立情绪,营造平等合作的良好氛围。民主恳谈会可以根据协商的内容定期或不定期召开。参加人员一般由企业经营管理方面和职工方面的人员组成。恳谈会的议题、时间、地点、主持人等,由双方商定。会议要做好记录,形成纪要。

(二)听证和座谈对话

涉及职工切身利益的问题和生产经营中的一些重大问题,是职工群众最关心的问题,也是分厂、车间班组民主管理厂务公开工作中应重点关注解决的问题。有的单位的一些分厂、车间在民主管理厂务公开的实践中,在制定出台收入分配、奖惩、竞争上岗办法等有关职工切身利益的办法、规定时,学习借鉴政府部门出台有关政策规定时的听证办法,举行类似的听证活动,充分听取职工意见,不仅使出台的文件符合实际,大家满意,而且将讨论完善的过程,变成了宣传发动的过程,和谐融洽干群关系、调动大家积极性的过程,更有利于办法的实施。可以积极进行这方面的探索与实践。

三、职工代表质询活动

（一）民主质询领导人员的内容

民主质询企事业单位领导人员，是职工代表的基本权利。民主质询不同于一般民主对话或咨询，它要求被质询的领导人员必须对所提问题给予回答，因而带有一定的强制性，其实质上仍然是一种民主监督形式。民主质询的内容，一般是广大职工普遍关注的企事业"热点""难点"问题。其内容主要包括：对职工代表大会通过的决议、集体合同履行和提案落实情况进行质询；对企事业的重大决策及实施情况进行质询；对职工关注的某一阶段的工作进行质询；等等。

（二）民主质询领导人员的活动方式

民主质询的活动方式，常见的主要有：根据质询的问题和被质询的对象，召开有关的质询会议，职工代表当面质询，有关领导当场解答；职工代表通过工会或职代会，以书面的形式，对有关问题向有关方面提出质询。被质询的领导采用书面或其他方式答复说明；职工代表到有关问题的现场，向有关领导提出质询，有关领导答复说明。

（三）民主质询的程序和应注意的问题

职工代表大会民主质询企事业单位领导人员要按一定的程序进行。程序一般是：职工代表提出质询要求（职工代表大会开会期间向主席团提出，闭会期间向工会提出）；职工代表大会主席团或工会确认质询有无必要，认为有必要的，由职工代表大会主席团或工会同被质询人员协商确定质询的时间、地点和方式；按协商的时间、地点和方式进行民主质询；职工代表大会专门小组或工会将质询结果整理成纪要，发给企事业单位领导和有关部门，并督促行政有关部门解决质询的问题，并同时向提出质询的职工代表通报情况。

职工代表民主质询的目的，主要是沟通信息，解决问题，改进工作。因此，作为职工代表在民主质询过程中，要抱着实事求是、坦诚相见的态度，切忌把质询变成责难。作为被质询的领导人员要认真对待职工代表提出的问题和意见，虚心接受批评，努力改进工作。

四、合理化建议活动

合理化建议活动，就是指发动和依靠广大职工围绕企事业单位生产经营管理中的问题，为深化企事业改革、促进技术进步、实行科学管理、降低生产成本、提高产品质量、推动创新发展，增强企业竞争实力的献计献策活动。

(一) 合理化建议的内容

1.在管理理论、管理技术上有创见，对提高生产经营管理、科研、教学、设计水平，提高经济效益或社会效益有指导作用。

2.在管理组织、制度、机构等方面提出改革办法或改进方案，对提高工作效率和企事业单位应变能力或服务能力有显著效果。

3.应用国内外现代化管理技术和手段，取得经济效益或社会效益。

4.学习、借鉴国内外已有的先进技术、经验、成果，首次采纳应用于单位的。

5.合理化建议和技术改进项目在提出者所在单位不能采纳时，可向外单位提出，采纳单位应视同本单位人员处理。

(二) 合理化建议的实施要点

1.提高针对性：合理化建议，虽然是员工展示自我、实现自我价值的平台，对激发员工的工作热情、创新改善意识卓有成效，但仍要做好组织和策划工作。

2.体现激励性：合理化建议的效果取决于全员参与的广度和深度，要激励全员参与，激励措施必不可少。激励措施包括物质激励、荣誉激励、精神激励等等。除了这些必要的奖励措施外，还必须给合理化建议活动宽松的环境，不要给下属单位和职工下指标、下任务，只要职工提出了建议都应给予积极的肯定和鼓舞。

3.创新评议制：除成立必要的合理化建议评审委员会外，还应有其他措施公布评估结果。如利用企业局域网的优势，及时发布合理化建议。可在企业网页上建立一个"合理化建议"模块。有了这个模块，职工的一个建议从提交到评议、审批，再到最后的实施，都可以在这个流程中走完。

五、总经理联络员与民主接待日等

（一）总经理联络员、助理厂长等

一些单位在民主管理的实践中创造了职工代表担任总经理联络员、助理厂长、驻厂联络员等参与管理的形式。请职工代表参与日常的决策和管理，了解全局、了解企业管理的整体情况及领导层的工作，也让领导层更好地倾听职工群众的意见与建议，强化职工群众与领导者的沟通与理解。

（二）民主接待日

由企业党、政、工领导和有关方面负责人定期接待职工群众来访，称为"民主接待日"。通过民主接待日制度，直接倾听职工群众意见、建议和诉求，为群众排忧解难。民主接待日的基本要求如下：一是在接待日前将接待领导人名单公开告知职工群众，并通知参加接待的有关领导做好接待准备；二是做好来访职工的接待和登记，引导其按秩序参加接待活动；三是认真做好接待记录；四是坚持对信访接待日中交办的事情落实情况进行督查，做到件件有着落，事事有回应。

（三）民主信箱

民主信箱，即企事业单位设立一个民主信箱，职工群众对本单位工作有什么意见，对本单位领导有什么反映，随时可以写出来投入民主信箱，由企事业单位工会开箱整理后送有关领导或上级有关部门处理。

（四）微信群等平台

现代传媒手段的日新月异，使人们的生活与工作越来越便利，也改变了企业和社会的经济政治生活环境。许多企业与组织，建立了自己的微信公众号等平台，重大事项及时告知全体职工，大家也有一个交流倾诉的场所。这也为企业民主管理创造了新的载体与平台。

思考题

1.为什么强调车间的分配办法要经职代会讨论通过？

2.班组民主管理的基本形式是什么？

案例

构建车间民管机制　营造车间和谐环境
——民主管理在某厂管理中的应用

规范车间职代会制度

1.规范车间职代会程序和内容，确保车间职代会质量。一是公司党政工联合制定下发了《车间职代会规范》，对车间职代会的主要议题和会议程序等进行了规范，并为车间筹备职代会提供了职代会文件范本供车间筹备职代会时参考。二是实行了车间职代会会前预报审批制度和会后报告归档制度，由公司工会负责对车间召开职代会的内容和程序进行严格审核把关，公司党政工领导还亲自参加车间职代会，从而确保了车间职代会严格按照规范的程序召开，确保了会议质量。目前，全公司所有车间实行职代会率、职代会对《车间一体化岗效工资考核办法》、行政工作报告、财务工作报告、提案落实工作报告审议率、对车间领导人员的民主评议率均达到了100%。

2.审议《车间一体化岗效工资考核办法》，确保车间重大决策建立在民主、民意基础之上。为了给做强车间创造基础条件，我公司实施了一体化岗效工资考核办法，从安全、质量、财务、材料、人员素质、班组管理等15个方面，对车间进行过程和结果考核，考评结果决定车间经济效益。各车间根据《公司一体化岗效工资考核办法》，均制定出了本车间的一体化岗效工资考核办法，明确所属各工区的责、权、利。车间一体化考核办法必须提交车间职代会审议通过后才能付诸实施。

3.民主评议车间领导人员，确保对车间领导人员实行有效民主监督。坚持车间职代会每年对车间领导人员进行一次定性定量的民主评议。实际评议时，坚持做到先述职、后评议。民主评议的内容，既有定性的综合评价，又有具体量化的评议意见和对被评议人的奖惩建议。民主评议结果分别报公司党政主要领导、公司人劳科和公司工会，作为公司对被评议人实施奖惩任免的主要依据。

健全车间日常民管制度

实行职代会联席会议制度。实行车间职代会专门工作小组和职工代表巡视检查制度。各车间定期或不定期的组织开展巡视检查活动。定期的巡视检查活动主要有：车间职代会提案半年处理落实情况的巡视检查，防暑降温、防寒过冬、防煤气中毒的巡视检查等。实行职工代表述职报告和对其进行民主评议、绩效考核制度。还建立了职工代表履行职责绩效考核制度，给职工代表具体规定了五项工作任务，并根据职工代表履行职责的实际表现，分别由公司工会和各车间工会，建立起了两级职工代表履行职责绩效考核台账和档案，据此开展评选优秀职工代表、优秀职代会提案人及优秀提案处理人等活动，并给予一定物质奖励。

深化车间厂务公开制度

1.制定"公开细则"，明确公开规范，车间厂务公开实现"三规范""三明确"。"三规范"的具体内容如下。一是规范了车间厂务公开的八大项内容。包括：生产任务及完成情况、各项管理制度、奖金分配办法及方案、车间管理人员党风廉政建设情况及考核和评议结果、各类评先情况、集体福利事项、材料费用使用情况、其他需要公开的事项。二是规范了车间厂务公开的五种形式：车间厂务公开的基本形式是车间职代会，其次是厂务公开栏，其三是局域网络，其四是召开各种会议，其五是下发文件通报。三是规范了车间厂务公开的三步审批程序。第一步，根据厂务公开的内容，由车间责任部门（责任人）填报《某车间实施厂务公开审批表》并附公开的具体内容报车间领导审批。第二步，依次经车间主任或主管副主任、监督小组审批同意。第三步，由责任部门（责任人）按照规定的公开形式和公开时限实施公开。"三明确"的具体内容如下。一是明确责任部门（责任人）。根据不同的公开内容，将公开的责任明确落实到车间的某个室及其某个人，从而使车间每一项公开事项和公开内容均有责任部门和责任人，达到了责任明确。二是明确公开时限。根据不同的公开内容，明确规定了不同的公开时间限制，以便保证公开内容在规定的时间内能够及时公开。三是明确考核标准。我们加强了对车间厂务公开工作的检查考核，将车间厂务公开工作细化为12项考核内容，实行百分制量化考核，列入每季一次的车间季度综合考核之中，作为优胜车间和达标车间的评比条件之一。通过进行季度检查考核，真正把厂务公开工作纳入了车间日常的工作内容之中，融入了车间日常的管理制度和考核制度之中，实现了与安全生产、设备质量等车间日常工作同布置、同检查、同落实。

2.紧密结合实际，突出公开重点，车间厂务公开实现"三个深化"。对涉及职工切身利益的奖惩考核管理制度实施公开深化。《车间一体化岗效工资考核办法》是直接关系职工切身利益的车间综合奖惩考核管理办法，我们将此办法向职工公开，不仅让职工知晓了奖惩规定，而且还让职工进一步熟悉了安全生产、设备质量等工作标准和管理考核标准，从而提高了职工搞好安全生产、维护好设备质量的主动性、自觉性。向生产和经营管理领域实施公开深化。例如：我们将车间独立承担的施工工程的经济收支分配情况列入车间必须公开项目，由车间通过车间厂务公开栏向职工群众公开，接受职工群众监督。再如：我们在各车间普遍推行了车间、班组生产施工工作任务计划及实施步骤公开制度，通过列出施工工作任务计划及实施步骤年月表的形式，在车间和班组制表上墙，从而让职工对工作计划及其实施程序做到了早知道并及早做好准备工作。对职工关注的"热点"问题实施公开深化。例如：车间领导人员的月经济收入；车间领导人员出差、交通和通信工具等费用的报销情况；车间自购物资材料的翔实账目；车间一体化考核的结果等职工比较关注的"热点"问题，均通过车间、班组公开栏等形式予以公开。

3.加强过程监督，确保真实公开，车间内部呈现"三种局面"。实施厂务公开不仅要注重结果的公开，更要注重过程的公开。我们全面推行了车间重大事项"三连环公开"制度，即：决策前公开征求意见、落实过程中公开落实进度、完成后公开实施结果。"三连环公开"制度的落实，实现了车间重大事项的全过程公开，为职工群众对其进行全过程民主监督和民主参与提供了前提条件。这一制度的严格实施，也密切了干群关系，防止了腐败问题的发生。

第十章

事业单位民主管理与区域（行业）职代会

全国厂务公开协调小组办公室关于印发《2023 年全国企业民主管理工作要点》中，要求进一步深化事业单位民主管理制度。适应深化事业单位改革的要求，指导医院、科研院所等事业单位普遍建立并完善职代会、厂务公开等民主管理制度，把内部事务公开同社会事务公开相结合，广泛听取职工群众意见建议，推动建立现代管理制度，提高管理水平。落实中共中央办公厅印发的《事业单位领导人员管理规定》有关事业单位领导班子制定任期目标时，应当充分听取单位职工代表大会或者职工代表的意见的相关要求，发挥群众监督作用。适应学校管理实际，结合《学校教职工代表大会规定》实施 12 周年，进一步健全大专院校教代会制度，推动完善现代学校制度。适应中小企业职工人数少、流动性大、劳动关系不稳定的特点，在县以下非公有制企业比较集中的地区或行业，通过建立区域（行业）职工代表大会制度的形式，大力推进以职代会为基本形式的非公企业民主管理制度建设，是全总的要求也是一些地方的成功实践。文化事业单位更是由于其重要性和特殊性，其民主管理一直受到高度重视并创造了许多成果。区域性、行业性职工代表大会和文化事业单位职工代表大会的代表在推进民主管理的进程中肩负着重要的责任。

第一节　文化事业单位的民主管理

2012 年年初，全国总工会在六部委《企业民主管理规定》下发之后，同年9月和文化部（现文化和旅游部）共同制定下发了《国有文化企事业单位职工代表大会实施办法（暂行）》，以规范国有文化企事业单位民主管理活动。

一、文化事业单位民主管理的定位与应遵循的原则

职工代表大会是国有文化企事业单位实行民主管理的基本形式，是职工行使民主管理权力的机构，也是文化企事业单位治理结构的重要组成部分。国有文化企事业单位必须建立和健全职工代表大会制度和其他企业民主管理制度，实行院（团、馆）务公开，依法设立职工董事和职工监事，推行民主管理。国有文化企事业单位应当尊重和保障职工依法享有的知情权、参与权、表达权和监督权等民主权利，支持职工参加文化企事业单位管理活动，发挥职工在参与审议文化企事业单位重大决策、监督行政管理、维护自身合法权益等方面的作用。国有文化企事业单位职工代表大会接受同级党组织的思想政治领导，贯彻执行党和国家的方针、政策，正确处理国家、企事业单位和职工三者利益关系，在法律规定的范围内行使职权。党组织要定期研究职工代表大会工作，定期听取职工代表大会工作汇报，支持职工代表大会依法行使职权。职工代表大会应当积极支持本单位行政领导行使经营管理决策和统一指挥业务活动的职权。董事会、经理层要积极推进职代会制度和职代会决议的落实。国有文化企事业单位工会应当组织职工依法开展民主管理活动，维护职工合法权益。工会委员会是职工代表大会的工作机构，负责职工代表大会的日常工作，检查、督促职工代表大会决议的执行。国有文化企事业单位职工应当尊重和支持本单位依法行使管理职权，积极参与企事业单位管理。非国有文化事业单位的企业民主管理应该原则上比照国有文化企事业单位执行。

二、文化企事业单位职工代表大会的职权与组织制度

(一) 文化企事业单位职工代表大会的职权

1.听取本单位行政负责人的工作报告，讨论审议本单位年度工作报告、发展长远规划和近期目标、重大改革方案、财务预决算报告、收入分配方案，并作出决议。

2.审议通过岗位责任制、劳动用工、劳动报酬、工作时间、休息休假、劳动安全卫生、保险福利、职工培训、劳动纪律，以及其他涉及职工切身利益的规章制度或者重大事项等。

3.审议通过集体合同草案，对集体合同履行情况进行监督检查。

4.审议决定职工福利基金的使用方案和其他有关职工生活福利的重大事项；对职工参加社会保险及各项社会保险费缴纳情况进行监督。

5.民主评议和监督领导班子成员，并向相关部门提出奖惩和任免的建议；主管机关任命或者免除行政领导人员的职务时，必须充分考虑职工代表的意见。

6.选举职工董事、职工监事；推选劳动模范和先进工作者。

7.其他法律和行政法规规定的须经职工代表大会讨论、审议或者决定的事项。

(二) 文化企事业单位职工代表大会组织制度

1.国有文化企事业单位可以根据职工人数确定召开职工代表大会或者职工大会。召开职工代表大会的，职工代表人数按照不少于全体职工人数的5%确定，但最少不少于30人。职工代表人数超过100人的，超出的代表人数可以由文化企事业单位与工会协商确定。职工代表中，中层以上领导人员一般不超过职工代表总数的1/5。

2.职工代表大会每3至5年为一届，每年至少召开一次。召开职工代表大会正式会议必须有全体职工代表的2/3以上到会方为有效。职工代表大会可以选举主席团主持会议，处理会议期间的相关事项。主席团成员在职工代表中产生。主席团成员应当有领导人员、演职人员（工

人）、技术人员、管理人员和其他方面的职工。其中，中层以上领导人员不得超过主席团成员半数。

3.职工代表大会应当围绕增强本单位活力、促进技术进步、提高经济效益，针对本单位经营管理、分配制度和职工生活等方面的重要问题确定议题。职工代表大会可以根据需要，设立提案组、职工保险福利组、财务审查组、规章制度监督组、平等协商组、民主评议组等若干专门小组。各专门小组的人选，一般在职工代表中提名，也可以聘请非职工代表，但必须经职工代表大会表决通过。各专门小组对职工代表大会负责。专门小组进行活动需要占用工作时间的须经领导同意，方可享受正常出勤同样的待遇。

4.首次召开职工代表大会前应当成立筹备机构，由单位党组织、行政、工会等方面人员组成。筹备机构主要任务是：负责会议的组织筹备，起草本单位职工代表大会实施办法（细则）；组织选举职工代表；起草职代会筹备工作情况报告；研究确定本次职工代表大会主要议题和议程；提出主席团等组织机构设置、组成方案及候选人员建议方案，听取职工意见和建议，等等。

职工代表大会召开正式会议时，会议主持人必须向大会报告职工代表出席情况、职工代表大会提案征集情况和上次职工代表大会提案的落实情况。

三、文化企事业单位的职工代表与其他形式的民主管理

（一）职工代表的选举、权利与义务（略，见第五章）

（二）其他形式的民主管理制度

1.文化企事业单位应当实行院（团、馆）务公开制度。要在法律、法规允许的范围内，以职工代表大会为主要形式，并通过其他形式，将企事业单位重大决策、生产经营管理的重要问题，涉及职工切身利益的问题以及与企业领导班子建设和党风廉政建设密切相关的问题，向职工公开，切实保障职工的知情权、表达权、参与权、监督权等各项权利的

落实。

2.文化企事业单位建立集体合同制度的，工会要代表职工就职工劳动报酬、工作时间、休息休假、劳动安全卫生、保险福利等涉及职工切身利益的事项与单位进行集体协商，集体合同草案应提交职工代表大会或者全体职工讨论通过。

3.实行公司制的文化企业单位，应当按照《公司法》的规定建立职工董事、职工监事制度。通过职工代表大会民主选举一定数量的职工代表进入董事会、监事会。职工董事、职工监事代表职工参与企业的决策，发挥监督作用。

4.文化企事业单位在建立健全职工代表大会制度的同时，还可以通过劳资恳谈会、民主议事会等形式，广泛开展多种形式的民主管理活动，提高和扩大职工的参与程度和范围。

第二节　学校、科研等单位的民主管理

教育、科研、医疗卫生等系统在建设社会主义精神文明、发展先进生产力、践行社会主义核心价值观、在实现中华民族伟大复兴的中国梦中承担重要任务。这些单位的民主管理水平和职工对民主管理的诉求相对较高，也对以职工代表大会为基本形式的民主管理提出了更高的要求。

一、教职工代表大会

教育部为依法保障教职工参与学校民主管理和监督，完善现代学校制度，促进学校依法治校，2011年11月下发了《学校教职工代表大会规定》（下称《规定》）。该《规定》已于2012年1月1日起施行。该《规定》明确了职工代表大会是教职工参与学校管理的基本形式，扩大了教职工代表大会的职权，对教职工代表的选举条件、权利和义务，以

及教职工代表大会的组织原则和工作机构都做了明确的规定。

（一）教职工代表大会的定位与遵循的原则

学校（中国境内公办的幼儿园和各级各类学校，下同）教职工代表大会（以下简称教职工代表大会）是教职工依法参与学校民主管理和监督的基本形式。学校应当建立和完善教职工代表大会制度。教职工代表大会应当高举中国特色社会主义伟大旗帜，以习近平新时代中国特色社会主义思想为指导，全面贯彻执行党的基本路线和教育方针，认真参与学校民主管理和监督。教职工代表大会和教职工代表大会代表应当遵守国家法律法规，遵守学校规章制度，正确处理国家、学校、集体和教职工的利益关系。教职工代表大会在中国共产党学校基层组织的领导下开展工作。教职工代表大会的组织原则是民主集中制。学校应该在其下属单位建立教职工代表大会制度，在该单位范围内实行民主管理和监督。（民办学校、中外合作办学机构的民主管理工作参照执行）

（二）教职工代表大会的职权

1.听取学校章程草案的制定和修订情况报告，提出修改意见和建议。

2.听取学校发展规划、教职工队伍建设、教育教学改革、校园建设以及其他重大改革和重大问题解决方案的报告，提出意见和建议。

3.听取学校年度工作、财务工作、工会工作报告以及其他专项工作报告，提出意见和建议。

4.讨论通过学校提出的与教职工利益直接相关的福利、校内分配实施方案以及相应的教职工聘任、考核、奖惩办法。

5.审议学校上一届（次）教职工代表大会提案的办理情况报告。

6.按照有关工作规定和安排评议学校领导干部。

7.通过多种方式对学校工作提出意见和建议，监督学校章程、规章制度和决策的落实，提出整改意见和建议。

8.讨论法律法规规定的以及学校与学校工会商定的其他事项。

教职工代表大会的意见和建议，以会议决议的方式作出。学校应当建立健全沟通机制，全面听取教职工代表大会提出的意见和建议，并合理吸收采纳；不能吸收采纳的，应当作出说明。

（三）教职工代表大会的组织规则

有教职工80人以上的学校，应当建立教职工代表大会制度；不足80人的学校，建立由全体教职工直接参加的教职工大会制度。学校根据实际情况，可在其内部单位建立教职工代表大会制度或者教职工大会制度，在该范围内行使相应的职权。教职工大会制度的性质、领导关系、组织制度、运行规则等，与教职工代表大会制度相同。学校应当遵守教职工代表大会的组织规则，定期召开教职工代表大会，支持教职工代表大会的活动。教职工代表大会每学年至少召开一次。遇有重大事项，经学校、学校工会或1/3以上教职工代表大会代表提议，可以临时召开教职工代表大会。教职工代表大会每3年或5年为一届。期满应当进行换届选举。教职工代表大会须有2/3以上教职工代表大会代表出席。教职工代表大会根据需要可以邀请离退休教职工等非教职工代表大会代表，作为特邀或列席代表参加会议。特邀或列席代表在教职工代表大会上不具有选举权、被选举权和表决权。教职工代表大会的议题，应当根据学校的中心工作、教职工的普遍要求，由学校工会提交学校领导研究确定，并提请教职工代表大会表决通过。教职工代表大会的选举和表决，须经教职工代表大会代表总数半数以上通过方为有效。教职工代表大会在教职工代表大会代表中推选人员，组成主席团主持会议。主席团应当由学校各方面人员组成，其中包括学校、学校工会主要领导，教师代表应占多数。

教职工代表大会可根据实际情况和需要设立若干专门委员会（工作小组，下同），完成教职工代表大会交办的有关任务。专门委员会对教职工代表大会负责。教职工代表大会根据实际情况和需要，可以在教职工代表大会代表中选举产生执行委员会。执行委员会中，教师代表应占多数。教职工代表大会闭会期间，遇有急需解决的重要问题，可由执行委员会联系有关专门委员会与学校有关机构协商处理。其结果向下一次教职工代表大会报告。

（四）教职工代表大会代表

凡与学校签订聘任聘用合同、具有聘任聘用关系的教职工，均可当选为教职工代表大会代表。教职工代表大会代表占全体教职工的比例，由地方省级教育等部门确定；地方省级教育等部门没有确定的，由学校自主确定。教职工代表大会代表以学院、系（所、年级）、室（组）等为单位，由教职工直接选举产生。教职工代表大会代表可以按照选举单位组成代表团（组），并推选出团（组）长。教职工代表大会代表以教师为主体，教师代表不得低于代表总数的60%，并应当根据学校实际，保证一定比例的青年教师和女教师代表。民族地区的学校和民族学校，少数民族代表应当占有一定比例。教职工代表大会代表接受选举单位教职工的监督。教职工代表大会代表实行任期制，任期3年或5年，同教职工代表大会届期一致，可以连选连任。选举、更换和撤换教职工代表大会代表的程序，由学校根据相关规定，并结合本校实际予以明确规定。教职工代表大会代表的权利和义务参见第五章。

二、科研院所的职工代表大会与民主管理

科研也是生产力，在某种意义上讲，是先进生产力。科研院所、医疗卫生单位、体育单位等系统的民主管理也是企业民主管理的重要组成部分，应该给予应有的重视。

中国科学院2008年规定，研究所是国家科研机构，是中国科学院科技创新活动的基本组织单元。研究所履行事业法人的权责，全权处理内部事务，独立承担民事责任，依法保障职工权益。研究所实行所长负责制，实行民主讨论基础上的所长决策制度。职代会是研究所实行民主管理的基本形式。研究所党委起着政治核心和保证监督作用。党委的主要职责如下：领导职工代表大会、工会等群众组织，支持他们依照国家法律和各自章程开展工作。研究所建立职工代表大会或职工大会（以下简称职代会）制度。职代会在研究所党委的领导下开展工作，是研

究所实现所务公开、依靠职工办好研究所的重要途径。职工代表由职工直接选举产生，一般占在职职工人数的 10%～30%，最低不少于 30 人，其中岗位聘用人员不少于 1/2。职代会每届任期 5 年，与所党委班子同步换届。职代会实行民主集中制。职代会每年召开 1 次会议，每次会议必须有 2/3 以上的代表出席。职代会形成的决议须经全体职工代表过半数表决通过。职代会设主席团，其成员由职代会选举产生，其中科技人员不少于 1/2。在职代会闭会期间，工会委员会承担职代会常设机构的职责。职代会的主要职责是：听取所长年度工作报告和资产财务工作报告，审议所长任期目标、发展战略规划、重大改革方案和重要规章制度等；审议涉及职工权益和福利的重大事项；会同有关部门，民主评议、监督研究所中层及以上领导干部，提出奖惩建议；征集、整理提案，反映职工的意见和建议，监督检查提案落实情况。

建立所务公开制度。重大政策和规章制定前要进行深入调研，发布前要广泛征求职工意见，发布时要让全体职工及时了解。推进电子政务，为所务公开提供有效的信息发布平台。

三、机关职工的民主管理

机关单位的民主管理主要是组织机关干部职工，通过职工代表大会或者职工代表会议，审议通过涉及职工切身利益的事项，民主评议中层领导干部。注重机关民主管理，防止出现民主管理"灯下黑"的情况，有利于强化群众路线，有利于党风廉政建设。机关企业民主管理的基本形式是职工代表大会。对于建立机关职工代表大会实在困难的单位，机关职工代表会议不失为一种选择。机关职工代表大会或职工代表会议的议题应该重点围绕以下事项进行：组织发动机关干部职工就经营管理、深化改革及加强机关思想作风建设、提高办事效率、强化群众路线等，积极参政议政，提出意见与建议；审议通过机关经济责任制实施办法、奖惩办法及其他重要的规章制度和涉及职工切身利益的重大事项；对机关部门负责人进行评议监督。机关职工代表大会或职工代表会议的日常工作由工会负责。其组织制度等事项应遵循《企业民主管理规定》《职代会条例》的规定。机关部门开展民主管理工作，应该以机关处室、科室为单位建立民主管理小组，成员为本部门的全体人员。部门民主管理小组的主要职责是：讨论本部门的重要事项及涉及职工切身利益的问题，民主评选或推荐先进工作者等。

第三节　区域性、行业性职工代表大会

区域性、行业性职工代表大会制度因为其对应行政组织的多样性、多数性导致其工作难度加大。在实践的过程中必须切实加强组织制度和工作制度建设。

一、区域性、行业性职工代表大会的职权与任务

（一）区域性、行业性职工代表大会的职权

根据全国总工会的文件规定，区域性、行业性职工代表大会的职权主要有以下几个方面。

1.听取区域（行业）执行国家有关劳动法规政策情况报告，区域（行业）劳动关系状况报告，并提出意见和建议。

2.讨论区域（行业）内企业有关劳动报酬、工作时间、休息休假、劳动安全卫生、保险福利、职工培训、劳动纪律以及劳动定额管理等直接涉及职工切身利益的重大问题，提出意见和建议。

3.讨论通过区域（行业）集体合同草案和专项集体合同草案。

4.审议监督区域（行业）内企业执行劳动法律法规和区域（行业）职工代表大会决定事项情况，签订和履行劳动合同、集体合同情况，缴纳社会保险费情况，实行厂务公开情况等。

5.选举和罢免职工代表大会各专门委员会（小组）组成人员和参加平等协商的职工代表。

6.审议决定区域（行业）职工代表大会的其他事项。

(二) 区域性、行业性职工代表大会的任务

职工代表大会是企业民主管理的基本形式，是职工行使民主管理权力的机构。建立区域性、行业性职工代表大会制度的主要任务如下。

1.依法协调劳动关系。劳动关系是基本的社会关系，依法协调劳动关系，确保劳动关系的和谐稳定，是构建和谐社会的基本保障。通过建立区域性、行业性职工代表大会制度，解决签订区域性、行业性集体合同问题，也为职工与企业有效沟通搭建了平台，有利于职工以规范有序、理性合法的方式表达利益诉求，解决利益矛盾，构建和谐稳定劳动关系。

2.维护职工合法权益。当前，我国职工群众的各项权益得到进一步实现和保障，职工队伍思想状况呈积极向上的态势，劳动关系基本和谐稳定。但是，在一些地区、行业和企事业单位，特别是在一些中小企业，影响职工合法权益实现、影响劳动关系健康发展的问题还不同程度地存在。为此，必须建立健全有效机制，加大维权力度，提高维权实效，切实保证职工权益不受侵犯。区域性、行业性职工代表大会制度就是维护职工合法权益的有效机制，涉及本区域、本行业职工合法权益问题，可以提交职工代表大会审议、讨论、通过，有效防止侵犯职工合法权益问题的发生。

3.促进企业发展。建立健全区域性、行业性职工代表大会，有利于推动区域、行业内企业贯彻以人民为中心的管理思想，推动区域、行业的和谐、稳定发展，实现企业、职工利益的"双赢"。

4.推动区域、行业民主建设。要适应民主法治建设的发展和职工民主意识的增强，以发展和完善基层民主制度为方向，建立健全区域性、行业性职工代表大会制度，丰富职工民主参与形式，畅通职工民主参与渠道，扩大职工有序政治参与，保障职工民主政治权利，为推进民主政治建设作出应有的贡献。

(三) 推行区域 (行业) 职工代表大会制度的原则

推行区域性、行业性职工代表大会制度应坚持以下原则。一是坚持

党的领导。各级工会在推行区域（行业）职工代表大会制度中，要在区域（行业）党组织的领导下进行，认真贯彻落实党和政府的有关方针政策。二是坚持实事求是。要根据所在地区经济社会发展和不同行业中小企业的实际情况，因区域、行业、企业制宜，加强区域（行业）职工代表大会制度建设。三是坚持借鉴创新。根据区域（行业）职工代表大会所覆盖企业的性质和特点，认真借鉴企业职工代表大会制度的经验，从制度内容、形式、方法等方面进行创新，并在实践中不断完善。四是坚持协调合作。区域（行业）工会组织与相关部门、区域（行业）内企业职工和经营管理者应依照法律法规和有关政策加强协调、密切合作，共同推进区域（行业）职工代表大会制度建设。

二、区域性、行业性职工代表大会的组织制度

（一）基本组织制度

1.区域性、行业性职工代表大会届期为 3 年至 5 年，具体届期由区域性、行业性职工代表大会确定。如需要提前或者延期换届的，应当由区域性、行业性职工代表大会决定。区域性、行业性职工代表大会的职工代表任期与区域性、行业性职工代表大会届期相同。

2.区域性、行业性职工代表大会每年至少召开一次，每次会议必须有 2/3 以上的职工代表出席。职工代表大会选举或作出决议应采取无记名投票方式，经全体职工代表半数以上通过方为有效。职工代表大会在其职权范围内决定的事项，非经职工代表大会同意不得修改。如需修改，必须提请职工代表大会按程序审议表决。凡经职工代表大会形成的决议，要向全体职工公布。

3.区域性、行业性职工代表大会可根据需要设立集体协商谈判、劳动争议调解、劳动安全卫生保护等专门委员会（小组），完成职工代表大会交办的有关事项。各专门委员会（小组）的人选，一般在职工代表中提名；也可以聘请非职工代表，但必须经职工代表大会通过。各专门委员会（小组）对职工代表大会负责，向职工代表大会报告工作。

4.职工代表大会闭会期间，需要临时解决的问题，由区域（行业）工会召集各专门委员会（小组）负责人及有关方面人员联席会议协商处理。协商处理结果要报下次职工代表大会确认。

5.区域性、行业性职工代表大会应当召开预备会议，选举产生主席团。区域性、行业性职工代表大会主席团负责主持召开大会，协调处理有关事宜。主席团成员应有一线职工、企业经营管理者和区域性、行业性党、政、工负责人。其中，一线职工应超过半数。主席团成员应是正式职工代表。主席团的职责参考第二章第二节。

6.区域性、行业性职工代表大会召开前7天，应将会议议题和筹备情况等以书面形式向上级工会报告，上级工会要进行帮助和指导；同时，将会议有关内容向职工代表通报。职工代表应及时听取和收集职工的意见和建议。

(二) 职工代表

1.职工代表的条件。享有政治权利并与企业建立劳动关系的职工和企业经营管理者，均可当选为职工代表。区域、行业党组织、行政和工会负责人可以当选为职工代表。

2.职工代表的选举。职工代表的选举以各企业为单位，按照区域、行业工会分配的名额，由成员企业工会组织职工无记名投票，推荐候选人，报区域、行业性职工代表大会筹备工作小组审核确定。各成员单位至少应有1名职工代表。

3.职工代表的人数。由区域性、行业性工会根据区域性、行业性规模、职工人数多少提出，与区域性、行业性党组织和成员企业协商确定，不得少于30人。

4.职工代表的构成及比例。区域性、行业性职工代表大会的职工代表经区域性、行业性工会与有关方面协调形成推选方案后，由区域性、行业性内的企业职工民主选举产生。区域性、行业性职工代表大会的职工代表应当有充分的代表性，应在企业经营管理者、工人、技术人员和区域性、行业性工会、企业代表组织以及管理部门中合理分配代表名额，企业工人代表人数不得少于代表总人数的 50%。女职工、青年职工、进城务工人员代表应占适当比例。

5.职工代表实行常任制和替补制，任期三年或者五年，可以连选连任。如职工代表与用人单位解除劳动关系，代表资格自行终止，缺额由所在单位按职工代表产生的程序民主补选产生。

6.职工代表对选举单位的职工负责，选举单位的职工有权监督或者撤换本单位的职工代表。（职工代表的权利和义务见第五章第一节）

（三）工作机构及日常工作

区域性、行业性工会组织作为区域性、行业性职工代表大会的工作机构，是区域性、行业性职工代表大会的组织者，承担区域性、行业性职工代表大会的日常工作。主要任务如下。一是主持职工代表大会的筹备工作和会议的组织工作。征集职工代表的意见，提出职工代表大会议题的建议；提出大会的议程和日程建议；提出区域性、行业性职工代表大会主席团、专门委员会（小组）的设立方案和组成人员建议名单。二是组织职工选举职工代表。组织职工代表学习有关民主管理的法律法规、方针政策和民主管理相关知识，提高职工代表素质。三是对职工进行民主管理的宣传教育。四是区域性、行业性职工代表大会闭会期间，负责组织职工代表开展巡视、检查、质询等活动，督促用人单位和发动职工落实职工代表大会决议和提案，监督用人单位执行职工代表大会的决议、履行集体合同。五是接受和处理职工代表的申诉和建议，维护职工代表的合法权益。六是建立健全职工代表大会和区域性、行业性民主管理工作档案。七是向上级工会报告有关工作情况。上级工会有指导、支持和维护职工代表大会正确行使职权的责任。

三、区域性、行业性职工代表大会的筹备工作

（一）成立领导机构与选举代表

会前应成立筹备工作小组或者筹备委员会。筹备工作小组或者委员会由所在区域（行业）党组织、行政和工会负责人组成，负责职工代

表大会的筹备工作。

区域性、行业性工会组织要依据有关规定做好职工代表的民主选举工作，职工代表经代表资格审查委员会（小组）或筹备工作小组确认后，要向本区域（行业）内各企业和广大职工进行公示。职工代表产生后要做好会前培训工作。

提出主席团、专门工作委员会的组成方案及候选人建议名单，提交预备会议通过。特别是主席团名单的产生，应该综合各方面的情况与因素，提出各方面都能够接受的候选人建议名单。

（二）做好会议有关材料的准备工作

筹备工作小组应在深入调查研究的基础上负责起草职工代表大会的筹备方案和职工代表大会的实施细则。职工代表大会的筹备方案主要包括会议指导思想、中心议题、职工代表选举、提案征集、会期、日程安排以及其他事项。经同级党组织审查同意后，报上一级工会组织。上级工会组织对筹备方案内容提出同意或修改意见，必要时应直接深入区域性、行业性内各企事业单位帮助协调和指导。职工代表大会实施细则经区域性、行业性职工代表大会审议通过后实施。

（三）会前宣传发动工作与预备会议

筹备工作小组在召开职工代表大会前要做好宣传发动工作，主动向经营管理者和广大职工群众宣传职工代表大会的重要意义、性质、职权和作用，为会议顺利召开营造良好的氛围。

预备会议要通报职工代表资格审查情况，确认代表资格；通过职工代表大会的议题和议程；将需经职工代表大会审议、通过的有关文件草案发给职工代表，广泛征求意见；选举会议主席团。

（四）区域性、行业性职工代表大会的主要议程

正式会议要严格按照确定的议程和民主程序进行，认真审议各项议案，依法正确行使职工代表大会各项职权，在充分发扬民主的基础上形成大会决议。正式会议可邀请本区域（行业）部分投资者、经营者作为列席代表参加会议。

职工代表大会正式会议的主要议程：听取本区域、行业企业发展总体规划、生产经营状况的专题报告，区域性、行业性职工代表大会决议落实情况、提案处理情况以及集体合同、工资协议等执行情况的报告；选举参加平等协商、签订集体合同、工资协商谈判的职工代表和民主管理专门委员会（小组）成员，对有关方案、大会决议、大会决定进行表决。对涉及职工切身利益的有关决议、决定，由区域、行业工会主席与企业方的代表共同签字后生效。

思考题

1. 文化事业单位民主管理的基本形式是什么？
2. 区域性、行业性职工代表大会的组织制度有哪些？

案例

建立行业性职代会制度促进区域和行业特色经济的繁荣发展

按照"组织起来、切实维权"的工作方针，在区委、上级工会和某美食街（以下简称美食街）党总支的领导下，在区政府和美食街管委会的支持下，美食街2014年8月12日成立了工会工作委员会，2015年9月22日召开了美食街餐饮业首届职代会，签订了美食街餐饮业集体合同。在发展区域性、行业性的特色经济中，探索了一条加强企业民主管理，建立行业性职代会制度，促进劳动关系和谐稳定的新路子。

从美食街建设和发展的需要出发，深刻认识建立行业性职代会制度的重要性和必要性

一是构建和谐稳定劳动关系，实现美食街繁荣发展目标的需要。二是企业坚持以人为本，促进发展的需要。三是协调确定行业性劳动标准，协调处理行业性劳动关系突出问题的需要。

把握方向、联系实际、开拓创新，积极推进美食街的行业性职代会建设

建立行业性职代会，在我省、我市尚属首次，没有成功的经验可以借鉴。为此，我们在区委、上级工会和美食街党总支的领导下，根据法律法规和上级有关规定，把握方向、联系实际、开拓创新，积极开展了建立行业性职代会制度的探索。

一是认真学习，广泛宣传。在建立行业性职代会制度的过程中，我们认真学习了《宪法》《劳动法》和《工会法》等法律法规关于加强企业民主管理的有关规定，认真学习了党中央关于工人阶级和工会工作的一系列重要指示，认真学习了《中华全国总工会关于进一步加强非公有制企业职工民主管理工作的通知》，认真学习了《某市非公有制企业职工民主管理工作意见》《某市关于开展区域性、行业性职工代表大会试点工作的实施意见》。同时，邀请上级工会为广大职工和经营业主宣讲了加强企业民主管理、建立行业性职代会制度的重要性和必要性。通过学习和辅导，使广大职工和经营业主进一步明确了加强企业民主管理，建立行业性职工代表大会制度的方向、方法和目的，进一步增强建立行业性职代会制度的自觉性和坚定性，从而为开展这项工作奠定了坚实的思想基础和舆论基础。

二是健全组织，发展会员。为增强行业性职工代表大会的广泛性和民主性，在召开职代会之前，我们集中一段时间，加强工会组建和发展工作。工会组织由原来的10家工会、200余名工会会员，发展到17家工会、360余名工会会员。在工会组建中，我们重视抓好美食街有影响的餐饮企业的工会组建，17家建立工会的企业均为经营规模较大，员工较多的企业，从而起到了示范带头作用。在工会组织有所发展的情况下，在美食街党总支的直接领导和组织下，成立了美食街餐饮业工会联合会筹备组，并依照有关程序，召开了联合会会员代表大会，选举产生了工会委员会委员和工会主席，从而为推行行业性职代会制度、进行行业性平等协商、签订行业性集体合同提供了组织保证和合法的代表者身份。

三是规范程序、充分酝酿。建立行业性职代会是一项探索性工作，需要积极稳妥、依法推进。为此，我们重点抓了三个环节。第一，把好职代会代表关。依据《职代会条例》的有关规定，经过协商，我们确定了首批职代会由 50 名代表构成。职工代表名额分配主要按照各企业职工人数多少确定。从候选人的酝酿推荐到代表的产生，均注意发扬民主，并征求同级党组织的意见。50 名代表中，一线职工 31 人，占 62%；工会工作者、技术和管理人员 15 人，占 30%；企业经营者 4 人，占 8%。这些代表，尤其是职工代表，关心企业，遵纪守法，联系群众，作风正派，在职工群众中享有一定威信，具有较好素质和参政议政能力。第二，制定好建立行业性职代会制度的实施意见。在市、区总工会的指导下，我们通过召开各企业工会负责人座谈会，充分讨论，广泛征求各方面的意见，制定了《关于建立美食街职工代表大会制度的实施意见》。该意见对美食街行业性职代会的工作原则，职代会职权，职工代表的条件、构成、权利、义务和变更，以及职代会的组织制度等均作了具体规定，使建立行业性职代会制度的工作有章可循，提供了制度保证。第三，起草好集体合同文本。在上级工会指导下，依据《劳动法》《工会法》及《集体合同规定》等法律法规，我们起草了《美食街餐饮业集体合同》（协商稿），及时分发各企业商议讨论。市总工会多次帮助我们同经营者座谈沟通释疑解惑。美食街工会联合会组织召开了由职工代表、企业主参加的协商对话会，就集体合同条款逐项讨论，相互沟通协商并最终达成一致意见，从而为集体合同的签订和实施奠定了基础。

四是精心组织，开好大会。经充分准备，2015 年 9 月 22 日，美食街餐饮业首届职代会暨某市行业性职代会现场工作会隆重召开。会议得到各级领导高度重视，市总工会和区领导参加了会议。会议审议通过了《美食街工会工作委员会工作报告》和《关于建立美食街职工代表大会制度实施意见》的决议；无记名投票表决通过了《美食街餐饮业集体合同》，并由工会联合会主席与各餐饮企业法定代表人签订了《美食街餐饮业集体合同》。

五是加强职代会闭会期间的工作，努力推动行业性职代会建设的制度化和规范化。第一，建立职工代表巡回检查制度。在职代会闭会期间，每半年组织职工代表对集体合同履约情况进行检查，逐项检查对照填写检查表，请法定代表人和职工代表签字认可，促进集体合同的履约到位，维护职工和业主的合法权益，实现"双赢"目的。第二，建立职工代表例会、提案制度。每半年召开一次职代会代表和基层工会负责人例会，报告集体合同履约检查情况、收集职工代表的提案；增补缺额代表、研究布置工会联合会开展的系列活动等。第三，建立职工代表培训制度。美食街工会每年都要组织职工代表以会代训，组织代表学习《劳动法》《工会法》等有关法律法规，学习工会工作、企业管理和技术业务知识，努力提升职工代表的素质和参政议政的能力。（某美食街工会联合会）

附 录

企业民主管理规定

第一章 总 则

第一条 为完善以职工代表大会为基本形式的企业民主管理制度，推进厂务公开，支持职工参与企业管理，维护职工合法权益，构建和谐劳动关系，促进企业持续健康发展，加强基层民主政治建设，依据宪法和相关法律制定本规定。

第二条 企业民主管理工作应当坚持党的领导，以邓小平理论和"三个代表"重要思想为指导，深入贯彻落实科学发展观，坚定不移地贯彻落实党的全心全意依靠工人阶级的根本指导方针。

企业党组织应当加强对民主管理工作的领导和支持。

第三条 职工代表大会（或职工大会，下同）是职工行使民主管理权力的机构，是企业民主管理的基本形式。

企业应当按照合法、有序、公开、公正的原则，建立以职工代表大会为基本形式的民主管理制度，实行厂务公开，推行民主管理。公司制企业（以下简称公司）应当依法建立职工董事、职工监事制度。

企业应当尊重和保障职工依法享有的知情权、参与权、表达权和监督权等民主权利，支持职工参加企业管理活动。

第四条 企业职工应当尊重和支持企业依法行使管理职权，积极参与企业管理。

第五条 企业工会应当组织职工依法开展企业民主管理，维护职工合法权益。

上级工会应当指导和帮助企业工会和职工依法开展企业民主管理活动，对企业实行民主管理的情况进行监督。

第六条 企业代表组织应当推动企业实行民主管理，促进企业健康发展。

第七条 各级党委纪检部门、组织部门，各级人民政府国有资产监督管理机构和监察机关等有关部门应当依照各自职责，对企业民主管理工作进行指导、检查和监督。

第二章 职工代表大会制度

第一节 职工代表大会组织制度和职权

第八条 企业可以根据职工人数确定召开职工代表大会或者职工大会。

企业召开职工代表大会的，职工代表人数按照不少于全体职工人数的百分之五确定，最少不少于三十人。职工代表人数超过一百人的，超出的代表人数可以由企业与工会协商确定。

第九条 职工代表大会的代表由工人、技术人员、管理人员、企业领导人员和其他方面的职工组成。其中，企业中层以上管理人员和领导人员一般不得超过职工代表总人数的百分之二十。有女职工和劳务派遣职工的企业，职工代表中应当有适当比例的女职工和劳务派遣职工代表。

第十条 职工代表大会每届任期为三年至五年。具体任期由职工代表大会根据本单位的实际情况确定。

职工代表大会因故需要提前或者延期换届的，应当由职工代表大会或者其授权的机构决定。

第十一条 职工代表大会根据需要，可以设立若干专门委员会

（小组），负责办理职工代表大会交办的事项。专门委员会（小组）成员人选必须经职工代表大会审议通过。

第十二条　职工代表按照基层选举单位组成代表团（组），并推选团（组）长。可以设立职工代表大会团（组）长和专门委员会（小组）负责人联席会议，根据职工代表大会授权，在职工代表大会闭会期间负责处理临时需要解决的重要问题，并提请下一次职工代表大会确认。

联席会议由企业工会负责召集，联席会议可以根据会议内容邀请企业领导人员或其他有关人员参加。

第十三条　职工代表大会行使下列职权：

（一）听取企业主要负责人关于企业发展规划、年度生产经营管理情况，企业改革和制定重要规章制度情况，企业用工、劳动合同和集体合同签订履行情况，企业安全生产情况，企业缴纳社会保险费和住房公积金情况等报告，提出意见和建议；

审议企业制定、修改或者决定的有关劳动报酬、工作时间、休息休假、劳动安全卫生、保险福利、职工培训、劳动纪律以及劳动定额管理等直接涉及劳动者切身利益的规章制度或者重大事项方案，提出意见和建议；

（二）审议通过集体合同草案，按照国家有关规定提取的职工福利基金使用方案、住房公积金和社会保险费缴纳比例和时间的调整方案，劳动模范的推荐人选等重大事项；

（三）选举或者罢免职工董事、职工监事，选举依法进入破产程序企业的债权人会议和债权人委员会中的职工代表，根据授权推荐或者选举企业经营管理人员；

（四）审查监督企业执行劳动法律法规和劳动规章制度情况，民主评议企业领导人员，并提出奖惩建议；

（五）法律法规规定的其他职权。

第十四条　国有企业和国有控股企业职工代表大会除按第十三条规定行使职权外，行使下列职权：

（一）听取和审议企业经营管理主要负责人关于企业投资和重大技术改造、财务预决算、企业业务招待费使用等情况的报告，专业技术职称的评聘、企业公积金的使用、企业的改制等方案，并提出意见和建议；

（二）审议通过企业合并、分立、改制、解散、破产实施方案中职工的裁减、分流和安置方案；

（三）依照法律、行政法规、行政规章规定的其他职权。

第十五条 县级以下一定区域内或者性质相近的行业内的若干尚不具备单独建立职工代表大会制度条件的中小企业，可以通过选举代表联合建立区域（行业）职工代表大会制度，开展企业民主管理活动。工会负责组织建立区域（行业）职工代表大会制度。区域（行业）工会作为区域（行业）职工代表大会的工作机构承担日常工作。

第十六条 集团企业的总部机关和各分公司、分厂、车间以及其他分支机构可以按照一定比例选举产生职工代表，召开集团企业职工代表大会，实行企业民主管理。

集团企业的总部机关和各分公司、分厂、车间以及其他分支机构，按照本规定建立职工代表大会制度，在各自的职权范围内分别开展民主管理活动。

第二节 职工代表大会工作制度

第十七条 职工代表大会每年至少召开一次。职工代表大会全体会议必须有三分之二以上的职工代表出席。

第十八条 职工代表大会议题和议案应当由企业工会听取职工意见后与企业协商确定，并在会议召开七日前以书面形式送达职工代表。

第十九条 职工代表大会可以设主席团主持会议。主席团成员由企业工会与职工代表大会各团（组）协商提出候选人名单，经职工代表大会预备会议表决通过。其中，工人、技术人员、管理人员不少于百分之五十。

第二十条 职工代表大会选举和表决相关事项，必须按照少数服从多数的原则，经全体职工代表的过半数通过。对重要事项的表决，应当采用无记名投票的方式分项表决。

第二十一条　职工代表大会在其职权范围内依法审议通过的决议和事项具有约束力，非经职工代表大会同意不得变更或撤销。

企业应当提请职工代表大会审议、通过、决定的事项，未按照法定程序审议、通过或者决定的无效。

第二十二条　企业工会委员会是职工代表大会的工作机构，负责职工代表大会的日常工作，履行下列职责：

（一）提出职工代表大会代表选举方案，组织职工选举职工代表和代表团（组）长；

（二）征集职工代表提案，提出职工代表大会议题的建议；

（三）负责职工代表大会会议的筹备和组织工作，提出职工代表大会的议程建议；

（四）提出职工代表大会主席团组成方案和组成人员建议名单；提出专门委员会（小组）的设立方案和组成人员建议名单；

（五）向职工代表大会报告职工代表大会决议的执行情况和职工代表大会提案的办理情况、厂务公开的实行情况等；

（六）在职工代表大会闭会期间，负责组织专门委员会（小组）和职工代表就企业职工代表大会决议的执行情况和职工代表大会提案的办理情况、厂务公开的实行情况等，开展巡视、检查、质询等监督活动；

（七）受理职工代表的申诉和建议，维护职工代表的合法权益；

（八）向职工进行民主管理的宣传教育，组织职工代表开展学习和培训，提高职工代表素质；

（九）建立和管理职工代表大会工作档案。

第三节　职工代表的产生和权利义务

第二十三条　与企业签订劳动合同建立劳动关系以及与企业存在事实劳动关系的职工，有选举和被选举为职工代表大会代表的权利。

依法终止或者解除劳动关系的职工代表，其代表资格自行终止。

第二十四条　职工代表应当以班组、工公司、车间、科室等为基本选举单位由职工直接选举产生。规模较大、管理层次较多的企业的职工代表，可以由下一级职工代表大会代表选举产生。

第二十五条　选举、罢免职工代表，应当召开选举单位全体职工会议，会议应有三分之二以上职工参加。选举、罢免职工代表的决定，应经全体职工的过半数通过方为有效。

第二十六条　职工代表实行常任制，职工代表任期与职工代表大会届期一致，可以连选连任。

职工代表出现缺额时，原选举单位应按规定的条件和程序及时补选。

第二十七条　职工代表向选举单位的职工负责并报告工作，接受选举单位职工的监督。

第二十八条　职工代表享有下列权利：

（一）选举权、被选举权和表决权；

（二）参加职工代表大会及其工作机构组织的民主管理活动；

（三）对企业领导人员进行评议和质询；

（四）在职工代表大会闭会期间对企业执行职工代表大会决议情况进行监督、检查。

第二十九条　职工代表应当履行下列义务：

（一）遵守法律法规、企业规章制度，提高自身素质，积极参与企业民主管理；

（二）依法履行职工代表职责，听取职工对企业生产经营管理等方面的意见和建议，以及涉及职工切身利益问题的意见和要求，并客观真实地向企业反映；

（三）参加企业职工代表大会组织的各项活动，执行职工代表大会通过的决议，完成职工代表大会交办的工作；

（四）向选举单位的职工报告参加职工代表大会活动和履行职责情况，接受职工的评议和监督；

（五）保守企业的商业秘密和与知识产权相关的保密事项。

第三十条　职工代表履行职责受法律保护，任何组织和个人不得阻挠和打击报复。

职工代表在法定工作时间内依法参加职工代表大会及其组织的各项活动，企业应当正常支付劳动报酬，不得降低其工资和其他福利待遇。

第三章　厂务公开制度

第三十一条　企业应当建立和实行厂务公开制度，通过职工代表大会和其他形式，将企业生产经营管理的重大事项、涉及职工切身利益的规章制度和经营管理人员廉洁从业相关情况，按照一定程序向职工公开，听取职工意见，接受职工监督。

第三十二条　企业主要负责人是实行厂务公开的责任人。企业应当建立相应机构或者确定专人负责厂务公开工作。

第三十三条　企业实行厂务公开应当遵循合法、及时、真实、有利于职工权益维护和企业发展的原则。

实行厂务公开应当保守企业商业秘密以及与知识产权相关的保密事项。

第三十四条　企业应当向职工公开下列事项：

（一）经营管理的基本情况；

（二）招用职工及签订劳动合同的情况；

（三）集体合同文本和劳动规章制度的内容；

（四）奖励处罚职工、单方解除劳动合同的情况以及裁员的方案和结果，评选劳动模范和优秀职工的条件、名额和结果；

（五）劳动安全卫生标准、安全事故发生情况及处理结果；

（六）社会保险以及企业年金的缴费情况；

（七）职工教育经费提取、使用和职工培训计划及执行的情况；

（八）劳动争议及处理结果情况；

（九）法律法规规定的其他事项。

第三十五条　国有企业、集体企业及其控股企业除公开第十三条、第十四条和第三十四条规定的相关事项外，还应当公开下列事项：

（一）投资和生产经营管理重大决策方案等重大事项，企业中长期发展规划；

（二）年度生产经营目标及完成情况，企业担保，大额资金使用、大额资产处置情况，工程建设项目的招投标，大宗物资采购供应，产品销售和盈亏情况，承包租赁合同履行情况，内部经济责任制落实情况，重要规章制度制定等重大事项；

（三）职工提薪晋级、工资奖金收入分配情况；专业技术职称的评聘情况；

（四）中层领导人员、重要岗位人员的选聘和任用情况，企业领导人员薪酬、职务消费和兼职情况，以及出国出境费用支出等廉洁自律规定执行情况，职工代表大会民主评议企业领导人员的结果；

（五）依照国家有关规定应当公开的其他事项。

第四章　职工董事和职工监事制度

第三十六条　公司制企业应当依法建立职工董事和职工监事制度，支持职工代表大会选举产生的职工代表作为董事会、监事会成员参与公司决策、管理和监督，代表和维护职工合法权益，促进企业健康发展。

第三十七条　公司应当依法在公司章程中明确规定职工董事、职工监事的具体比例和人数。

第三十八条　职工董事、职工监事候选人由公司工会根据自荐、推荐情况，在充分听取职工意见的基础上提名，经职工代表大会全体代表的过半数通过方可当选，并报上一级工会组织备案。

工会主席、副主席应当作为职工董事、职工监事候选人人选。

第三十九条　公司高级管理人员和监事不得兼任职工董事；公司高级管理人员和董事不得兼任职工监事。

第四十条　职工董事、职工监事的任期与公司其他董事、监事的任期相同，可以连选连任。

第四十一条　职工董事、职工监事不履行职责或者有严重过错的，经三分之一以上的职工代表联名提议，职工代表大会全体代表的过半数通过可以罢免。

职工董事、职工监事出现空缺时，由公司工会依照本规定第三十八条的规定提出替补人选，提请职工代表大会民主选举产生。

第四十二条 职工董事依法行使下列权利：

（一）参加董事会会议，行使董事的发言权和表决权；

（二）就涉及职工切身利益的规章制度或者重大事项，提请召开董事会会议，反映职工的合理要求，维护职工合法权益；

（三）列席与其职责相关的公司行政办公会议和有关生产经营工作的重要会议；

（四）要求公司工会、公司有关部门和机构通报有关情况并提供相关资料；

（五）法律法规和公司章程规定的其他权利。

第四十三条 职工监事依法行使下列权利：

（一）参加监事会会议，行使监事的发言权和表决权；

（二）就涉及职工切身利益的规章制度或者重大事项，提议召开监事会会议；

（三）监督公司的财务情况和公司董事、高级管理人员执行公司职务的行为；监督检查公司对涉及职工切身利益的法律法规、公司规章制度贯彻执行情况；劳动合同和集体合同的履行情况；

（四）列席董事会会议，并对董事会决议事项提出质询或者建议；列席与其职责相关的公司行政办公会议和有关生产经营工作的重要会议；

（五）要求公司工会、公司有关部门和机构通报有关情况并提供相关资料；

（六）法律法规和公司章程规定的其他权利。

第四十四条 职工董事、职工监事应当履行下列义务：

（一）遵守法律法规，遵守公司章程及各项规章制度，保守公司秘密，认真履行职责；

（二）定期听取职工的意见和建议，在董事会、监事会上真实、准确、全面地反映职工的意见和建议；

（三）定期向职工代表大会述职和报告工作，执行职工代表大会的有关决议，在董事会、监事会会议上，对职工代表大会作出决议的事项，应当按照职工代表大会的相关决议发表意见，行使表决权；

（四）法律法规和公司章程规定的其他义务。

第四十五条　公司应当保障职工董事、职工监事依照法律法规和公司章程开展工作，为职工董事、职工监事履行职责提供必要的工作条件。

第四十六条　职工董事、职工监事在任职期间，除法定情形外，公司不得与其解除劳动合同。

第四十七条　职工董事、职工监事与公司的其他董事、监事享有同等的权利，承担相应的义务。

第五章　附　则

第四十八条　各地区、各有关部门和各企业根据本规定制定实施办法，推进企业民主管理工作。

第四十九条　集体企业依照《城镇集体所有制企业条例》等有关法律法规规定实行民主管理。

第五十条　本规定自发布之日起施行。

职工代表大会操作指引

（关于印发《职工代表大会操作指引》的通知国厂开组办发〔2022〕2 号各省、自治区、直辖市厂务公开协调领导机构办公室：为规范职工代表大会操作流程，全国厂务公开协调小组办公室制定《职工代表大会操作指引》，现予印发，请结合本地实际，认真贯彻落实。
全国厂务公开协调小组办公室 2022 年 3 月 17 日）

　　为规范职工代表大会操作流程，完善职工代表大会运作机制，充分发挥职工代表大会积极作用，推动企业民主管理工作高质量发展，依照相关法律法规和政策文件规定，制定本指引。

　　本指引中所指"企业"，主要是指国有、集体及其控股企业、私营、港澳台投资、外商投资等企业。事业单位、民办非企业组织等其他单位可参照执行。

一、建章立制

（一）建立制度

　　企业应当按照合法、有序、公开、公正的原则，建立以职工代表大会为基本形式的民主管理制度，实行厂务公开，推行民主管理。

　　企业行政管理方与企业工会委员会应根据法律法规政策的规定，结合实际，制定职工代表大会的实施办法（细则），明确其组织制度、职权内容和工作制度等，提交职工代表大会审议通过，并将其纳入本单位管理制度体系，同时报同级党组织，并报上一级工会备案。

（二）确定组织形式

　　职工大会和职工代表大会是职工代表大会制度的两种形式，二者在性质、任务、职权等方面没有区别，职工代表大会在具体工作制度方面增加了职工代表大会代表的选举、罢免等内容。

　　企业行政管理方与企业工会委员会可以根据企业的职工人数，实际需要和客观条件协商选择召开职工大会或职工代表大会。根据规定，企业职工人数在五十人以下的，应当召开职工大会。

（三）确定职工代表大会届期

　　职工代表大会每届任期为三年至五年，具体任期由职工代表大会根据本单位实际情况确定。职工代表大会应当按期换届，遇到需要提前或延期换届的情况，应当经企业行政管理方与企业工会委员会协商一致，并将提前或延期换届理由向上一级工会书面报告，同时将具体情况通过公开渠道让全体职工知晓。

（四）开展筹备工作

企业首次召开职工代表大会或换届前，应当成立由企业党组织、企业行政管理方、企业工会委员会等方面人员组成的筹备机构。筹备机构主要任务是：起草本单位职工代表大会实施办法（细则）；组织选举职工代表；起草职工代表大会筹备工作情况报告；研究确定本次职工代表大会主要议题和议程；听取职工的意见和建议等等。非首次召开职工代表大会或换届，由企业工会委员会牵头完成各项大会筹备工作。

二、会前筹备

（一）组织选举职工代表

1.确定职工代表人数。企业工会委员会按照不少于全体职工人数的百分之五的比例确定职工代表人数，同时确保职工代表的人数不少于三十人；如果按此比例计算出的职工代表人数超过一百人，超出部分的代表人数可以由企业行政管理方与企业工会委员会协商确定。

职工代表在一届任期内实行常任制，职工代表大会换届时，职工代表经过民主选举可以连选连任，不受任期次数的限制。

2.确定职工代表构成和比例。职工代表大会的代表要具有广泛性、代表性，其中，企业中层以上管理人员和领导人员一般不得超过职工代表总人数的百分之二十。所属单位多、分布广的企业集团，中层以上管理人员和领导人员一般不超过代表总数的百分之三十五。促进女职工代表比例与企业女职工比例相适应，有被派遣劳动者的企业，职工代表中应有被派遣劳动者代表。

3.确定选区分配名额。职工代表应以分公司（厂）、部门、班组、车间、科室等为基本选举单位，企业工会委员会综合考虑职工代表人数总额、各选区职工人数、职工代表构成和比例要求等，确定各选区的职工代表名额。

4.开展选举工作。企业工会委员会组织开展选举工作，企业行政管理方应予以支持配合。选举、罢免职工代表，应当召开选举单位全体职工会议，会议应有三分之二以上职工参加。选举、罢免职工代表的决定，应经全体职工的过半数通过方为有效。

参加集团职工代表大会的职工代表可以在企业集团总部和各所属基层单位职工代表大会的职工代表中选举产生，也可以在企业集团全体职工中直接选举产生。

选区一般应当场公布选举结果，企业工会委员会及时汇总选举结果，提交职工代表资格审查委员会（小组）审查，审查无误后，及时将职工代表名单通过厂务公开栏等形式向全体职工公布。

5.职工代表的罢免、补选。职工代表因岗位变动、离职退休、解除或终止劳动合同等原因无法履行代表职责，代表资格自行终止。对无故不履行代表职责，或严重失职失去选区职工信任、严重违反本单位规章制度或因违法犯罪受到刑事处罚等原因难以胜任职工代表的，应当予以罢免。

企业工会委员会应及时掌握职工代表动态信息，发现需要罢免的情况，及时调查核实，并组织原选区履行罢免程序，一般为：

（1）组织原选区对需要被罢免的职工代表的情况进行讨论，视情况需要，被罢免的职工代表可参加会议并进行申辩；

（2）经原选区全体职工半数以上同意，可以作出罢免决定；

（3）原选区将罢免职工代表的决定报告企业工会委员会。

职工代表因罢免、岗位变动、离职退休、解除或终止劳动合同等原因出现缺额时，企业工会委员会依照规定的民主程序，组织原选区，按原比例结构补选职工代表，补选的民主程序与选举的民主程序相同。

6.成立职工代表资格审查委员会（小组）。职工代表资格审查委员会（小组）成员一般由工会、干部管理部门或人力资源部门、纪委监察等相关部门人员组成。

审查的主要事项包括：

（1）职工代表结构比例是否符合相应规定；

（2）职工代表是否具备当选资格和条件；

（3）职工代表的产生是否履行规范民主程序；

（4）选举时是否存在作弊、贿选等不正当行为等。

7.确认职工代表资格。与企业建立劳动关系的职工及被派遣劳动者，有选举和被选举为职工代表大会代表的权利。

8.组成代表团（组）并选出代表团（组）长。企业工会委员会根据企业职工人数、分布情况和实际需要来确定是否组成职工代表团（组）并选举代表团（组）长。如有需要，则将职工代表按照所属基层选举单位组成代表团（组）并推举团（组）长。

9.邀请列席代表。企业工会委员会可以根据实际情况和职工代表大会会议内容的需要，邀请一些未当选职工代表的企业领导人员、有关部门负责人和相关人员等参会。列席代表可以在职工代表大会或代表团（组）会议发言，提出意见建议，但没有选举权和表决权。

（二）设立职工代表大会专门机构

企业工会委员会主要根据企业职工人数、分布情况和实际需要来确定是否设立职工代表大会专门机构，即专门委员会（小组）。如有需要，可结合职工代表大会的职权内容和实际需要设立职工代表大会专门机构，负责办理职工代表大会交办的事项。

一般可以设立职工代表提案、集体合同、劳动法律监督、劳动保护、薪酬福利、评议监督等常设的专门委员会（小组）。规模较小的企业可以设立一个综合性的民主管理专门委员会（小组）。企业还可以根据工作需要，设立一些临时性的专门委员会（小组），待承担的特定工作结束后予以撤销。

专门委员会（小组）负责人一般在职工代表中提名，成员可以聘请熟悉相关业务的非职工代表，但必须经职工代表大会审议通过。实践中，企业的相关职能部门负责人不担任对口专门委员会（小组）的负责人，以确保专门委员会（小组）的监督作用落到实处。

一般设立专门委员会（小组）的流程包括：

1.企业工会委员会拟定组建专门委员会（小组）及确定其组成人员的具体方案；

2.由职工代表团（组）提出具体候选人（名单）；

3.经职工代表大会主席团审议后，正式提出各专门委员会（小组）候选人名单，提请职工代表大会审议通过。

（三）征集职工代表提案，确定职工代表大会议题

1.职工代表提案的征集和处理。企业工会委员会发出征集职工代表提案的通知，职工代表在征集选区职工意见，充分调研的基础上提出提案。提案专门委员会（小组）对提案进行审核、筛选、分类、整理、合并、汇总，予以立案的提案提交企业行政管理方讨论审批，确定相关承办和协办部门，由相关承办和协办部门进行处理和书面答复提案人；已经落实或暂时解决不了的提案，由相关职能部门书面答复提案人；不符合条件的提案退还提案人并进行解释说明。提案专门委员会（小组）汇总提案审理及落实情况，向职工代表大会报告，并对提案落实情况进行整理、登记和归档。

2.确定职工代表大会议题。一般程序包括：

（1）通知征集。企业工会委员会通过各种途径广泛征求、充分听取职工群众的意见和建议。

（2）提出草案。企业工会委员会依据职工代表大会职权，与企业行政管理方协商，初步形成议题和议案的草案。

（3）形成正式意见。企业工会委员会将议题和议案的草案补充修改后形成正式意见，书面报同级党组织同意。

（4）提前送达职工代表，征集意见建议。职工代表大会议题和议案应当在会议召开七日前以书面形式送达职工代表。职工代表在收到材料后，应及时征求所在选区职工的意见和建议，在审议讨论过程中将这些意见和建议反映出来，认真参与团（组）讨论。企业工会委员会要做好职工代表讨论审议意见的收集、整理并反馈相关职能部门。对分歧

较大的事项，企业行政管理方和企业工会委员会应当根据职工代表意见进行协商修改后，交由职工代表重新组织讨论。

（5）职工代表大会预备会议审议通过。由企业工会委员会向职工代表大会预备会议提出议题和议案建议稿，经预备会议审议通过后作为职工代表大会正式议题和议案。

（四）确定大会议程

根据职工代表大会讨论的事项和对该事项行使的职权设置职工代表大会的议程。一般包括：

（1）会议主持人报告职工代表出席情况（含应到人数、实到人数），确定会议召开的合法性；

（2）听取需要职工代表大会审议、审查事项的报告；

（3）组织职工代表充分讨论和审议；

（4）召开主席团会议；

（5）组织职工代表对需要职工代表大会审议通过的事项进行投票表决；

（6）组织职工代表对有关人员进行民主选举；

（7）组织职工代表对有关人员进行民主评议；

（8）形成决议，大会总结。

（五）向同级党组织、上一级工会报告

企业召开职工代表大会前，须由职工代表大会筹备机构或企业工会委员会就会议筹备情况向同级党组织报告，并向上一级工会报备。

三、会前审议

（一）预备会议

1.预备会议职责。职工代表大会预备会议一般由企业工会委员会主持召开，全体职工代表参加，对召开本次职工代表大会需要确认的事项履行民主程序，确保正式会议合法、有效。

具体职责主要包括：

（1）选举产生大会主席团；

（2）听取本届（次）职工代表大会的筹备情况汇报，提出大会议题和议程的建议；

（3）通过职工代表资格审查委员会（小组）作的职工代表资格审查情况的报告；

（4）通过本届（次）职工代表大会的议题和议程；

（5）决定大会其他准备事项。

2.设立主席团。职工代表大会根据实际情况确定是否设立主席团。规模较大、管理层级较多、职工人数较多的企业召开职工代表大会可以选举大会主席团主持会议。

主席团成员产生的程序是：

（1）企业工会委员会与职工代表大会的各代表团（组）协商，提出主席团成员候选人名单，其中，工人、技术人员、普通管理人员不少于百分之五十；

（2）职工代表大会预备会议审议主席团成员候选人名单，表决通过后主席团正式成立。没有设立职工代表大会主席团的，应当由企业工会委员会与企业行政管理方协商，在职工代表中推举职工代表大会的会议主持人，负责主持会议，一般由企业工会主要负责人担任。

（二）主席团会议

主席团会议表决通过大会日程和议程、大会执行主席等。

四、正式会议

（一）宣布开会

大会执行主席或者主持人核实出席大会的职工代表人数。到会职工代表必须超过全体职工代表总数的三分之二，会议方为有效。

宣布开会后，主持人应简要讲明本次大会的中心议题和主要任务，宣布大会议程。

（二）向职工代表大会作各项报告

1.企业主要负责人作企业工作报告。工作报告已经在会前发给职工代表进行充分讨论的，可针对职工代表提出的意见作出说明。

2.行政有关负责人作专题议案情况报告，就提交职工代表大会审查或审议的专题议案，说明专题议案制定的依据、目的和具体实施办法；针对职工代表提出的意见作出具体说明。

审议建议的议案可包括：企业改革改制方案、发展规划、年度生产经营管理情况，企业用工、劳动合同和集体合同签订履行情况，企业安全生产情况，企业缴纳社会保险费和住房公积金情况，企业制定、修改或者决定有关劳动报酬、工作时间、休息休假、劳动安全卫生、保险福利、职工培训、劳动纪律以及劳动定额管理等直接涉及职工切身利益的规章制度或者重大事项情况等的报告或方案。审议并提出意见和建议。

审议通过的议案可包括：集体合同草案，按照国家有关规定提取职工福利基金使用方案、住房公积金和社会保险费缴纳比例和时间的调整方案，劳动模范推荐人选等重大事项。审议并进行表决，形成同意或不同意的决议。国有及其控股企业中职工的裁减、分流和安置方案也应当经职工代表大会审议通过。

地方法规有相关规定，从其规定。

3.企业工会主席、职工代表大会专门委员会（小组）负责人就上届（次）职工代表大会决议落实情况、职工代表提案处理情况、集体合同执行情况等作报告。

4.企业工会主席就职工代表大会闭会期间，职工代表团（组）长和专门委员会（小组）负责人联席会议处理的重大事项向大会作出说明，提请大会确认。

5.其他相关草案或情况说明。

（三）民主评议

民主评议一般程序为：

1.被评议人员在职工代表大会上作述职述廉报告，接受职工代表质询；

2.组织职工代表进行无记名测评；

3.汇总测评结果和评议意见；

4.向职工代表和被评议人员反馈测评结果；

5.按照干部管理权限将民主测评结果报送人事主管部门。

民主评议对象包括：职工董事、职工监事，国有、集体及其控股企业领导班子成员，法律法规规定或企业行政管理方与企业工会委员会协商确定应当接受职代表大会民主评议的其他人员。

国有、集体及其控股企业可根据实际情况，制定切实可行的实施方案或办法，与干部人事制度、企业领导班子考核紧密结合，用好民主评议结果，将其按一定权重纳入干部考核体系。

（四）分组讨论并发言

以职工代表团（组）为单位，就以上报告、议案、草案进行分组讨论，同时对大会的各项决议草案和需要经过大会选举的候选人进行酝酿。大会主席团成员分别参加本代表团（组）的讨论。

各代表团（组）应指定专人认真记录职工代表的讨论发言，整理归纳后将讨论意见向主席团汇报。

（五）主席团会议

职工代表大会主席团会议听取各代表团（组）讨论情况，研究需要审议决定的相关事项，草拟大会决议。

（六）选举和表决

1.选举。职工代表大会依据职权，选举或者罢免职工董事、职工监事，选举依法进入破产程序企业的债权人会议和债权人委员会中的职工代表，根据授权推荐或者选举企业经营管理人员。

2.表决。一般包括：

（1）职工代表根据大会主席团的提名，表决通过职工代表大会专门委员会（小组）的人选；

（2）表决通过其他需要经过职工代表大会选举的人员；

（3）表决大会决议、决定和有关议案的草案。

选举、表决需要最大限度保证职工代表真实意愿的表达。对于程序性的问题，可采用举手表决或鼓掌通过等方式；对涉及职工切身利益的重大事项必须采用无记名投票的方式分项表决。其中要注意：一是表决事项须获得全体职工代表过半数赞成方为通过；二是如果对多个事项进行表决，应当分项表决，以确保职工代表对每一事项都能准确行使民主权力。

（七）致闭幕词，宣布大会结束

大会执行主席或者主持人宣布大会结束。

五、会后工作

（一）公示审议通过事项和决议

企业工会委员会应当在闭会后将审议通过的事项和决议向全体职工公布。

注意：公布的范围应覆盖全体职工；公布的时间要有时效性，一般要求在闭会后七日内公布；公布形式可以多样，保证信息的完整和真实。

（二）报告同级党组织、上一级工会

闭会后七日内，企业工会委员会将会议有关情况向同级党组织、上一级工会报告。

（三）职工代表大会质量评估

企业工会委员会设计职工代表大会工作质量评估表，在职工代表大会结束后，组织职工代表填写，汇总数据；召开职工代表座谈会，了解掌握情况；召开党政工专题会议，研究提出整改意见和措施；向下一次职工代表大会报告测评结果及实施整改措施情况，接受职工代表审议，并将有关档案整理归档。

（四）整理归档会议材料

企业工会委员会应及时梳理、妥善保存会议筹备和召开的相关材料，包括职工代表选举的相关文件，企业主要负责人、工会主席等所作

的会议报告，职工代表讨论和发言的记录，选举和表决的程序文件等。

（五）临时职工代表大会

职工代表大会每年至少召开一次，闭会期间，有职工代表大会职权范畴内的重大事项，企业行政管理方、企业工会委员会或三分之一以上职工代表联名提议，可召开职工代表大会临时会议。临时会议具体时间和议题由双方协商确定，程序等要求与正常召开职工代表大会的规定一致。

（六）职工代表团（组）长和专门委员会（小组）负责人联席会议

职工代表大会闭会期间，有需要临时解决涉及企业改革发展、职工切身利益的重要问题时，可由企业工会委员会组织召集职工代表团（组）长和专门委员会（小组）负责人联席会议协商处理。联席会议可由职工代表团（组）长、专门委员会（小组）负责人、主席团成员、企业工会委员会委员参加。根据会议内容，还可以邀请党组织领导、相关经营管理人员、有关职能部门负责人等参加，便于联席会议更加妥当并顺利地对相关事项进行协商处理。协商讨论解决属于职工代表大会职权范围内的事项必须由职工代表大会授权，联席会议对有关事项的处理结果应当提请下一次职工代表大会确认。

（七）职工代表巡视检查

企业工会委员会可建立职工代表巡视检查制度，充分发挥职工代表在职工代表大会闭会期间的参政议政作用，保证职工代表大会决议、决定的落实。根据企业实际情况，定期组织职工代表对职工代表大会决议、决定贯彻落实情况，提案办理情况，企业安全生产、经营管理及为群众办实事情况，集体合同履行情况，职工群众关心的其他热点问题等进行巡视检查。职工代表就检查中发现的问题，及时提出意见建议，督促被检查单位或部门整改，跟踪整改情况。企业工会委员会汇总巡视检查情况，形成年度巡视检查总结报告报企业行政管理方，并在下一次职工代表大会民主管理工作报告中提报，接受职工代表审议监督。